ŒUVRES COMPLÈTES

DE

SIR WALTER SCOTT.

Traduction Nouvelle.

PARIS,

A. SAUTELET ET C^o ET CHARLES GOSSELIN

LIBRAIRES-ÉDITEURS.

M DCCC XXVII.

ŒUVRES COMPLÈTES

DE

SIR WALTER SCOTT.

TOME SOIXANTE-DIXIÈME.

IMPRIMERIE DE H. FOURNIER,
RUE DE SEINE, N° 14.

WOODSTOCK,

OU LE CAVALIER.

HISTOIRE

DE L'ANNÉE MIL SIX CENT CINQUANTE ET UN.

(𝔚𝔬𝔬𝔡𝔰𝔱𝔬𝔠𝔨, or the 𝔒𝔞𝔳𝔞𝔩𝔦𝔢𝔯. 𝔄 tale of the year 1651.)

TOME TROISIÈME.

―――――

« Des chevaliers c'était le vrai modèle. »
CHAUCER.

WOODSTOCK,

OU LE CAVALIER.

HISTOIRE

DE L'ANNÉE MIL SIX CENT CINQUANTE ET UN.

(Woodstock, or the Cavalier, etc.)

CHAPITRE XXV.

« D'un surveillant fâcheux le prince a triomphé. »
SHAKSPEARE. *Richard II.*

Les combattans que nous avons laissés aux prises à la fin du chapitre précédent se portèrent mutuellement plusieurs coups avec un courage égal, et les parèrent avec la même adresse. Charles avait assisté à un trop grand nombre d'actions, et avait pris trop long-temps une part active à la guerre civile dont il avait été victime, pour trouver quelque chose de nouveau ou de surprenant dans la nécessité de se défendre lui-même ; et Everard s'était distingué par sa bravoure personnelle aussi bien que par les autres qualités nécessaires à un officier supérieur. Mais l'arrivée d'un tiers empêcha la conclusion tragique d'un combat dans lequel la victoire n'aurait pu être qu'un sujet de regret pour le vainqueur, n'importe lequel des deux adversaires l'eût été.

C'était le vieux chevalier lui-même qui retournait chez lui, monté sur un petit cheval de fermier, car la guerre et la confiscation ne lui avaient pas laissé le choix d'un plus noble coursier. Il se jeta entre les combattans et leur ordonna, sous peine de la vie, de baisser les armes, et un coup d'œil qu'il jeta en même temps, d'abord sur l'un et ensuite sur l'autre, lui apprit à qui il avait affaire.

— Les diables de Woodstock, dont on parle tant, s'écria-t-il, ont-ils pris possession de vous, pour que vous osiez tirer l'épée dans l'enceinte d'un parc royal ? Que je vous apprenne à tous deux que, tant que le vieux Henry Lee sera à Woodstock, il maintiendra les immunités du parc, comme si le roi était assis sur son trône. Personne ne se battra ici en duel, — si ce n'est les cerfs dans le temps du rut. — L'épée dans le fourreau ; — tous les deux, — ou la mienne verra aussi le jour, et je serai peut-être le diable le plus enragé des trois. — Comme dit Will :

Je vous étrillerai tous les deux d'importance,
Et quoi que vous fassiez avec ce brin de fer,
Vous croirez que le diable est sorti de l'enfer.

Les combattans baissèrent leurs armes, mais continuèrent à se regarder d'un air sombre, comme on le fait en pareil cas quand on ne veut ni avoir l'air de désirer la paix plus que son antagoniste, ni par conséquent être le premier à remettre son épée dans le fourreau.

— Rengainez vos épées, messieurs ; — rengainez-les à l'instant même ! s'écria sir Henry d'un ton encore plus positif. Je le dis à chacun de vous, et à tous deux, ou vous aurez affaire à moi, je vous le promets. — Vous pouvez rendre graces au ciel de ce que les temps sont changés. J'ai vu le jour où votre insolence vous eût coûté à tous deux la main droite, à moins que vous ne l'eussiez rachetée par une bonne somme d'argent. — Mon neveu, si vous ne voulez perdre mon affection sans retour, je vous ordonne de rengaîner votre épée. — Maître Kerneguy, vous êtes mon hôte, je vous prie de ne pas me faire l'insulte de rester l'épée à la main dans un endroit où il est de mon devoir de maintenir la paix.

— Je vous obéis, sir Henry, répondit Charles en remettant son épée dans le fourreau ; je sais à peine pourquoi monsieur m'a attaqué. Je vous assure que personne ne respecte plus que moi la personne et les privilèges du roi, quoique ce sentiment soit un peu hors de mode.

— Nous pourrons, monsieur, dit Everard, nous rencontrer dans un lieu où ni la personne royale ni les privilèges de la royauté ne pourront être offensés.

— Sur ma foi, cela sera assez difficile, monsieur, répondit Charles, incapable de résister à l'envie de placer cette plaisanterie. — Je veux dire qu'il reste au roi si peu de partisans que la perte du moindre d'entre eux peut lui apporter quelque préjudice. Cependant, en dépit d'un tel risque, je suis tout disposé à me rencontrer avec vous partout où un pauvre Cavalier peut espérer de fuir en sûreté s'il a la bonne fortune d'être victorieux.

La première idée qui s'était présentée à l'imagination de sir Henry Lee avait été celle de l'insulte faite à un domaine royal ; mais en ce moment il commença à songer à la sûreté de son neveu, et de celui qu'il regardait comme un jeune royaliste.

— Messieurs, dit-il, je dois insister pour qu'il ne soit plus question de cette querelle. Mon neveu Markham, avez-vous dessein de me récompenser de la condescendance que j'ai eue de revenir à Woodstock sur votre invitation en saisissant la première occasion de couper la gorge à un de mes hôtes ?

— Monsieur, répondit Markham, si vous connaissiez ses projets comme je les connais... Il n'acheva pas sa phrase, sachant fort bien qu'il ne ferait qu'irriter son oncle sans le convaincre, et que tout ce qu'il pourrait dire des desseins criminels de Kerneguy contre Alice serait attribué à des soupçons jaloux. Il baissa les yeux, et garda le silence.

— Et vous, maître Kerneguy, continua sir Henry, me direz-vous quelle raison vous arme contre la vie de ce jeune homme, à qui je dois pourtant prendre quelque intérêt, puisqu'il est mon neveu, quoiqu'il ait malheureusement oublié ses devoirs de sujet loyal ?

— J'ignorais que monsieur eût cet honneur, répondit Kerneguy ; cette qualité m'aurait certainement défendu de tirer l'épée contre lui. — Mais il a été l'agresseur, et je ne puis dire pourquoi il m'a cherché querelle, à moins que ce ne soit à cause de la différence de nos opinions politiques.

— Vous savez le contraire, répliqua Everard; vous savez que je vous ai dit que, comme royaliste fugitif, vous n'aviez rien à craindre de moi, et vos derniers mots ont prouvé que vous connaissiez mon degré de parenté avec sir Henry. Au surplus, cette dernière circonstance est peu importante; car je me mépriserais moi-même si je faisais valoir cette parenté comme un moyen de protection contre vous et contre tout autre.

Tandis qu'ils disputaient ainsi, chacun d'eux ayant ses raisons particulières pour ne pas faire allusion à la véritable cause de la querelle, sir Henry les regardait alternativement l'un après l'autre avec un air pacificateur.

— Que veut dire tout ceci? s'écria-t-il; on serait tenté de croire que

— Circé, l'enchanteresse,
Vous a tous deux fait boire en sa coupe traîtresse.

—Allons, jeunes gens, allons; souffrez qu'un vieillard serve de médiateur entre vous. — Je n'ai pas la vue courte en pareilles affaires;—les causes de discorde sont quelquefois moins grandes que l'aile du plus petit moucheron. Je pourrais citer cinquante exemples arrivés de mon temps, où, comme le dit Will, deux braves champions,

L'un contre l'autre ont fait de vigoureux efforts,
Et se sont vaillamment combattus corps à corps,

sans qu'aucun d'eux, après le combat, pût se rappeler

la cause de la querelle; souvent c'est si peu de chose! —Prendre le côté du mur,—se froisser l'épaule en passant l'un près de l'autre,—une parole trop hâtée,—un geste mal interprété.—Allons, n'importe quelle a été la cause de votre querelle, oubliez-la. D'ailleurs, vous vous en êtes passé la fantaisie; et si vous avez rengaîné vos rapières sans qu'elles fussent teintes de sang, ce n'est pas votre faute; vous n'avez fait qu'obéir aux ordres d'un homme qui avait le droit d'employer son autorité à cet égard. — A Malte, où les principes du duel sont parfaitement entendus et ponctuellement suivis, tous ceux qui sont engagés dans un combat singulier sont tenus de mettre bas les armes à l'ordre d'un chevalier, d'un prêtre ou d'une dame; et la querelle interrompue de cette manière est regardée comme honorablement terminée sans qu'il soit permis de la faire revivre.—Mon neveu, je crois impossible que vous nourrissiez de la haine contre ce jeune homme, parce qu'il a porté les armes pour son roi. Écoutez ma proposition amicale, Markham.—Vous savez que je n'ai pas de rancune, quoique j'aie quelque raison pour être mécontent de vous.—Donnez votre main à maître Kerneguy en signe d'amitié, et retournons tous trois à la Loge, pour boire ensemble un verre de vin du Rhin en signe de réconciliation complète.

Markham Everard se trouva hors d'état de résister à ce qui paraissait un retour de l'affection de son oncle. A la vérité, il soupçonnait, — et il ne se trompait pas tout-à-fait,—que cette invitation ne partait pas entièrement d'un renouvellement de bienveillance, mais que son oncle voulait aussi, par cette marque d'égard, s'assurer du moins de sa neutralité, sinon de ses secours, en faveur du royaliste fugitif. Il sentait qu'il se trouvait dans une position épineuse, et qu'il pouvait devenir suspect à son propre parti en entretenant des relations même avec un si proche parent, qui accueillait de pareils hôtes. Mais, d'une autre part, il pensait que les services qu'il avait rendus à la république étaient assez importans pour avoir plus de poids que tout ce que l'envie pourrait arguer contre lui. Bien plus, quoique la guerre civile eût jeté la division entre les familles de plus d'une manière, maintenant qu'elle semblait terminée par le triomphe des républicains, la rage des haines politiques commençait à se ralentir, et les anciens nœuds d'amitié et de parenté reprenaient, au moins en partie, leur première influence. Bien des réconciliations avaient eu lieu, et ceux qui, comme Everard, appartenaient au parti victorieux employaient souvent leur crédit en faveur de leurs parens moins fortunés.

Tandis que ces idées se présentaient rapidement à son esprit, accompagnées de la perspective flatteuse de renouveler ses liaisons avec Alice Lee, ce qui pouvait le mettre à portée de la protéger contre toute chance d'injure ou d'insulte, Markham Everard tendit la main au prétendu page écossais, et lui dit en même temps que, quant à lui, il était disposé à oublier la cause de leur querelle, ou, pour mieux dire, à la regarder comme la suite d'un malentendu, et à offrir à maître Kerneguy toute l'amitié qui pouvait exister entre des hommes d'honneur qui avaient embrassé des partis différens.

Ne pouvant surmonter les sentimens de sa dignité personnelle, quoique la prudence lui fît une loi de l'oublier, Charles se borna à saluer Everard sans accepter la main que celui-ci lui offrait.

— Il n'avait besoin, dit-il, de faire aucun effort pour oublier la cause de leur querelle, puisqu'il n'avait jamais pu la comprendre; mais de même qu'il n'avait pas cherché à éviter son ressentiment, de même il était prêt à lui rendre, au même degré, tout ce qu'il lui plairait de lui accorder de ses bonnes graces.

Everard retira sa main en souriant, et salua le page à son tour, attribuant la raideur avec laquelle celui-ci recevait ses avances à l'humeur fière et hautaine d'un jeune Écossais élevé dans des idées d'importance de famille et de dignité personnelle, idées que le peu de commerce qu'il avait encore eu avec le monde n'avait pas suffi pour rectifier.

Sir Henry Lee, charmé de voir se terminer ainsi cette querelle par déférence, comme il le supposait, pour son autorité, et n'étant pas très-fâché, au fond du cœur, de trouver cette occasion pour rouvrir sa porte à un neveu pour qui, malgré ses fautes politiques, il avait plus d'affection qu'il ne le croyait peut-être lui-même, leur dit d'un ton de consolation :

— Ne soyez pas mortifiés, jeunes gens; je vous proteste qu'il m'en a coûté de vous séparer en vous voyant vous comporter si honorablement par pur amour pour l'honneur, sans soif de sang et sans haine l'un contre l'autre. Je vous promets que sans les devoirs que j'avais à remplir comme grand-maître de la capitainerie de Woodstock et le serment que j'ai prêté en cette qualité, bien loin de songer à vous ôter les armes des mains, j'aurais plutôt voulu être juge du champ clos. — Mais une querelle terminée est une querelle oubliée, et la vôtre ne doit plus avoir d'autre suite que l'appétit qu'elle a sans doute aiguisé.

A ces mots il remonta sur son petit cheval, et marcha en triomphe vers la Loge en prenant le chemin le plus court. Ses pieds, appuyés sur l'étrier, touchant presque à terre;—le bas de ses cuisses s'arrondissant autour des flancs de son coursier;—les talons tournés en dehors et baissés autant que possible;— le corps perpendiculaire; — les rênes systématiquement divisées dans sa main gauche;— la droite tenant une houssine dirigée diagonalement vers l'oreille gauche de sa monture; — il semblait un champion de manège digne de monter Bucéphale. Ses deux compagnons, placés à sa droite et à sa gauche, comme deux écuyers, pouvaient à peine retenir un sourire en voyant la position scientifique et étudiée du Cavalier, faisant contraste avec la petite taille de son cheval, sa longue queue, sa longue crinière, et ses yeux qui brillaient comme deux charbons rouges sous un double rideau de longs cils. Si le lecteur a vu l'ouvrage du duc de Newcastle sur l'équitation, — *splendida moles* (1)! — il aura une représentation exacte du bon chevalier, s'il peut se le figurer comme un des cavaliers des estampes de cet ouvrage, placé, avec toutes les graces de son art, sur un petit bidet du pays de Galles ou d'Exmoor, dans son état sauvage, n'ayant jamais été ni dressé, ni peut-être même étrillé; et le ridicule paraissant encore plus sensible par la disproportion de taille entre l'animal et le cavalier.

Le chevalier s'aperçut peut-être de leur air de surprise, car les premiers mots qu'il prononça quand ils furent en marche furent :— Pixie est petit, messieurs, mais il ne manque pas de feu;—et ici il eut soin que

(1) Volume énorme et magnifique! — TR.

Pixie lui-même confirmât cette assertion en lui faisant exécuter une espèce de courbette,—Oui, Pixie est petit, mais il est plein d'ardeur; et si je n'étais un peu trop grand pour me comparer à un nain,— le chevalier avait près de six pieds (1),—je penserais, toutes les fois que je le monte, au roi des génies, dont Mike Drayton parle en ces termes :

> A cheval sur un perce-oreille
> Qu'à peine il avait pu monter
> Il le faisait pirouetter
> Par une adresse sans pareille.
> Fière du poids qu'elle portait
> Sa monture extraordinaire
> Caracolait, tournait, sautait,
> Et touchait à peine à la terre.

—Mon vieil ami Pixie! dit Everard en passant la main sur le cou du cheval; je suis charmé qu'il ait survécu à ces malheureux temps. — Pixie doit avoir plus de vingt ans, sir Henry?

—Plus de vingt ans? répéta le chevalier; oui, certainement. La guerre, mon neveu Markham, est comme un ouragan qui n'épargne que ce qui mérite le moins d'être conservé. Le vieux Pixie et son vieux maître ont survécu à de grands hommes et à de grands chevaux, quoique ni l'un ni l'autre ne soient plus bons à grand'chose.—Et pourtant, comme le dit Will, un vieillard peut encore quelquefois faire quelque chose, et Pixie et moi nous vivons encore comme vous le voyez.

—Nous vivons encore? dit le jeune Écossais finissant

(1) Mesure anglaise, environ cinq pieds huit pouces français.
Éd.

par un vers la citation que le vieillard n'avait pas terminée; oui, nous vivons encore pour donner au monde

Le modèle achevé d'un parfait cavalier.

Everard rougit, car il sentit l'ironie; mais il n'en fut pas de même de son oncle, dont la vanité ne lui permit pas de douter un instant de la sincérité du compliment.

— On vous en a donc parlé? dit le chevalier. Il est vrai que du temps du roi Jacques j'ai figuré plus d'une fois dans les joutes, et là vous auriez pu

Voir le jeune Harry la visière levée.

Quant au *vieux* Harry, ma foi..... Ici le vieillard se tut un instant, et parut dans le travail d'esprit d'un homme qui va accoucher d'un calembour. — Quant à voir le vieux Harry, ma foi..... autant voir le *diable*. — Vous m'entendez, maître Kerneguy. — Vous savez que le diable et moi nous portons le même nom (1). Ha! ha! ha! — Neveu Everard, j'espère que votre puritanisme n'est pas blessé d'une plaisanterie innocente?

Sir Henry fut si charmé des applaudissemens de ses compagnons, qui leur débita la totalité du beau passage dont il venait de citer un vers, et il finit par défier le siècle où il vivait, en faisant un faisceau de tous ses beaux esprits, Donne, Cowley, Waller et tout le reste, de produire un poète qui fût doué de la dixième partie du génie du vieux Shakspeare.

(1) *Harry* est un nom qu'on substitue familièrement à celui de Henry. *Le vieux Harry, le vieux Nick*, sont des noms qu'on donne souvent au diable en Angleterre dans le style familier ou bouffon. — Tr.

— Comment! dit Louis Kerneguy; on dit que nous avons parmi nous un de ses descendans, sir William d'Avenant, et bien des gens le regardent comme un homme d'esprit.

— Quoi! s'écria sir Henry, Will d'Avenant, que j'ai connu dans le Nord, officier sous Newcastle quand le marquis était devant Hull? — C'était un honnête Cavalier; mais comment se fait-il qu'il soit parent de Will Shakspeare?

— Il en descend pourtant en ligne directe, du côté le plus sûr, et à la vieille mode, répondit le jeune Écossais, si d'Avenant dit la vérité. Il paraît que sa mère était une maîtresse joyeuse d'auberge, fraîche et de bonne mine, entre Stratford et Londres; Shakspeare logeait souvent chez elle quand il se rendait dans la ville qui l'avait vu naître, et par suite d'amitié et de compérage, comme nous disons en Écosse, Will Shakspeare fut parrain de Will d'Avenant. Or, peu content de cette parenté spirituelle, le second Will prétend en établir une naturelle en disant que sa mère était grande admiratrice de l'esprit, et qu'elle ne mettait pas de bornes à sa complaisance pour les hommes de génie.

— Fi le misérable! s'écria Everard; voudrait-il acheter la vaine gloire de descendre d'un poète ou même d'un prince aux dépens de la réputation de sa mère? — Il mériterait d'avoir le nez fendu.

— Cela serait difficile, répondit le prince déguisé en songeant à la physionomie du poète (1).

(1) Les anciens portraits de d'Avenant attestent en effet l'exiguité de sa protubérance nasale. Son visage était d'ailleurs carré, sa physionomie très-peu poétique. Voyez l'ouvrage anglais intitulé : *Effigies poetarum*. — Éd.

— Will d'Avenant, fils de Will Shakspeare! dit le chevalier, qui n'était pas encore revenu de la surprise dans laquelle l'avait jeté une prétention si présomptueuse; — cela me rappelle quelques vers que j'ai entendus au spectacle des marionnettes, dans la pièce intitulée Phaéton, où le héros se plaint ainsi de sa mère :

> Les enfans du hameau me suivent en criant :
> Toi, le fils du Soleil! Au diable l'impudent (1)!

— A-t-on jamais vu une assurance si impudente! Will d'Avenant fils du poète le meilleur, le plus brillant qui ait jamais existé, qui existe à présent, et qui puisse exister dans toute la suite des siècles à venir! — Mais je vous demande pardon, mon neveu; — je crois que vous n'aimez pas les pièces de théâtre.

— Je ne suis pas tout-à-fait à cet égard aussi puritain que vous voudriez bien le dire, mon oncle, répondit Everard. Je ne les ai peut-être que trop aimées autrefois; même à présent je ne les condamne pas en masse et indistinctement, quoique je n'en approuve pas les excès et les extravagances. — Dans Shakspeare même, je ne puis m'empêcher de trouver des passages contraires à la décence et dangereux pour les bonnes mœurs, — d'autres qui tendent à ridiculiser la vertu et à préconiser le vice, ou du moins à couvrir la laideur

---

(1) On trouve ces deux vers dans la comédie burlesque de Fielding intitulée *Tumble-down-Dick*, et fondée sur la même histoire mythologique. Comme ils étaient connus du temps de la république, il faut que la tradition les ait transmis à l'auteur de *Tom-Jones* ; car personne ne soupçonnera l'auteur du présent ouvrage d'avoir fait cet anachronisme. — (*Note de l'auteur écossais.*)

de ses traits. — Je ne puis croire que la lecture de ces beaux poëmes soit utile, surtout aux jeunes gens des deux sexes, quand j'y vois l'effusion du sang indiquée comme la principale occupation des hommes, et l'intrigue comme le seul emploi du temps des femmes.

En se permettant ces observations, Everard était assez simple pour croire qu'il ne faisait que fournir à son oncle une occasion pour défendre son opinion favorite, sans l'offenser par une contradiction si modérée. Mais dans le cas dont il s'agissait, comme dans plusieurs autres, il oubliait combien son oncle était opiniâtre dans sa manière de voir en religion, en politique et en matière de goût; car il aurait été aussi facile de le convertir à la forme du gouvernement ecclésiastique presbytérien, ou de l'engager à prêter le serment d'abjuration, que d'ébranler sa foi en Shakspeare.

Il y avait une autre particularité dans le système de discussion adopté par le bon chevalier et qu'Everard n'avait jamais pu comprendre, étant lui-même naturellement franc et sans détours, et attaché d'ailleurs à une secte qui ne voyait pas de bon œil les tergiversations et les tièdes concessions qu'on se permet souvent dans la société. Sir Henry, connaissant son naturel impétueux, se tenait scrupuleusement en garde contre ce défaut; et, dans un moment où il était intérieurement courroucé, il conduisait la discussion quelque temps avec toute l'apparence du plus grand calme; mais enfin sa violence, l'emportant, renversait et entraînait toutes les digues artificielles qu'il y avait opposées. Il arrivait ainsi qu'en vieux général rusé il semblait faire retraite en bon ordre et pas à pas devant celui qui le pressait, en n'opposant que tout juste assez de résistance pour engager son antagoniste à le poursuivre jusqu'à l'endroit où, faisant halte tout à coup, il l'attaquait à l'improviste en employant contre lui cavalerie, infanterie et artillerie en même temps ; et alors il manquait rarement de mettre l'ennemi en désordre, quoique sans pouvoir toujours remporter la victoire.

Ce fut donc d'après ce principe qu'en entendant les observations que venait de faire Everard il dissimula son courroux, et répondit avec une politesse forcée, — que sans contredit les presbytériens, dans ces temps malheureux, avaient donné de si fortes preuves de leur humilité, de leur peu d'ambition et de leurs désirs pour le bien public, qu'il était impossible de refuser de croire à la sincérité des objections qu'ils faisaient contre des ouvrages dans lesquels les plus nobles sentimens de religion et de vertu, — sentimens capables de convertir les pécheurs les plus endurcis, — sentimens qui pourraient être convenablement placés dans la bouche des saints et des martyrs mourans, — se trouvaient, par suite de la grossièreté et du mauvais goût du temps, mêlés de quelques bouffonneries triviales, etc., lesquelles on n'y découvrait guère à moins qu'on ne les y cherchât péniblement, pour s'en faire un motif de réprobation contre ce qui était en soi-même digne des plus grands éloges ; mais ce qu'il désirait surtout apprendre de son neveu, c'était si, parmi ces hommes tellement doués par le ciel, qui avaient chassé de leurs chaires les savans docteurs et les profonds théologiens de l'Église anglicane et qui occupaient maintenant leurs places, il s'en trouvait quelqu'un que les muses eussent inspiré, — s'il pouvait employer ce terme profane sans offenser le colonel, — ou s'ils n'étaient pas tous aussi sottement, aussi brutalement ennemis des belles-lettres qu'ils l'étaient de l'humanité et du sens commun.

Everard aurait pu deviner, par le ton de sarcasme et d'ironie de ce discours, qu'une tempête furieuse grondait dans le sein de son oncle. Il aurait même pu juger de l'état véritable des sentimens du vieux chevalier par l'emphase avec laquelle il avait appuyé sur le mot colonel, titre qu'il regardait comme le lien qui attachait son neveu à un parti odieux, et qu'il ne donnait jamais à Everard que lorsqu'il commençait à lâcher les rênes de son emportement, tandis que, lorsqu'il était disposé à maintenir avec lui une bonne intelligence, il l'appelait son neveu ou Markham. Et dans le fait, ce fut parce qu'il s'en douta et dans l'espérance de voir sa cousine Alice que le colonel s'abstint de faire une réplique à la harangue de son oncle, qui la terminait en descendant de cheval à la porte de la Loge et en entrant dans le vestibule, suivi de ses deux compagnons.

Phœbé, qui s'y trouvait en ce moment, reçut ordre d'apporter du vin. L'Hébé de Woodstock ne manqua pas de reconnaître Everard et de l'assurer par une révérence presque imperceptible qu'il y était le bienvenu; mais elle ne le servit pas aussi bien qu'elle en avait dessein en demandant à son maître, comme une chose toute naturelle, si elle avertirait miss Alice de descendre. Un *Non* ferme et décidé fut la seule réponse qu'elle obtint de lui, et cette intervention, arrivée mal à propos, sembla redoubler encore l'indignation qu'il avait conçue contre Everard pour avoir parlé de Shakspeare avec tant d'irrévérence. Dès qu'elle fut partie, sir Henry reprit le sujet de la conversation qui avait été interrompue.

— J'insisterais, dit-il, — s'il convenait à un pauvre Cavalier licencié de se servir d'une pareille expression en parlant à un des chefs de l'armée triomphante, — j'insisterais, dis-je, pour savoir si la révolution qui nous a envoyé des saints et des prophètes sans fin ne nous a pas aussi donné un poète assez inspiré par la grace d'en haut pour éclipser le vieux Will, notre idole à nous autres aveugles et mondains Cavaliers.

— Oui, sans doute, monsieur, répondit le colonel Everard ; je connais des vers composés par un ami de la république qui, pesés dans une balance impartiale, peuvent égaler même la poésie de Shakspeare, et dans lesquels on ne trouve pas les alimens grossiers d'un goût dépravé, que ce grand poète offrait quelquefois à l'appétit désordonné d'un auditoire encore à demi barbare.

— En vérité ! s'écria le vieux chevalier retenant son courroux avec quelque peine ; je voudrais connaître ce chef-d'œuvre de poésie. — Puis-je demander le nom de cet auteur illustre ?

— Ce doit être Vicars ou du moins Withers (1), dit le page supposé.

— Non, monsieur, répliqua Everard, ni Drummond de Hawthornden, ni lord Stirling (2). Et cependant les vers justifieront ce que j'en ai dit, si vous excusez la médiocrité du débit, car je suis plus habitué à parler à un bataillon qu'à ceux qui aiment le commerce des muses. C'est une dame qui parle ; elle est égarée dans une forêt ; nul sentier ne s'offre à ses yeux, et d'abord elle s'exprime comme étant agitée par des craintes surnaturelles occasionées par sa situation.

(1) Tous deux poètes du parti des puritains. — Éd.
(2) Poètes écossais et royalistes. — Éd.

— Quoi! s'écria sir Henry avec surprise; une pièce de théâtre, — et composée par un poète Tête-Ronde!

— C'est du moins une production dramatique, répondit Everard; et il commença à débiter d'un ton simple, mais prouvant qu'il sentait bien ce qu'il récitait, les vers aujourd'hui si connus, mais alors presque ignorés, d'un auteur dont la réputation reposait à cette époque plutôt sur ses ouvrages polémiques et politiques que sur la poésie sublime qui devait par la suite être le monument éternel de son immortalité.

. . . .
Le cœur de cette crainte un instant peut frémir ;
Mais l'homme vertueux à qui sa conscience,
Champion intrépide, offre son assistance,
De ce joug si honteux sait bientôt s'affranchir....

— C'est mon opinon, Markham, s'écria le chevalier; précisément mon opinion, — mieux exprimée peut-être, mais c'est exactement ce que je disais quand ces coquins de Têtes-Rondes prétendaient voir des esprits à Woodstock. — Continuez, je vous prie.

Everard continua.

Sainte Foi, dont les yeux sont pleins de pureté ;
Déesse aux ailes d'or, angélique Espérance ;
Aimable Chasteté, virginale Innocence ;
Groupe consolateur, soyez le bien-venu !
Je vous vois, votre prix à mes yeux est connu.
Oui, je crois que celui dont le bien est l'essence,
Et le mal l'instrument qui sert à sa vengeance,
M'enverrait au besoin un ange protecteur
Pour défendre ma vie et garder mon honneur.
— Ah ! me suis-je trompée, ou quelque noir nuage
De la reine des nuits a-t-il terni l'image,
Et d'un voile argenté paré ses vêtemens ?
. . . .

— Le reste m'a échappé, dit Everard, et je suis même surpris que ma mémoire ait conservé un si long fragment.

Sir Henry Lee, qui s'attendait à quelque effusion poétique, bien différente de ces beaux vers, changea bientôt l'expression méprisante qu'avait prise sa physionomie. Ses lèvres cessèrent de se contracter dédaigneusement, et, se frottant la barbe de la main gauche, il appuya l'index de la droite sur son sourcil en signe de profonde attention. Lorsque Everard eut cessé de parler, le vieillard soupira comme à la fin d'un morceau de musique attendrissante, et il adressa la parole au colonel d'un ton radouci.

— Mon neveu Markham, dit-il, ces vers sont coulans, et ils produisent sur mon oreille le même effet que les sons harmonieux d'un luth dont les cordes sont touchées par une main habile. Mais tu sais que je ne comprends jamais complètement ce que j'entends pour la première fois. Répète-moi ces vers, — répète-les-moi lentement, posément. — J'aime à entendre deux fois un morceau de poésie, afin de juger d'abord de la mélodie, et ensuite du sens.

Encouragé ainsi, Everard débita de nouveau ces vers, et, comme il y mit plus de hardiesse, il produisit encore plus d'effet. Le chevalier parut entrer parfaitement dans les sentimens qu'ils exprimaient, et il y applaudit par son air et par ses gestes.

— Oui, s'écria-t-il quand Everard eut fini, j'appelle cela de la poésie, l'auteur fût-il Presbytérien ou Anabaptiste. Oui, — il se trouva des justes même dans le sein des villes que le feu du ciel détruisit. Et certainement j'ai entendu dire, quoique j'y aie accordé peu de croyance, — vous demandant pardon, mon neveu Markham, — qu'il y a parmi vous des gens qui ont reconnu l'erreur de leurs voies, se repentent de s'être révoltés contre le meilleur et le plus doux des maîtres, et d'avoir contribué à amener les choses au point de le faire assassiner par une horde de brigands encore plus féroce qu'eux. — Oui, la douceur d'esprit, la pureté d'ame qui a dicté ces beaux vers ont sans doute amené un homme si aimable à dire il y a déjà long-temps : J'ai péché! j'ai péché! — Oui, je ne doute pas que le remords et le chagrin des crimes dont il a été témoin ne l'aient porté à briser une harpe qui rendait des sons si doux, et qu'il ne soit maintenant occupé à pleurer sur la honte et le désespoir de l'Angleterre, tous ses nobles vers, comme le dit Will, étant semblables à des cloches qui ne sont plus d'accord. — Ne pensez-vous pas de même, maître Kerneguy.

— Non, sir Henry.

— Quoi! ne pas penser que l'auteur de pareils vers doit nécessairement appartenir au bon parti, — ou avoir une tendance à se rapprocher de nous?

— Je pense, sir Henry, que ces vers indiquent que l'auteur est en état de composer une pièce sur dame Putiphar et son amant à la glace. Et quant à sa métaphore du nuage qui forme la doublure des vêtemens de la lune, elle m'aurait porté à croire qu'il exerce le métier de tailleur, si je ne savais par hasard qu'il est maître d'école de profession, et que ses opinions politiques l'ont fait nommer poète lauréat de Cromwell; car les vers que le colonel vient de déclamer avec tant d'onction sont la production d'un personnage qui n'est rien moins que le fameux John Milton.

— John Milton! s'écria sir Henry au comble de la surprise; quoi l'auteur blasphémateur et sanguinaire de *Defensio populi anglicani!* — l'avocat de la haute cour infernale des démons! — La créature et le parasite de ce grand imposteur, de cet odieux hypocrite, de ce monstre détestable, de ce rebut de l'univers, de cette honte du genre humain, de ce prodige d'iniquité, de cet égout de péché, de ce résumé de bassesses, d'Olivier Cromwell en un mot!

— Lui-même, répondit Charles; John Milton, maître d'école et tailleur des nuages, à qui il fournit des habits noirs doublés en argent, seulement aux dépens du sens commun.

— Colonel Everard, s'écria le vieux chevalier, jamais je ne vous pardonnerai, — jamais! — jamais! vous m'avez fait donner des éloges à un scélérat dont le cadavre devrait engraisser les oiseaux de l'air. — Ne me parlez pas, monsieur, et retirez-vous! — Et est-ce à moi, votre parent, votre bienfaiteur, qu'il vous convient de surprendre des paroles de louange? Est-ce moi que vous deviez amener à parler en pareils termes d'un sépulcre blanchi, du sophiste Milton?

— C'est me traiter trop durement, sir Henry, répondit Everard. Vous m'avez pressé, — vous m'avez défié de vous citer des vers aussi bons que ceux de Shakspeare; — je vous proteste que je n'ai pensé qu'à la poésie, et nullement aux opinions politiques de l'auteur.

— Oh! sans doute, monsieur, répliqua sir Henry. Nous n'ignorons pas que vous savez faire des distinctions. Vous pouvez faire la guerre à la prérogative royale sans avoir le moindre mauvais dessein contre la personne du roi; au ciel ne plaise! — mais le ciel vous entendra et vous jugera, monsieur. — Remportez ce vin, Phœbé; le colonel Everard n'a pas soif. — Ces mots furent adressés, par forme de parenthèse, à Phœbé, qui arrivait avec des rafraîchissemens. — Vous vous êtes essuyé la bouche en disant que vous n'avez pas fait de mal, comme dit la sainte Écriture, monsieur; mais, quoique vous ayez trompé les hommes, vous ne tromperez pas Dieu.

Chargé ainsi à la fois de tous les reproches qu'on adressait à sa secte religieuse et à son parti politique, Everard sentit trop tard quelle imprudence il avait commise en se permettant de contester le goût de son oncle en poésie dramatique; il essaya de s'expliquer et de s'excuser.

— Je me suis trompé sur vos intentions, mon cher oncle, dit-il; j'ai pensé que vous désiriez réellement connaître l'état de la littérature dans notre parti; et en récitant des vers que vous ne jugiez pas indignes d'être entendus, je vous proteste que je croyais faire ce qui vous était agréable, sans courir le risque d'exciter votre indignation.

— Protestez, monsieur, protestez, dit le chevalier sans rien relâcher de la rigueur de son ressentiment; c'est le mot à la mode pour assurer les choses, au lieu des sermens profanes des courtisans et des Cavaliers. — Protestez moins, et pratiquez davantage, monsieur. — Adieu, monsieur! — maître Kerneguy, vous trouverez du vin dans mon appartement.

Tandis que Phœbé restait immobile de surprise de la querelle qui s'était élevée tout à coup, le dépit et le ressentiment du colonel Everard étaient bien loin de se calmer en voyant l'air de nonchalance du jeune Écossais, qui, les mains dans ses poches, comme c'était alors la mode à la cour, s'était jeté dans un grand fauteuil; et, quoique ayant trop bien l'habitude de la politesse pour se permettre de rire tout haut, et possédant cet art, connu des gens du monde, de jouir intérieurement de leur gaieté sans risquer d'offenser directement et de se faire une querelle, il ne se donnait pas beaucoup de peine pour cacher que le résultat de la visite du colonel à Woodstock l'amusait infiniment. Mais la patience d'Everard semblait sur le point de lui échapper; car, quoique leurs opinions politiques fussent si différentes, il y avait une grande ressemblance entre le caractère de l'oncle et celui du neveu.

— Damnation! s'écria le colonel, et ce mot fut prononcé d'un ton qui convenait à un Puritain aussi peu que le mot lui-même.

— *Amen*, dit Louis Kerneguy, mais d'un ton si doux et si simple que cette exclamation semblait lui échapper plutôt qu'être faite à dessein.

— Monsieur! dit Everard en s'avançant vers lui avec l'air d'humeur d'un homme qui voudrait trouver quelqu'un sur qui faire tomber le ressentiment qui le transporte.

— *Plaît-il?* répondit le page du ton le plus calme en le regardant avec l'air d'une innocence irréprochable.

— Je désire savoir, monsieur, ce que signifie ce que vous venez de dire.

— Ce n'est qu'une exclamation spirituelle, respectable colonel; un petit esquif que je dépêche vers le ciel pour mon propre compte, afin d'y convoyer la sainte pétition que vous venez de lui adresser.

— Monsieur, j'ai vu un sourire comme le vôtre coûter bien cher.

— La, voyez! dit le malin page, en qui le soin de sa sûreté ne pouvait l'emporter sur le plaisir qu'il trouvait à plaisanter; si vous vous en étiez tenu à vos protestations, vous seriez maintenant étouffé; mais en jurant rondement, vous avez fait partir le bouchon de la bouteille de cidre, et votre colère mousseuse en peut sortir librement dans le langage honnête de ceux que vous appelez les incirconcis.

— Pour l'amour du ciel, maître Girnegy, s'écria Phœbé, ne parlez pas au colonel en de pareils termes!
— Et vous, colonel Markham, ne vous offensez pas de ce qu'il peut vous dire; — ce n'est qu'un enfant.

— Quand le colonel le voudra, — ou quand vous le voudrez, miss Phœbé, — je prouverai que je suis un homme. — Je crois que monsieur doit déjà en savoir quelque chose. — Probablement il vous destine le rôle de la dame dans *Comus* (1); j'espère seulement que son admiration pour John Milton n'ira pas jusqu'à se charger de celui de *Samson Agonistes* (2), au risque de faire sauter cette vieille maison par ses exécrations, ou de manière à l'ébranler pour nous la faire tomber sur les oreilles.

— Jeune homme, dit le colonel, si vous ne trouvez aucune autre raison pour respecter mes principes, rendez-leur grace du moins de la protection qu'ils vous assurent, et que vous ne trouveriez pas aisément sans cela.

— Il faut donc, dit Phœbé, que j'aille chercher quelqu'un qui aura sur vous plus d'influence que je n'en

---

(1) Poëme de Milton, d'où est tirée la citation qui précède.—Éd.
(2) Autre poëme de Milton. *Samson combattant.* — Éd.

ai. Et elle partit pendant que Kerneguy répondait à Everard avec le ton du sang-froid le plus provoquant :

— Avant de me menacer d'une chose aussi formidable que votre ressentiment, lui dit-il, vous devriez vous assurer s'il n'existe pas de circonstances qui puissent me forcer à vous refuser l'occasion à laquelle vous semblez faire allusion.

En ce moment Alice, avertie sans doute par sa suivante, entra avec vivacité dans l'appartement.

— Maître Kerneguy, dit-elle, mon père désire vous voir sur-le-champ dans l'appartement de Victor Lee.

Kerneguy se leva pour la saluer, mais parut déterminé à rester jusqu'après le départ d'Everard, de manière à prévenir toute explication entre le cousin et la cousine.

— Markham, dit Alice à la hâte, cousin Everard, je n'ai qu'un instant à rester ici. — Pour l'amour du ciel, retirez-vous sur-le-champ; — faites preuve de prudence et de patience. — Mais ne demeurez pas ici plus long-temps. — Mon père est dans une colère terrible.

— Mon oncle m'en a donné la preuve, miss Lee, et j'ai déjà reçu de lui l'ordre de me retirer, ordre que j'exécuterai sans délai. — Je ne croyais pas vous voir tant d'empressement à venir me réitérer une injonction si sévère; mais je pars, miss Lee, sentant que je laisse ici après moi une compagnie plus agréable que la mienne.

— Homme injuste, — ingrat, — sans générosité! dit Alice; mais craignant que ces paroles n'arrivassent à des oreilles pour lesquelles elles n'étaient pas destinées, elle les prononça d'une voix si faible que son

3.

cousin, à qui elles étaient adressées, perdit la consolation qu'elles avaient pour but de lui donner.

Il salua froidement Alice comme pour prendre congé d'elle; et, se tournant vers le page, il lui dit avec cet air de politesse forcée qui, parmi les hommes de condition, couvre quelquefois une haine mortelle :

— Je crois, maître Kerneguy, que les circonstances me défendent de vous faire connaître en ce moment mon opinion sur l'affaire à laquelle nous avons fait allusion dans la conversation; mais je vous enverrai un ami qui, j'espère, sera en état de décider la vôtre.

L'Écossais prétendu le salua avec un air de dignité mêlé de condescendance, répondit qu'il attendrait l'honneur de ses ordres, et, présentant la main à Alice pour la reconduire dans l'appartement de son père, il prit congé de son rival avec les honneurs du triomphe.

De son côté, Everard, piqué au vif et croyant toujours, d'après l'aisance gracieuse et l'assurance calme de ce jeune homme, que c'était Wilmot, ou du moins quelqu'un de ses compagnons de débauche du même rang, retourna dans la ville de Woodstock, bien décidé à ne pas se laisser outrager ainsi, dût-il en chercher satisfaction par des moyens que réprouvaient ses principes.

CHAPITRE XXVI.

« Celui dont les désirs ne connaissent nul frein,
» D'un tyran tôt ou tard doit craindre le destin.
» C'est ainsi qu'on a vu s'écouler plus d'un trône. »
SHAKSPEARE. *Macbeth.*

Tandis que le colonel Everard s'éloignait avec indignation d'un château où son oncle, dans un accès de bonne humeur, l'avait invité à venir se reposer et se rafraîchir; mais d'où une boutade l'avait banni à jeun, le vieux chevalier, à peine remis de son accès de colère, fit un léger repas avec sa fille et son hôte, et, se rappelant ensuite quelque besogne qui l'appelait dans le parc, — car il remplissait encore scrupuleusement toutes les fonctions de sa place, quoiqu'elles ne fussent plus qu'un vain titre, — il appela Bevis, et sortit, laissant les deux jeunes gens tête-à-tête.

— Maintenant qu'Alice n'a plus son lion près d'elle,

se dit à lui-même le prince amoureux, c'est le moment de voir si elle est elle-même de la race des tigresses.

— Sir Bevis a donc abandonné son poste, lui dit-il; je croyais que les anciens chevaliers, ces gardiens sévères, dont il est un si digne représentant, veillaient avec un soin plus rigoureux sur le trésor qui leur était confié.

— Bevis sait que sa présence ne m'est nullement nécessaire, répondit Alice; et d'ailleurs il a d'autres devoirs, que tout vrai chevalier préfère accomplir, au lieu de rester toute la matinée attaché au tablier d'une dame.

— Un tel langage est un crime de haute trahison contre une affection véritable, répondit le galant prince. Le moindre désir d'une dame impose à tout chevalier des devoirs qui ne doivent le céder qu'aux ordres de son souverain. — Je voudrais, miss Alice, que vous me fissiez soupçonner seulement le moindre de vos désirs, et vous verriez comme je sais pratiquer l'obéissance.

— Vous n'êtes pourtant pas venu me dire ce matin quelle heure il était, répliqua miss Lee; et je suis restée ici, doutant que les ailes du temps fussent déployées, quand j'aurais dû me rappeler que la galanterie des hommes n'est pas plus stable que le temps même. Savez-vous ce que votre désobéissance pouvait coûter, soit à moi, soit aux autres? — Le pouding ou le dumpling (1) pouvait être brûlé, car il est bon que vous sachiez que je ne me dispense pas de l'ancien usage de faire l'inspection de la cuisine; — je pouvais manquer l'heure

(1) Un *dumpling* est une pâte légère entourant des pommes ou quelque autre fruit. — Tr.

des prières, — arriver trop tard à un rendez-vous, — tout cela par suite de la négligence de maître Louis Kerneguy.

— Oh! répondit le page, je suis un de ces amans qui ne peuvent supporter l'absence. — Il faut que je sois éternellement aux pieds de ma belle ennemie. — Tel est, je crois, le titre que les romans nous apprennent à donner aux cruelles à qui nous dévouons notre cœur et nos jours. — Parle pour moi, bon luth, ajouta-t-il en prenant cet instrument, et fais voir si je ne connais pas mon devoir.

A ces mots il chanta, mais avec plus de goût que de science, un air français auquel quelqu'un des beaux esprits de sa cour avait adapté des paroles anglaises.

UNE HEURE AVEC TOI.

Quand du premier rayon de la naissante aurore
Du côté du levant l'horizon se colore,
Oh! qui pourra me faire endurer sans effroi
Les soucis, les chagrins qu'offrent à mes pensées
Les heures à venir et les heures passées?
    Une heure avec toi.

Déployant dans les airs sa brillante oriflamme,
Quand l'astre de midi répand partout la flamme,
Qui paiera le berger fidèle comme moi
Des travaux du matin sur de brûlantes plaines?
Qui calmera le feu qui dessèche ses veines?
    Une heure avec toi.

Et quand le roi des cieux, délaissant nos contrées,
Part pour fertiliser des plages ignorées,
Quel bien consolateur fera couler en moi
L'oubli des longs travaux de toute la journée,
— Désirs formés en vain, — espérance ajournée,
    Une heure avec toi.

— Il y a un quatrième couplet, dit le chanteur; mais je ne vous le chanterai pas, miss Alice, parce qu'il déplaît à quelques prudes de la cour.

— Je vous remercie, maître Louis, de la discrétion que vous avez montrée en chantant ce qui m'a fait plaisir, en supprimant ce qui pourrait me déplaire. Quoique élevée à la campagne, je prétends suivre les modes de la cour, au point de ne rien recevoir qui n'y soit monnaie courante parmi les dames de la première classe.

— Je voudrais, miss Lee, que vous fussiez assez affermie dans cette croyance pour que tout ce qui est monnaie courante pour elles le fût aussi pour vous.

— Et quelle en serait la conséquence? demanda Alice avec la plus grande innocence.

— En ce cas, répondit Louis embarrassé comme un général qui voit que ses préparatifs d'attaque ne jettent ni l'alarme ni la confusion dans les rangs ennemis; en ce cas vous me pardonneriez, belle Alice, si je vous parlais un langage un peu plus tendre que la simple galanterie; — si je vous disais combien mon cœur met d'intérêt à ce que vous regardez comme une plaisanterie; — si je vous avouais sérieusement qu'il est en votre pouvoir de me rendre le plus heureux ou le plus malheureux des hommes.

— Maître Kernegny, dit Alice sans montrer plus d'embarras, entendons-nous bien. Je connais peu les manières du grand monde, et je vous dirai franchement que je ne me soucie pas de passer pour une sotte campagnarde qui, s'effarouchant par ignorance ou par affectation au premier mot de galanterie que lui adresse un jeune homme qui n'a rien demieux à faire en ce moment que de battre et de mettre en circulation la fausse monnaie de pareils complimens. Mais cette crainte de paraître rustique, gauche et timide, ne doit pas me conduire trop loin; et ne sachant pas exactement quelles sont les bornes où elle doit s'arrêter, j'aurai soin de ne pas risquer de les outre-passer.

— J'espère, miss Lee, que, quelque disposée que vous puissiez être à me juger sévèrement, votre justice ne me punira pas avec trop de rigueur d'une offense dont vos charmes sont la seule cause.

— Écoutez-moi, s'il vous plaît, monsieur. — Je vous ai écouté quand vous m'avez parlé *en berger;* j'ai même poussé la complaisance jusqu'à vous répondre *en bergère;* car je crois qu'il ne peut résulter que du ridicule des dialogues entre Lindor et Jeanneton, et le principal défaut de ce style est son ennui mortel et son affectation fatigante. Mais quand vous commencez à fléchir un genou devant moi, — à vouloir me prendre la main, — à me parler d'un ton plus sérieux, je dois vous rappeler qui nous sommes. — Je suis la fille de sir Henry Lee, monsieur; et vous êtes, ou vous prétendez être maître Louis Kerneguy, page de mon frère fugitif, cherchant un abri sous le toit de mon père, qui court quelques dangers par l'hospitalité qu'il vous accorde, et dont par conséquent la fille ne devrait pas être exposée à vos importunités.

— Plût au ciel, belle Alice, dit le roi, que vous ne refusassiez de répondre à l'amour dont je viens de vous faire l'aveu, non en plaisantant, mais très-sérieusement et comme devant décider du bonheur de ma vie, qu'à cause de la condition précaire de Louis Kerneguy. Alice, vous avez l'ame de votre famille, et vous devez en avoir tout l'honneur. Je ne suis pas plus le pauvre page écossais dont la nécessité m'oblige à jouer le rôle que je n'étais le jeune rustre gauche et grossier dont j'avais emprunté les manières le premier soir de notre connaissance. — Cette main, toute pauvre qu'elle paraît en ce moment, peu donner une couronne.

— Gardez-la pour une demoiselle plus ambitieuse, mylord, — car je présume que c'est le titre qui vous est dû (1), si cette histoire est vraie. — Je n'accepterais pas votre main quand elle aurait à donner une couronne ducale.

— Sous un certain rapport, aimable Alice, vous n'avez exagéré ni mon pouvoir ni mon affection. — C'est votre roi, c'est Charles Stuart qui vous parle. — Il peut donner des duchés, et si la beauté en mérite, qui peut en être plus digne qu'Alice Lee? — Relevez-vous, — ne vous agenouillez pas, — c'est à votre souverain à fléchir le genou devant vous, Alice; votre souverain qui vous est mille fois plus dévoué que le pauvre Louis Kerneguy n'aurait osé l'avouer. Je sais que mon Alice a été élevée dans de tels principes d'amour et d'obéissance pour son roi, qu'elle ne peut en conscience lui faire une blessure aussi cruelle que celle qu'elle lui causerait en se refusant à ses désirs.

En dépit de tous les efforts de Charles pour l'en empêcher, Alice était restée un genou en terre, et elle appuya le bord de ses lèvres sur la main qu'il lui tendit pour la relever. Mais après avoir donné cette marque

(1) Il y a dans les armoiries anglaises *la couronne* de roi, celle de duc, celle de comte, etc., et en style de blason ces couronnes s'appellent *coronet* et non *crown*. — Éd.

de respect à son souverain, elle resta debout, les bras croisés sur sa poitrine, l'air humble mais tranquille, le regard calme mais vigilant, maîtresse d'elle-même, et paraissant si peu flattée d'une confidence dont le prince avait cru qu'elle serait étourdie, que Charles savait à peine en quels termes renouveler ses sollicitations.

— Vous gardez le silence, charmante Alice, lui dit-il; le roi n'a-t-il pas plus d'influence sur vous que le pauvre page écossais?

— Dans un sens, répondit Alice, mon souverain a sur moi une influence sans bornes; car il a pour lui toutes mes pensées, tous mes désirs, toutes mes prières, toute cette loyauté que les femmes de la maison de Lee doivent être prêtes à sceller de leur sang au besoin, comme tous les hommes qu'elle a produits ont prouvé la leur l'épée à la main. Mais au-delà des devoirs d'une sujette respectueuse et dévouée, le roi est même moins pour Alice Lee que ne l'était le pauvre Louis Kerneguy.

— Le page pouvait du moins lui offrir une union honorable; le monarque ne peut lui présenter qu'une *couronne* (1) flétrie.

— Vous vous trompez, Alice; vous vous trompez. — Asseyez-vous, et écoutez-moi. — Asseyez-vous, vous dis-je, — que craignez-vous?

— Je ne crains rien. — Que puis-je craindre du roi de la Grande-Bretagne, moi fille d'un de ses sujets les plus loyaux, et sous le toit paternel? — Mais je me rappelle l'intervalle immense qui nous sépare; et quoique j'aie pu badiner et plaisanter avec mon égal, je ne dois paraître devant mon roi que dans l'attitude respec-

(1) *Coronet.* — Éd.

tueuse d'une sujette, à moins que l'intérêt de sa sûreté ne m'oblige à feindre de ne pas reconnaître sa dignité.

Charles, quoique jeune, n'était pas novice en pareilles scènes, et il fut surpris de rencontrer une résistance d'un genre auquel il n'avait pas été accoutumé dans des circonstances semblables, même quand il n'avait pas réussi. Il ne pouvait voir dans les manières et dans la conduite d'Alice ni colère, ni désordre, ni fierté blessée, ni dédain réel ou affecté. Elle restait immobile, paraissant préparée à discuter avec calme une question qui est ordinairement décidée par la passion, ne montrant aucun désir de quitter l'appartement, — semblant déterminée à écouter avec patience tout ce que l'amant aurait à lui dire, mais prouvant par son attitude qu'elle n'avait cette complaisance que par égard pour les ordres du roi.

—Elle est ambitieuse, pensa Charles : c'est en éblouissant son amour pour la gloire, et non en employant des prières passionnées que je puis espérer de réussir. — Je vous prie de vous asseoir, belle Alice, — l'amant vous en prie, — le roi vous l'ordonne.

— Le roi, répondit Alice, peut permettre un relâchement du cérémonial dû à la royauté, mais il ne peut, même par ses ordres exprès, annuler les devoirs de ses sujets. — Je resterai ici, debout, tant qu'il plaira à Votre Majesté de me parler, et je l'écouterai avec patience, comme mon devoir l'exige.

— Apprenez donc, jeune fille sans expérience, dit le roi, qu'en répondant à ma tendresse et en acceptant la protection que je vous offre vous ne manquez à aucune des règles de la morale et de la vertu. — Ceux que leur naissance destine au trône sont condamnés à perdre bien des jouissances de la vie privée, et principalement celle qui est peut-être la plus douce et la plus précieuse de toutes, le droit de choisir celle qui doit être leur compagne pour toute leur vie. Les convenances politiques président seules à leur mariage, et il arrive souvent qu'ils trouvent dans celle qu'ils épousent des formes, un caractère et des dispositions les moins propres à assurer leur bonheur. La société a donc pitié de nous, et elle charge nos unions involontaires, et souvent malheureuses, de chaînes plus légères et moins étroites que celles de l'hymen contracté par nos sujets, qui s'imposant librement leurs liens doivent y être plus strictement assujettis. Et c'est pour cela que depuis le temps où Henry fit construire ces murs, les prêtres et les prélats, les nobles et les hommes d'état, ont été accoutumés à voir une belle Rosemonde régner sur le cœur du monarque qui l'aime, et le consoler du peu d'heures de contrainte que la bienséance l'oblige à donner à quelque jalouse Éléonore. Le monde n'attache aucun blâme à une pareille liaison; il court en foule aux fêtes que donne l'aimable Esther dont il admire la beauté, tandis que l'impérieuse Vasti joue son rôle de reine dans la solitude. On l'assiège dans son palais pour lui demander sa protection, parce qu'on sait que son influence dans l'état est cent fois plus puissante que celle de l'orgueilleuse épouse du monarque. Ses enfans prennent leur rang parmi la première noblesse du pays; et, comme l'illustre Longue-Épée, comte de Salisbury (1), ils prouvent par leur courage qu'ils doivent

(1) Frère naturel de Richard Cœur-de-Lion. Voyez *Le Talisman*, tomes LXVI et LXVII de cette édition. — Éd.

la naissauce à la royauté et à l'amour. Ces unions sont la source d'où sortent nos premiers nobles, et la mère se survit à elle-même, honorée et bénie dans la grandeur de sa postérité, comme elle est morte pleurée et regrettée dans les bras de l'amour et de l'amitié.

—Est-ce ainsi que mourut Rosemonde, sire? demanda Alice. — Nos annales prétendent qu'elle fut empoisonnée par la reine offensée, — empoisonnée sans qu'on lui donnât le temps de demander à Dieu le pardon de ses fautes. — Et est-ce ainsi qu'elle se survit à elle-même? J'ai entendu dire que lorsque l'évêque purifia l'église de Godstowe il fit ouvrir le monument élevé à Rosemonde, et en fit jeter les ossemens dans une terre non consacrée.

— Vous parlez d'un temps bien ancien, ma chère Alice, répondit Charles, d'un temps qui était encore barbare et grossier. On ne voit plus aujourd'hui de reines si jalouses, ni d'évêques si rigoureux; sachez d'ailleurs que, dans le pays où je conduirais la créature la plus aimable de tout son sexe, il existe d'autres lois qui écartent de pareilles unions jusqu'à la moindre atteinte de scandale. Il y a un genre de mariage qui, en remplissant toutes les cérémonies de l'église, ne laisse aucune tache sur la conscience, et cependant n'investit l'épouse d'aucune des prérogatives inhérentes au rang de son époux, et ne viole pas les devoirs dont un roi est tenu envers ses sujets. Ainsi, Alice Lee peut devenir à tous égards épouse réelle et légitime de Charles Stuart, avec la seule restriction que leur union privée ne lui donnerait aucun droit au titre de reine d'Angleterre.

— Mon ambition, dit Alice, sera complètement satisfaite en voyant Charles régner sans que je désire partager ou sa dignité en public, ou son luxe et son opulence en particulier.

— Je vous entends, Alice, répliqua le roi un peu blessé, mais sans montrer de mécontentement ; — vous me tournez en ridicule, parce qu'étant fugitif je me permets de parler en roi. J'avoue que c'est une habitude que j'ai prise, et dont toutes mes infortunes n'ont pu me défaire. — Mais ma situation n'est pas aussi désespérée que vous pouvez le croire ; j'ai encore un grand nombre d'amis dans ce royaume. — Mes alliés au dehors ont intérêt à épouser ma cause par égard pour eux-mêmes. — L'Espagne, la France et d'autres nations m'ont donné des espérances ; j'ai pleine confiance que le sang de mon père n'aura pas été versé en vain et ne s'effacera pas sans vengeance. J'espère en celui de qui les princes tiennent leur titre, et quoi que vous puissiez penser de ma situation actuelle, j'ai un ferme pressentiment qu'il me replacera sur le trône de mes ancêtres.

— Puisse-t-il vous l'accorder ! dit Alice ; et pour qu'il vous l'accorde, daignez réfléchir si la conduite que vous tenez en ce moment est propre à vous obtenir ses faveurs. — Pensez à ce que vous demandez à une jeune fille privée depuis long-temps des conseils de sa mère et qui n'a d'autre défense contre vos sophismes que le sentiment naturel de la dignité de son sexe. — Songez si la mort de son père qui serait la suite de son imprudence, — le désespoir de son frère qui a si souvent exposé sa vie pour le service de Votre Majesté, le déshonneur d'un toit qui vous a abrité, figureront bien dans vos annales, et si ce sont là des événemens propres à vous rendre favorable ce dieu dont la colère contre votre maison n'a été que trop visible, ou à vous restituer l'affection du peuple anglais, aux yeux duquel de telles actions sont une abomination. — Je laisse à Votre Majesté, Sire, le soin d'y réfléchir.

Charles garda le silence, frappé de la tournure que prenait une conversation qui mettait son intérêt personnel aux prises avec sa passion, bien plus fortement qu'il ne l'avait supposé.

— Si Votre Majesté n'a pas d'ordres à me donner, ajouta Alice en faisant un profonde révérence, m'est-il permis de me retirer?

— Encore un instant, fille étrange et inconcevable, et répondez à ma question. — Est-ce l'abaissement actuel de ma fortune qui vous fait mépriser mes propositions?

— Je n'ai rien à cacher, Sire, et ma réponse sera aussi franche et aussi claire que la question que vous venez de me faire. Pour me décider à un acte d'ignominie, de démence et d'ingratitude, il faudrait que je fusse aveuglée par cette passion qu'on fait valoir comme une excuse des folies et des crimes, souvent même, je crois, quand elle n'existe pas; — il faudrait en un mot que j'éprouvasse de l'amour, comme on l'appelle. — J'aurais pu en éprouver pour mon égal, mais jamais pour mon souverain, soit qu'il n'en eût que le titre, soit qu'il fût en possession de son royaume.

— Et cependant, Alice, la loyauté a toujours été la passion dominante de votre famille, la vertu dont elle est le plus fière.

— Et puis-je donner une meilleure preuve de cette loyauté, Sire, qu'en résistant même à mon souverain, et en le conjurant d'oublier un projet aussi déshonorant pour lui que pour moi? Agirais-je en sujette fidèle si je m'unissais à lui pour commettre un acte de folie qui jetterait de nouveaux obstacles sur le chemin de sa restauration, et qui ne pourrait que diminuer la sécurité de son trône s'il y était une fois assis?

— A ce compte, j'aurais mieux fait de continuer à jouer le rôle de page que de reprendre mon caractère de roi, puisque cette qualité semble pouvoir encore moins se concilier avec mes désirs.

— Ma candeur ira encore plus loin, Sire; je n'aurais pas éprouvé plus de penchant pour Louis Kerneguy que pour l'héritier du trône de la Grande-Bretagne. L'amour que j'ai à donner, — et il ne ressemble pas aux descriptions que j'en ai lues dans les romans et dans les ballades, — a déjà été accordé à un autre. — Je vois que je fais peine à Votre Majesté; je le regrette sincèrement, mais les médecines salutaires ont souvent de l'amertume.

— Oui, et les médecins sont assez raisonnables pour vouloir que leurs malades les avalent comme si c'était du miel. — Elle est donc vraie cette histoire qu'on m'a contée tout bas du cousin colonel? — La fille du loyal sir Henry Lee a accordé son cœur à un fanatique rebelle?

— Mon cœur lui était accordé, Sire, avant que j'eusse appris ce que signifient les mots de fanatique et de rebelle. Je ne l'ai pas repris, parce que je suis convaincue qu'au milieu des dissensions qui déchirent ce royaume, l'homme dont vous parlez a choisi son parti, en se trompant sans doute, mais d'après sa conscience. Il conserve donc encore la plus haute place dans mon estime et dans mon affection. C'est tout ce qu'il peut attendre de moi, c'est tout ce qu'il me demandera jusqu'à ce que quelque heureux événement ait cicatrisé les blessures de la nation, et réconcilié mon père avec lui. Fasse le ciel que la prompte restauration de Votre Majesté amène ce grand changement!

— Vous avez trouvé un motif, dit le roi avec humeur, pour me faire détester un pareil changement; — et vous-même, Alice, vous n'avez pas sincèrement intérêt à le désirer. Ne voyez-vous pas que votre amant, marchant côte à côte avec Cromwell, peut, ou pour mieux dire doit partager son pouvoir? Si même Lambert ne le prévient pas, il peut couper l'herbe sous les pieds à Cromwell, et régner en sa place. Et croyez-vous qu'il ne trouvera pas les moyens de réduire l'orgueil loyal de la maison de Lee, et de conclure une union dont les voies sont mieux préparées que celle qu'on dit que Cromwell médite entre un de ses dignes rejetons et l'héritière non moins loyale de Fauconberg?

— Votre Majesté a enfin trouvé un moyen de se venger, dit Alice, si ce que j'ai dit mérite sa vengeance.

— Je puis vous montrer un chemin encore plus court pour arriver à cette union, dit Charles sans faire attention à la détresse d'Alice, ou trouvant peut-être un secret plaisir à lui infliger la peine du talion. Supposez que vous fassiez dire à votre colonel qu'il y a ici un certain Charles Stuart, qui était venu en Angleterre pour troubler les saints dans leur gouvernement paisible, pour leur disputer un pouvoir qu'ils ont acquis par leurs prières et leurs sermons, par leurs piques et leurs fusils; — supposez qu'il ait l'art d'amener ici une douzaine de braves Têtes-Rondes; car dans l'état actuel des choses, c'en est bien assez pour décider du destin de l'héritier de la monarchie : — croyez-vous que la possession d'un tel captif ne pourrait pas lui faire obtenir du Croupion ou de Cromwell une récompense assez brillante pour vaincre les obstacles que votre père oppose à une alliance avec un Puritain, et mettre tout d'un coup la belle Alice et son cousin le colonel au comble de leurs vœux?

— Sire, s'écria Alice, les joues enflammées et les yeux étincelans, — car elle avait aussi sa part de l'impétuosité héréditaire de sa famille, — ceci passe les bornes de ma patience. J'ai pu écouter des propositions ignominieuses sans en exprimer mon indignation ; j'ai cherché à excuser mon refus de devenir la maîtresse d'un prince fugitif, comme s'il m'avait offert de partager une couronne fermement placée sur sa tête; mais croyez-vous que je puisse entendre calomnier tous ceux qui me sont chers, sans éprouver d'émotion, et sans y répondre? Non, Sire, quand je vous verrais siéger entouré de toutes les terreurs de la chambre ardente de votre père, vous m'entendriez défendre l'absent, prendre le parti de l'innocent. — Je ne dirai rien de mon père, si ce n'est que, s'il est à présent sans fortune, sans possessions, presque sans abri et sans moyens de subsistance, c'est parce qu'il a tout perdu pour le service de son roi. — Il n'avait pas besoin de recourir à la trahison et à la lâcheté pour se procurer une opulence que ses domaines assuraient. — Quant à Markham Everard, il ne sait ce que c'est que l'égoïsme. — Il ne voudrait pas pour toute l'Angleterre, renfermât-elle dans son sein les trésors du Pérou, et toute sa surface fût-elle un paradis, commettre une action qui pût déshonorer son nom ou préjudicier à qui que ce fût. — Les rois, Sire, pourraient recevoir leçon de lui. — Et maintenant, Sire, je prends humblement congé de Votre Majesté.

— Un instant, Alice, un instant! s'écria le roi. — Mais elle est partie! — il faut que ce soit là de la vertu, — une vertu réelle, désintéressée, imposante, — ou il n'en existe pas sur la terre. — Et cependant Wilmot et Villiers n'en croiraient rien ; ils mettraient cette histoire au nombre des merveilles de Woodstock. — C'est une fille d'une espèce rare, et je proteste, pour me servir de l'expression du colonel, que je ne sais trop si je lui dois vouer amitié ou vengeance. — Sans ce maudit cousin, — ce colonel puritain, — je pourrais tout pardonner à une créature si noble. — Mais me voir préférer un rebelle Tête-Ronde! — m'entendre avouer en face cette préférence! — puis la justifier en disant que les rois pourraient prendre leçon *de lui ?* — C'est du fiel et de l'absinthe. — Si le vieillard n'était pas survenu ce matin, le roi aurait donné ou reçu une leçon, — une sévère leçon. Avec mon rang et ma responsabilité, c'était une folie que de hasarder une pareille rencontre; et cependant cette fille m'a tellement piqué, elle m'a inspiré tant de jalousie contre ce colonel, que, si l'occasion s'en représentait, je crois que je serais encore assez fou pour la saisir. — Ah! qui nous arrive ici?

La question terminant le soliloque du roi était occasionée par l'arrivée inattendue d'un autre personnage de notre drame.

CHAPITRE XXVII.

> Bénédict. — « Puis-je vous dire un mot à l'oreille ?
> Claudio. — « Le ciel me préserve d'un cartel ! »
> Shakspeare.

Comme Charles allait sortir de l'appartement, il y fut retenu par l'arrivée de Wildrake, qui se présenta avec un surcroît d'importance et avec une aisance qui allait presque à la familiarité.

— Je vous demande pardon, monsieur, lui dit-il; mais, comme on le dit dans mon pays, quand les portes sont ouvertes les chiens peuvent entrer. J'ai frappé et appelé inutilement dans le vestibule, et, connaissant le chemin de cet appartement, — car je fais partie des troupes légères, et je n'oublie jamais la route par laquelle j'ai une fois passé, — je me suis hasardé à y entrer sans me faire annoncer.

— Sir Henry est sorti, je le crois dans le parc, et maître Albert Lee a quitté la Loge il y a deux ou trois jours, répondit Charles avec froideur, la présence d'un jeune débauché dont la tournure était assez commune lui étant peu agréable en ce moment.

— Je le sais, monsieur; mais ce n'est ni à l'un ni à l'autre que j'ai affaire en ce moment.

— Et à qui donc avez-vous affaire ici, s'il m'est permis de vous le demander? car il me paraît impossible que ce soit à moi.

— Je vous demande encore pardon, monsieur; car ce n'est qu'à vous que je puis communiquer l'affaire qui m'amène ici, si vous êtes, comme je le présume, quoique un peu mieux costumé, maître Louis Girnigo, gentilhomme écossais, page de maître Albert Lee.

— Vous ne trouverez ici que moi qui puisse vous répondre pour lui.

— Il est très-vrai que je remarque quelque différence; mais le repos et de meilleurs habits font quelque chose, et j'en suis charmé, car j'aurais été fâché d'avoir à remettre un message tel que celui que j'apporte, à un va-nu-pieds.

— Venons-en au fait, monsieur, s'il vous plaît. — Vous êtes chargé d'un message pour moi, dites-vous?

— C'est la vérité, monsieur. Je suis ami du colonel Markham Everard, — un homme de belle taille, monsieur, et se comportant dignement sur le champ de bataille, quoique j'eusse désiré qu'il combattît pour une meilleure cause. C'est de sa part que j'ai à vous remettre un message contenu dans un petit billet que je vais prendre la liberté de vous présenter avec les formalités d'usage.

A ces mots il tira son épée, en enfonça la pointe dans le billet du colonel, et le présenta ainsi à Charles en le saluant profondément.

Le monarque déguisé lui rendit gravement son salut, et prit le billet. — Je présume, dit-il avant de l'ouvrir, que je ne dois pas m'attendre à trouver des complimens dans une missive présentée d'une manière si hostile.

— Monsieur, — hem! hem! répondit l'ambassadeur en toussant deux ou trois fois, pour se donner par la réflexion le temps de conserver le ton doucereux d'un envoyé diplomatique; je ne regarde pas l'invitation comme tout-à-fait hostile, quoiqu'elle soit de nature à être d'abord tenue pour guerrière et belliqueuse. J'espère que quelques bottes amèneront l'affaire à une belle fin; et ainsi, comme avait coutume de le dire mon ancien maître, *pax nascitur ex bello* (1). Quant à moi, je suis réellement enchanté que mon ami Markham Everard m'ait confié cette négociation, d'autant plus que je craignais que les principes puritains dont il est imbu, — car je ne vous déguiserai pas la vérité, mon cher monsieur, — ne lui eussent inspiré une certaine répugnance et de certains scrupules contre la forme usitée entre gentilshommes pour se faire justice à soi-même en pareil cas. Et comme je rends à mon ami un service d'ami, de même je me flatte humblement, maître Louis Girnigo, que je ne commets pas d'injustice envers vous en préparant les voies pour le rendez-vous proposé,

(1) La paix naît de la guerre. — Tr.

après lequel, permettez-moi de dire que, s'il n'arrive pas quelque accident fatal, nous serons tous, l'escarmouche une fois terminée, meilleurs amis qu'auparavant.

— Je le crois de même; et dans tous les cas, monsieur, répondit Charles en jetant les yeux sur l'épître, nous ne pouvons être rien de pire qu'ennemis mortels, et c'est sur ce pied que ce billet nous place l'un envers l'autre.

— Vous dites la vérité, monsieur; c'est un cartel préparatoire à un combat singulier, dans la vue pacifique de rétablir une parfaite intelligence entre les survivans, — s'il arrive heureusement que ce mot puisse s'employer au pluriel après l'événement de la rencontre.

— En un mot, je suppose que l'objet du combat est d'en venir à nous entendre d'une manière parfaitement amicale?

— Précisément, monsieur, et je vous remercie de la clarté que vous mettez dans votre définition. — Ah! monsieur, une semblable mission est facile à remplir quand on a affaire à un homme d'honneur, doué en même temps d'intelligence, — et je vous demande en outre, à titre de faveur personnelle, comme la matinée sera probablement froide et que je suis sujet aux rhumatismes, — le fruit de la guerre, monsieur, — je vous prie, dis-je, de vouloir bien amener avec vous quelque gentilhomme d'honneur qui ne dédaigne pas de prendre part à ce qui se passera, — une sorte de fortune du pot, monsieur, — et de se mesurer avec un pauvre soldat tel que moi, — afin que nous ne risquions pas de gagner un rhume en restant les bras croisés pendant que vous vous battrez.

— Je vous entends, monsieur, et si l'affaire a des suites, soyez assuré que je tâcherai de vous fournir un adversaire convenable.

— Je vous serai fort obligé, monsieur; et j'ajouterai que je ne regarderai pas de très-près à la qualité de mon antagoniste. Il est très-vrai que j'ai droit au titre d'écuyer et de gentilhomme, et que je me trouverais honoré de croiser mon épée avec celle de sir Henry ou maître Albert Lee; mais si cela ne pouvait avoir lieu, je ne refuserais pas de faire face à tout homme qui aurait servi sous les bannières du roi, ce que je regarde en quelque sorte comme des lettres de noblesse; et par conséquent j'accepterais, sans aucun scrupule, un duel avec une telle personne.

— Le roi vous est fort obligé, monsieur, de l'honneur que vous faites à ses fidèles sujets.

— Oh! monsieur, je suis scrupuleux sur ce point, — très-scrupuleux. Quand il s'agit d'une Tête-Ronde, je consulte le nobiliaire pour voir si l'individu en question a droit de porter les armes, comme maître Markham Everard, sans quoi je vous promets que ce ne serait pas moi qui vous présenterais son cartel. Mais tout Cavalier est gentilhomme pour moi; — quelque basse que puisse être sa naissance, sa loyauté l'ennoblit.

— Fort bien, monsieur, ce billet m'invite à me rencontrer avec maître Everard demain à six heures du matin, près de l'arbre nommé le chêne du roi: je n'ai d'objections à faire ni contre l'heure ni contre le lieu.— Il me propose l'épée, et ajoute que cette arme nous met sur une sorte d'égalité: je ne m'y refuse point. — Il me demande de me faire accompagner d'un second:

je tâcherai de me procurer un compagnon, et je ferai en sorte qu'il puisse vous convenir, monsieur, si vous avez envie de prendre part à la danse.

— Je vous baise les mains, et suis tout à vous, monsieur; je sens l'obligation que je vous ai.

— Je vous remercie, monsieur. — A l'heure dite, je me trouverai à l'endroit désigné, avec les armes convenues, et je ferai satisfaction à votre ami l'épée à la main, comme il le demande, ou je lui donnerai, pour n'en rien faire, des raisons dont il sera satisfait.

— Vous m'excuserez, monsieur, dit Wildrake, si j'ai l'esprit trop borné pour comprendre quelle alternative il peut rester à deux hommes d'honneur, en pareille circonstance, si ce n'est ça, ça! — Et se mettant en garde, il fit une passe avec sa rapière, mais sans la tirer du fourreau, et sans la diriger du côté du roi à qui il parlait.

— Excusez-moi vous-même, monsieur, si je ne veux pas vous fatiguer l'esprit en vous donnant à réfléchir sur un cas qui peut ne pas arriver. — Mais, par exemple, je puis avoir à alléguer quelque affaire urgente et publique.

Charles prononça ces derniers mots en baissant la voix et d'un ton de mystère. Wildrake parut le comprendre parfaitement, car il appuya l'index sur sa lèvre supérieure, geste qu'il regardait comme très-expressif, et annonçant une grande perspicacité.

— Monsieur, dit-il, si vous êtes engagé dans quelque affaire pour le service du roi, il faudra bien que mon ami soit assez raisonnable pour prendre patience. Plutôt que de souffrir que vous soyez dérangé en ce cas, je me battrai moi-même contre lui, uniquement pour le tenir en haleine. — Et, monsieur, si vous pouviez trouver place dans votre entreprise pour un pauvre gentilhomme qui a servi sous Lunsford et Goring, indiquez-moi le jour, l'heure et l'endroit du rendez-vous, car je suis diablement ennuyé des cheveux tondus que je porte, ainsi que du grand vilain chapeau et du manteau d'entrepreneur de funérailles dont mon ami m'a affublé, et je serais enchanté de pouvoir m'escrimer encore une fois pour le roi, n'importe que je sois ensuite battu ou pendu.

— Je me rappellerai ce que vous me dites, si l'occasion se présente, monsieur, et je voudrais que Sa Majesté eût beaucoup de sujets comme vous. — Je présume que notre affaire est arrangée ?

— Quand vous aurez eu la bonté, monsieur, de me donner un mot d'écrit pour preuve que j'ai rempli ma mission. — Vous savez que tel est l'usage. — Un cartel par écrit exige une réponse semblable.

— Je vais le faire à l'instant même ; et cela ne sera pas long, car je vois ici tout ce qui est nécessaire pour écrire.

— Et, monsieur, si..... hem ! hem ! — Si vous avez assez de crédit dans la maison pour vous procurer un flacon de vin du Rhin. — Je suis généralement silencieux, et je me suis enroué à force de parler. — D'ailleurs, une affaire sérieuse de cette espèce altère toujours. Ensuite, monsieur, se séparer les lèvres sèches, c'est un signe de mésintelligence, et à Dieu ne plaise qu'il en existe entre nous dans une conjoncture si honorable.

— Je ne me flatte pas d'avoir ici beaucoup de crédit, monsieur, répondit le roi ; mais, si vous voulez avoir la bonté d'accepter cette pièce d'or pour étancher votre soif à l'auberge de Saint-Georges.....

Les manières du temps permettaient ce genre étrange de politesse, et Wildrake d'ailleurs n'était pas doué d'une délicatesse assez recherchée pour faire beaucoup de cérémonie à cet égard.

— Monsieur, s'écria-t-il, je vous suis de nouveau obligé ; mais je ne sais trop si mon honneur me permet d'accepter cette marque de libéralité, à moins qu'il ne vous plaise de m'accompagner.

— Pardon, monsieur, répliqua le roi, mais le soin de ma sûreté me défend de me montrer en public en ce moment.

— Suffit, dit Wildrake ; de pauvres diables de Cavaliers ne doivent pas être à cheval sur la cérémonie.— Je vois, monsieur, que vous connaissez la loi des braves ; tant qu'un camarade a de l'argent, l'autre ne doit pas en manquer. — Je vous souhaite, monsieur, une continuation de bonheur et de santé jusqu'à demain à six heures du matin, sous le chêne du roi.

— Adieu, monsieur, dit le roi ; et, tandis que Wildrake descendait l'escalier en sifflant l'air : *Braves Cavaliers*, auquel le bruit de sa rapière battant contre les marches formait une sorte d'accompagnement assez convenable, il ajouta : — Adieu, trop juste emblème de l'état auquel la guerre, les revers et le désespoir ont réduit plus d'un brave royaliste.

Pendant le reste de cette journée, il ne se passa rien qui mérite une mention particulière. Alice évita avec soin de montrer à l'égard du prince déguisé une froideur et une retenue dont son père ou quelque autre auraient pu s'apercevoir ; et, d'après les apparences, les deux jeunes gens continuaient, sous tous les rapports, à être ensemble sur le même pied qu'auparavant. Elle eut pourtant soin en même temps de se conduire de telle sorte que Charles pût voir que cette intimité prétendue n'était affectée que pour sauver les apparences, et n'avait pas pour but de démentir en rien le refus sévère et décidé qu'elle avait opposé à ses propositions. Le roi ne put en douter, et cette circonstance, jointe à son amour-propre blessé et à l'envie qu'il portait à un rival heureux, le détermina à quitter la compagnie de bonne heure pour aller faire une promenade dans l'espèce de labyrinthe qui précédait le parc, et qu'on appelait le Désert, comme nous l'avons déjà dit. Là, comme Hercule dans l'emblème de Cébès, il hésitait entre la vertu et le plaisir, écoutant tour à tour la voix de la prudence et les conseils passionnés d'une folle témérité.

La prudence lui faisait sentir l'importance de sa vie pour exécuter par la suite les grands projets qui venaient d'échouer en ce moment; — rétablir la monarchie en Angleterre; — relever le trône; — reprendre la couronne de son père; — venger sa mort; — rendre leur fortune et leur patrie aux royalistes nombreux qui souffraient l'exil et la pauvreté par suite de leur attachement à sa cause. L'orgueil, ou plutôt un juste sentiment de dignité naturelle, lui remontrait combien il était indigne d'un prince de descendre à un combat singulier avec un de ses sujets, quel que pût être son rang, et quelle tache ce serait pour sa mémoire s'il perdait la vie par la main d'un particulier, par suite d'une intrigue obscure. Que diraient d'un tel acte d'indiscrétion et de folie ses sages conseillers Hyde et Nicolas, et son bon et prudent gouverneur, le marquis d'Hertford ? N'était-ce pas le moyen d'ébranler la fidélité des partisans graves et réfléchis qui lui restaient ? Pourquoi exposeraient-ils leur vie et leurs biens pour élever au gouvernement d'un royaume un jeune homme incapable de maîtriser ses passions ?

A ces raisons il fallait ajouter encore la considération que le succès qu'il pourrait obtenir dans le combat dont il s'agissait ne ferait qu'ajouter de nouvelles difficultés à sa sortie du royaume, qui semblait déjà suffisamment hérissée d'obstacles. S'il ne faisait que vaincre son adversaire sans lui donner la mort, comment pouvait-il savoir si le colonel républicain ne chercherait pas à se venger en livrant au gouvernement le malveillant Louis Kerneguy, dont le rang véritable ne pouvait manquer en ce cas d'être reconnu ?

Toutes ces réflexions se réunissaient pour engager fortement le roi à terminer cette affaire sans en venir à un duel; et la réserve qu'il avait faite en l'acceptant lui en facilitait les moyens.

Mais, d'un autre côté, la passion avait aussi ses argumens, et elle les adressait à un caractère rendu irritable par des revers récens et par une mortification cruelle. D'abord, s'il était prince, il était aussi gentilhomme; il devait en avoir les sentimens, et il était obligé de donner ou d'exiger satisfaction, comme le faisaient dans leurs querelles les hommes jouissant de ce titre. Jamais il ne perdrait rien dans l'estime des Anglais, parce qu'au lieu de se mettre à l'abri de sa naissance royale et de ses prétentions au trône, il se serait montré bravement prêt à payer de sa personne, et à soutenir, l'épée à la main, ce qu'il aurait dit ou aurait fait. Une conduite qu'on ne pourrait attribuer qu'à l'honneur et à la générosité, bien loin de le faire déchoir dans l'opinion publique, ne devait, chez un peuple libre, que lui donner plus de droits au respect. Ensuite une réputation de courage lui était plus nécessaire à l'appui de ses prétentions que tout autre genre de renommée, et recevoir un défi sans y répondre pouvait faire douter de sa bravoure. Enfin que diraient Wilmot et Villiers d'une intrigue dans laquelle il se serait laissé honteusement bafouer par une jeune fille élevée à la campagne, sans qu'il eût cherché à se venger de son rival? Les pasquinades qu'ils composeraient à cette occasion, les sarcasmes spirituels qu'ils feraient circuler, seraient bien plus difficiles à supporter que les graves mercuriales d'Hyde, de Nicolas et d'Hertford. Cette réflexion, qui flattait et sa jeunesse et son courage, fixa enfin son irrésolution, et il retourna à la Loge bien décidé à se trouver le lendemain au rendez-vous, quoi qu'il pût en arriver.

Peut-être se mêlait-il à cette détermination une idée secrète, une sorte de pressentiment que cette rencontre ne lui serait pas fatale. Il était dans la fleur de la jeunesse, adroit dans tous ses exercices, et, à en juger par l'épreuve qu'il en avait faite dans la matinée, il n'était nullement inférieur au colonel Everard dans l'art de l'escrime. Du moins toutes ces pensées pouvaient se présenter à l'imagination du roi tandis qu'il fredonnait le commencement d'une chanson qu'il avait apprise pendant son séjour en Écosse :

> On peut boire sans être gris;
> Se battre sans qu'on vous étrille;
> Caresser fillette gentille,
> Et la quitter sans être pris.

Pendant ce temps, le docteur Rochecliffe, toujours affairé, voulant toujours tout diriger, avait trouvé le moyen de dire en secret à Alice qu'il avait besoin d'avoir avec elle un entretien particulier, et il lui donna rendez-vous dans ce qu'on appelait la bibliothèque, appartement autrefois rempli de vieux bouquins qui, ayant servi depuis long-temps à faire des cartouches, avaient fait plus de bruit dans le monde à l'instant où ils en étaient sortis que pendant tout le temps qui s'était écoulé depuis qu'ils y étaient entrés jusqu'au moment de leur apparition.

Lorsqu'elle y arriva, elle trouva le docteur assis dans un grand fauteuil couvert en cuir, et il lui fit signe de prendre un tabouret et de s'asseoir près de lui.

—Alice, lui dit le vieillard, vous êtes une bonne fille prudente, une fille vertueuse, une de ces filles dont le prix est au-dessus des rubis,—non que *rubis* soit la traduction convenable de ce passage, mais vous me ferez penser à vous l'expliquer dans un autre moment.— Alice, vous savez qui est ce Louis Kerneguy.—N'hésitez pas à être franche avec moi; je sais tout,—tout, vous dis-je.—Vous savez que cette maison a l'honneur de contenir la fortune de l'Angleterre. Alice allait lui répondre.—Ne dites rien encore!—Écoutez-moi.—Comment se comporte-t-il avec vous, Alice?

Les joues d'Alice se couvrirent du cramoisi le plus vif. —J'ai été élevée à la campagne, dit-elle, et ses manières sentent trop le courtisan pour moi.

—Suffit!—Je sais tout.—Eh bien! Alice, il est exposé à un grand danger demain matin, et c'est vous qui devez être l'heureux moyen de l'en préserver.

—Un grand danger! répéta Alice avec surprise;—et

moi l'en préserver!—Comment?—De quelle manière?
—C'est mon devoir, comme sujette, de tout faire.—
Tout ce qui peut être convenable à la fille de mon père,
pour.....

Elle s'arrêta, fort embarrassée.

—Oui! continua le docteur; il a demain un rendez-vous,—un rendez-vous avec Markham Everard.—Tout est arrangé.—Le moment, six heures du matin.—Le lieu, près du chêne du roi.—S'ils s'y rencontrent, l'un des deux périra probablement.

—A Dieu ne plaise qu'ils s'y rencontrent! s'écria Alice, l'incarnat de ses joues faisant place à une pâleur mortelle.—Mais il ne peut en résulter aucun accident;—jamais Everard ne lèvera son épée contre le roi.

—C'est ce dont je ne voudrais pas répondre. Mais en supposant même que ce malheureux jeune homme ait encore conservé un reste de cette loyauté que toute sa conduite dément, nous ne pourrions en profiter, car il ne connaît pas le roi, et il ne le regarde que comme un Cavalier de qui il a reçu une insulte.

—Qu'il sache donc la vérité, docteur Rochecliffe, qu'il la sache à l'instant même!—Lui, lever la main contre le roi!—contre un roi fugitif et sans défense!—Il en est incapable! Je réponds sur ma vie que personne ne déploiera plus d'activité pour protéger ses jours.

—C'est ainsi que pense une jeune fille, Alice; et, comme je le crains, une jeune fille dont la prudence est égarée par son cœur. Ce serait plus qu'une trahison que de confier un secret si important à un officier rebelle, à un ami de l'archi-traître Cromwell. Je n'ose me rendre responsable d'une telle témérité. Le père du roi se fia à Hammond, et vous savez ce qu'il en résulta.

—Eh bien! que mon père le sache. Il ira trouver Markham, il le fera venir; il lui fera sentir que ce serait lui manquer à lui-même que d'attaquer celui à qui il donne l'hospitalité.

— Nous n'osons pas faire connaître ce secret à votre père. Je n'ai fait que lui faire entrevoir la possibilité que Charles cherchât un refuge à Woodstock; et le transport avec lequel sir Henry se mit à parler des préparatifs à faire pour le recevoir dignement et mettre le château en état de défense, m'a prouvé clairement que l'enthousiasme de sa loyauté nous ferait courir le risque d'une découverte.—C'est vous, Alice, qui devez sauver l'unique espoir de tout vrai royaliste.

— Moi!—Impossible!—Mais pourquoi ne pas engager mon père à intervenir en faveur de son hôte, de son ami, quoiqu'il ne le connaisse que comme Louis Kerneguy?

—Vous oubliez le caractère de votre père, ma chère amie; c'est un excellent homme, le meilleur des chrétiens; mais qu'il entende le cliquetis des armes, et il devient tout martial; il n'écoute plus la raison; il ne songe pas plus à la paix qu'un coq qui en combat un autre.

—Vous oubliez vous-même, docteur, que ce matin même, si j'ai été bien informée, mon père les a empêchés de se battre.

— Sans doute; mais pourquoi? Parce qu'il croyait de son devoir de maintenir la paix dans l'enceinte d'un parc royal; et encore l'a-t-il fait avec un tel regret, Alice, que s'il les trouvait de nouveau aux prises, je n'hésite pas à prédire qu'il ne retarderait le combat qu'autant qu'il le faudrait pour conduire les combattans sur quelque terrain non privilégié; et là il leur dirait de s'en donner à cœur joie, et réjouirait ses regards d'une scène si agréable.—Non, Alice, c'est vous, vous seule qui pouvez nous secourir en cette extrémité.

—Je ne vois pas, dit-elle en rougissant de nouveau, comment je puis être de la moindre utilité dans une pareille affaire.

—Il faut que vous écriviez au roi.—Il n'y a pas de femme qui ne sache mieux qu'aucun homme ne peut le lui apprendre, comment écrire un pareil billet.—Il faut que vous lui demandiez une entrevue précisément à l'heure qui a été fixée pour le rendez-vous.—Il ne manquera pas de donner la préférence au vôtre, car je connais son malheureux faible.

—Docteur Rochecliffe, dit Alice d'un ton grave, vous m'avez connue dès l'enfance;—qu'avez-vous remarqué en moi qui ait pu vous porter à croire que je consentirais à suivre un semblable conseil?

— Et si vous m'avez connu dès votre enfance, reprit le docteur, qu'avez-vous remarqué en moi qui puisse vous faire soupçonner que je donnerais à la fille de mon ami un conseil qu'il ne lui conviendrait pas de suivre? Vous ne pouvez être assez folle, je crois, pour supposer que j'aie dessein que vous portiez la complaisance plus loin que de l'entretenir une heure ou deux pour me donner le temps de faire tous les préparatifs nécessaires pour son départ d'ici,—démarche à laquelle je le déciderai aisément en lui faisant craindre de prétendues perquisitions. — Ainsi Charles Stuart monte à cheval, s'éloigne, et miss Alice Lee a l'honneur de l'avoir sauvé.

— Oui! aux dépens de sa réputation, et au risque d'imprimer une tache éternelle sur sa famille.—Vous dites que vous savez tout ; eh bien ! après ce qui s'est passé, que voulez-vous que le roi pense, si je lui donne un rendez-vous? Comment sera-t-il possible de le désabuser, de lui faire rendre justice à mes intentions?

—Ce sera moi qui le détromperai, Alice, je lui expliquerai toute votre conduite.

— Ce que vous me proposez est impossible, docteur Rochecliffe. Votre génie fertile, votre sagesse consommée peuvent faire bien des choses; mais quand la neige qui vient de tomber est une fois souillée, tout votre art ne saurait lui rendre sa première blancheur, et il en est de même de la réputation d'une femme.

—Alice, ma chère enfant, songez donc que si je vous propose ce moyen de sauver la vie du roi, ou du moins de la préserver d'un péril imminent; si je vous engage à vous donner, même pour un moment, l'apparence d'un tort, ce n'est qu'à l'extrémité et dans une circonstance qui ne peut se représenter. — Je prendrai les moyens les plus sûrs pour prévenir les bruits injurieux auxquels ce que je vous demande pourrait donner naissance.

—Impossible, docteur. Autant vaudrait entreprendre de détourner le cours de l'Isis que d'arrêter celui de la calomnie. Le roi se vantera à sa cour licencieuse de la facilité avec laquelle il aurait décidé Alice Lee à devenir sa maîtresse si une alarme subite ne l'en eût empêché.
—La bouche, qui est pour les autres la source de l'honneur, serait pour moi celle de l'ignominie. — Adoptez un plan plus noble; suivez une marche plus convenable à votre caractère et à votre profession. Ne l'engagez pas à manquer à un rendez-vous d'honneur, dans l'attente d'un autre rendez-vous qui, véritable ou supposé,

n'aurait rien d'honorable. Allez vous-même trouver le roi, parlez-lui comme les serviteurs de Dieu ont le droit de parler même aux souverains de la terre. Montrez-lui la folie et l'illégitimité de la démarche qu'il va faire; — faites-lui sentir qu'il doit craindre le glaive, puisque la colère attire le châtiment du glaive. — Dites-lui que les amis qui sont morts pour lui sur le champ de bataille de Worcester,—ceux qui ont péri sur l'échafaud depuis cette sanglante journée,—les autres qui sont en prison, en fuite, dispersés, ruinés, à cause de lui, n'ont pas fait de tels sacrifices pour lui et pour la race de son père pour qu'il les en récompense en hasardant sa vie dans une querelle insensée. — Déclarez-lui que ses jours ne lui appartiennent pas, et que par conséquent il n'a pas le droit de les risquer; et qu'il se déshonorerait en trahissant la confiance que tant de gens accordent à son courage et à sa vertu.

Le docteur Rochecliffe la regarda avec un sourire mélancolique, et lui répondit les yeux humides : — Hélas! Alice, moi-même je ne pourrais plaider cette juste cause devant lui avec autant de force et d'éloquence que vous. Mais Charles ne nous écouterait sur ce sujet ni l'un ni l'autre. Il répondrait que ce n'est ni des prêtres ni des femmes que les hommes doivent prendre conseil dans les affaires d'honneur.

— En ce cas, docteur, écoutez-moi. — J'irai au lieu du rendez-vous, et j'empêcherai le combat d'avoir lieu. — Ne craignez pas que je ne puisse y réussir;—il m'en coûtera un sacrifice, mais ce ne sera pas celui de ma réputation. Mon cœur pourra en être brisé,—et elle fit ici un effort pénible pour retenir ses larmes,—mais nulle idée de déshonneur ne s'associera au souvenir d'Alice Lee dans l'imagination d'un homme, et cet homme, son souverain... — A ces mots elle se couvrit le visage de son mouchoir, et se mit à sangloter.

— Que signifient ces pleurs? demanda le docteur surpris, et même un peu alarmé de la violence de son affliction. — Jeune fille, il ne faut rien me cacher; — il faut que je sache tout.

— Exercez donc votre imagination, répondit Alice mécontente un instant du ton d'importance de l'opiniâtre docteur. — Devinez mon projet, vous qui avez le talent de tout deviner. C'est bien assez pour moi d'avoir à exécuter une tâche si pénible, sans me condamner encore à la détresse d'en détailler le plan à un homme, — pardon, mon cher docteur, — qui croit que l'agitation que j'éprouve en cette occasion n'est pas suffisamment motivée.

— En ce cas, jeune fille, dit Rochecliffe, il faut déployer sur vous l'autorité; et si je ne puis vous forcer à vous expliquer, je vais voir si votre père aura plus de crédit sur votre esprit.

A ces mots il se leva d'un air mécontent, et s'avança vers la porte.

— Vous oubliez, docteur, ce que vous venez de me dire vous-même du risque qu'il y aurait à communiquer ce secret important à mon père.

— Il n'est que trop vrai! répondit Rochecliffe en s'arrêtant et en se retournant vers elle. — Je crois, Alice, que vous êtes trop habile pour moi, et c'est ce que je n'ai encore dit de personne. — Mais vous êtes une bonne fille, et vous me direz de votre plein gré ce que vous avez intention de faire. Il importe à ma réputation et à mon influence sur le roi que je sois informé de tout ce qui est *actum atque tractatum*, c'est-à-dire fait et traité dans cette affaire.

— Fiez-vous à moi du soin de votre réputation, mon bon docteur, dit Alice en faisant un effort pour sourire ; elle est plus difficile à détruire que celle d'une femme, et elle courra moins de risques sous ma garde que la mienne n'en aurait couru sous la vôtre. — Je vous dirai seulement que vous serez témoin de tout. — Vous m'accompagnerez au rendez-vous, et votre présence m'inspirera de la confiance et du courage.

— C'est quelque chose, dit le docteur, quoiqu'il ne fût pas complètement satisfait de cette demi-confiance. — Vous avez toujours été une fille adroite, Alice, et je me fierai à vous. — Dans le fait, je vois qu'il faut bien que je m'y fie, que je le veuille ou non.

— En ce cas, attendez-moi demain matin dans le Désert. — Mais dites-moi d'abord si vous êtes bien sûr du lieu et de l'heure, — la moindre méprise pourrait être fatale.

— Soyez assurée que mes informations sont parfaitement exactes, répondit le docteur en reprenant son air d'importance, qui avait souffert quelque déchet pendant la dernière partie de cette conférence.

— Puis-je vous demander par quels moyens vous avez obtenu des renseignemens si importans ?

— Sans contredit, vous pouvez le demander, dit le docteur, qui avait alors recouvré tout son air de supériorité ; mais vous répondrai-je ou non, c'est une question toute différente. Je ne vois pas que votre réputation ou la mienne soient intéressées à ce que vous sortiez d'ignorance à ce sujet. Ainsi, miss Lee, comme vous avez vos secrets, j'ai aussi les miens, et j'ose croire que parmi ceux-ci il en est qui seraient plus curieux à connaître.

— Soit! dit Alice fort tranquillement. Si vous voulez vous trouver demain matin bien exactement à cinq heures et demie près du cadran solaire, nous partirons ensemble, et nous les verrons arriver au rendez-vous. Chemin faisant, je surmonterai ma timidité actuelle, et je vous expliquerai les moyens que je compte employer pour prévenir tout accident. — Peut-être croirez-vous aussi devoir faire quelques efforts qui rendraient inutile mon intervention, et elle me sera aussi pénible qu'elle est peu convenable.

— Eh bien! ma chère enfant, si vous vous placez entre mes mains, vous seriez la première qui auriez à vous plaindre de ne pas avoir été bien conduite, et vous devez croire que vous êtes la dernière, — un seul individu excepté, — que je voudrais voir s'égarer, faute de bons conseils. — A cinq heures et demie donc, près du cadran solaire — et puisse Dieu bénir notre entreprise.

En ce moment, leur conversation fut interrompue par la voix sonore de sir Henry qui retentissait dans les corridors et dans les galeries, et qui les appelait à grands cris.

— Alice! — Ma fille! — Docteur Rochecliffe!

— Que faites-vous ici, s'écria-t-il en entrant, comme deux corbeaux au milieu d'un brouillard, quand vous pourriez vous amuser là-bas comme moi? cet écervelé de page, ce Louis Kerneguy, tantôt me fait rire à me forcer de me tenir les côtés, tantôt pince de la guitare de manière à faire descendre une alouette du haut du ciel pour l'écouter. — Allons, venez, venez! il est pénible de rire tout seul.

CHAPITRE XXVIII.

« C'est bien ici l'endroit, le centre des bosquets ;
« Voici le chêne altier, monarque des forêts. »

JOHN HOME.

Le soleil dorait le dôme impénétrable de verdure formé par les arbres du parc et de la forêt ; à chaque feuille étaient suspendues les gouttes de la rosée, et quelques arbres commençaient à montrer les teintes variées de l'automne ; car c'était cette époque de l'année où la nature, comme un prodigue dont les ressources commencent à s'épuiser, semble vouloir, par la profusion et la variété des couleurs, se dédommager de la courte durée de sa magnificence. Les oiseaux étaient silencieux. — Le rouge-gorge lui-même, dont le guilleri se faisait entendre sur les buissons voisins de la Loge, enhardi dans sa familiarité par les largesses du vieux chevalier, ne se hasardait pas dans les profondeurs du bois. Alarmé par le voisinage de l'épervier et de ses autres ennemis, il préférait les environs des habitations humaines, près desquelles, presque seul parmi toutes les tribus ailées, il a les privilèges d'une protection désintéressée.

Il y avait un véritable charme dans le silence et les divers aspects de la forêt quand le bon docteur Rochecliffe, enveloppé d'une grande roquelaure écarlate, qui avait vu du service et dont il se cachait le visage par habitude plutôt que par nécessité, se dirigea vers le théâtre du duel projeté : Alice, appuyée sur le bras du docteur, était couverte aussi d'une mante pour se garantir du froid humide d'une matinée d'automne. La consultation qui les occupait semblait les rendre insensibles aux inconvéniens et aux désagrémens de leur marche, quoiqu'ils fussent souvent obligés de se frayer un chemin dans le taillis à travers les broussailles, dont les perles liquides venaient imprégner leurs manteaux et en doubler le poids. Ils s'arrêtèrent derrière un buisson qui pouvait les cacher, et d'où ils pouvaient voir toute la petite esplanade sur laquelle dominait l'arbre nommé le chêne du roi. Son tronc énorme, ses branches monstrueuses et sa couronne à demi desséchée, le faisaient paraître comme un ancien champion que la guerre n'avait pas épargné, et très-propre à figurer comme juge d'un combat singulier.

Le premier individu qui arriva au rendez-vous fut le joyeux Cavalier Roger Wildrake. Il était aussi enveloppé d'un grand manteau ; mais il avait réformé son feutre puritain, pour y substituer un chapeau à l'espagnole, entouré d'un galon d'or et orné d'une plume qui paraissait avoir été long-temps exposée aux injures de tous les élémens. Mais pour faire oublier cette apparence de pauvreté par un air de prétention, ce castor était enfoncé sur son oreille d'une manière *diablement* déterminée, selon l'expression profane des Cavaliers, et précisément comme le portaient les plus diables d'entre eux.

Il arriva à grands pas et s'écria tout haut : — Le premier en campagne, de par Jupiter ! et cependant je croyais qu'Everard me préviendrait pendant que je prenais mon coup du matin. Il m'a fait grand bien, ajouta-t-il en passant la langue sur ses lèvres. Eh bien, je suppose que je ferai sagement de faire l'inspection du terrain en attendant l'arrivée de celui dont je ne suis que le second, et dont il parait que la montre presbytérienne va aussi lentement que son pas presbytérien.

A ces mots il prit sa rapière sous son manteau, et parut s'occuper à examiner tous les buissons.

— Je le préviendrai, dit le docteur à Alice à voix basse ; je vous tiendrai parole, vous ne paraîtrez pas sur la scène, *nisi dignus vindice nodus* (1). — Je vous expliquerai cela une autre fois ; *vindex* est féminin aussi bien que masculin, ainsi la citation est applicable. — Tenez-vous bien cachée.

A ces mots, il s'avança dans la clairière et salua Wildrake.

— Maître Louis Kerneguy, dit Wildrake en ôtant son chapeau ; mais reconnaissant sur-le-champ sa méprise, il ajouta : — Mais non, non, — je vous demande

(1) Si le dénouement n'est pas digne d'un *personnage important*. — Éd.

pardon, monsieur, — plus gros, plus petit, plus vieux. — Je suppose que j'ai l'honneur de parler à l'ami de M. Kerneguy, à qui j'espère avoir affaire dans quelques instans. — Et pourquoi non sur-le-champ, monsieur, — avant l'arrivée des parties principales? — un morceau pour clore l'orifice de l'estomac en attendant qu'on serve le dîner. — Qu'en dites-vous, monsieur?

— Vous voulez plutôt dire pour ouvrir l'orifice de l'estomac, ou pour y en pratiquer un autre, dit le docteur.

— Vous avez raison, monsieur, dit Wildrake qui semblait alors dans son élément ; — vous parlez fort bien ; c'est ce qui peut arriver. — Mais pourquoi vous cacher ainsi le visage, monsieur? Je conviens que c'est l'usage des honnêtes gens dans ce malheureux temps, et cela n'en est que plus fâcheux. — Mais nous pouvons agir ici à découvert, nous n'avons pas de traîtres parmi nous. — Je vais vous donner l'exemple pour vous encourager, et vous prouver que vous avez affaire à un gentilhomme qui honore le roi, et qui est digne de se mesurer avec quiconque a porté les armes pour lui comme vous l'avez fait sans doute, monsieur, puisque vous êtes l'ami de maître Louis Kerneguy.

Pendant ce temps Wildrake s'occupait à détacher les agrafes de son grand manteau. — A bas, à bas, vêtement d'emprunt! dit-il, — ou, comme je devrais plutôt vous appeler,

Rideau qui couvres Borgia.

A ces mots, il jeta son manteau par terre, et parut *in cuerpo*, en vrai costume de Cavalier, portant un pourpoint de taffetas cramoisi plus que fané, dont les taillades étaient en taffetas jadis blanc. Il avait des culottes de même étoffe avec des bas raccommodés en plusieurs endroits, et qui, comme ceux de Poins (1), avaient été autrefois couleur de pêche; des souliers dont la semelle mince n'était guère propre à marcher dans la rosée, et une écharpe couverte d'une large broderie flétrie par le temps, complétaient son équipement.

— Allons, monsieur, s'écria-t-il, — dépêchez-vous, point de paresse! — je suis à votre service; et vous voyez un Cavalier aussi loyal que quiconque ait jamais passé une rapière au travers du corps d'une Tête-Ronde. — Allons, monsieur, à nos outils! Nous pourrons nous pousser une demi-douzaine de bottes avant qu'ils arrivent, et leur faire honte de leur lenteur. — Oh, oh! s'écria-t-il d'un ton déconcerté quand le docteur, entr'ouvrant son manteau, laissa voir un costume ecclésiastique, ce n'est qu'un ministre après tout!

Cependant le respect de Wildrake pour l'Église, et le désir qu'il avait d'écarter un homme dont la présence pouvait interrompre une scène qu'il voyait en perspective avec une satisfaction toute particulière, lui firent bientôt prendre un autre ton.

— Pardon, mon cher docteur, dit-il, je baise le bas de vos vêtemens. — De par Jupiter foudroyant! pardon une seconde fois. Mais je suis charmé de vous avoir rencontré. On vous demande à grands cris à la Loge, pour marier, pour baptiser, pour enterrer, pour confesser, je ne sais pourquoi, mais pour quelque chose de très-urgent. — Pour l'amour du ciel, ne perdez pas un instant à vous y rendre.

(1) Un des héros comiques des *Chroniques* de Shakspeare. — Éd.

— A la Loge! dit le docteur, comment! Je viens à peine d'en sortir. — J'en suis parti plus tard que vous n'avez pu y passer, puisque je vous ai vu arriver par la route de Woodstock.

— Mais c'est à Woodstock qu'on a besoin de vous. — Diable! vous ai-je parlé de la Loge? — Non, non, c'est à Woodstock. — Mon hôte ne peut être pendu, — sa fille mariée, — son bâtard baptisé, — sa femme enterrée — sans l'assistance d'un véritable ministre. — Vos Holdenough ne sont rien pour eux. — Mon hôte est un homme qui a de bons principes; ainsi si vous faites cas de vos fonctions, dépêchez-vous.

— Vous m'excuserez, maître Wildrake; j'attends ici maître Louis Kerneguy.

— Du diable! s'écria Wildrake, je savais que les Écossais ne pouvaient jamais rien faire sans leur ministre; mais, ventrebleu! je n'aurais pas cru qu'ils les employassent en pareil cas. — J'ai pourtant trouvé de bonnes pratiques dans les saints ordres, des gens qui savaient manier l'épée aussi bien que leurs livres de prières. — Vous savez quel est le but de notre rendez-vous, docteur; — venez-vous ici comme consolateur spirituel, — comme chirurgien, — ou mettez-vous jamais l'épée à la main? — ça! ça!

Et en prononçant ces dernier mots, il fit une passe avec sa rapière, sans la tirer du fourreau.

— Je l'ai fait quelquefois en cas de nécessité, monsieur, répondit le docteur Rochecliffe.

— Eh bien, mon cher monsieur, regardez le cas présent comme un cas de nécessité. — Vous connaissez mon dévouement à l'Église. Si un docteur doué de votre mérite voulait me faire l'honneur d'échanger seulement trois passes avec moi, je me croirais heureux à jamais.

— Monsieur, dit Rochecliffe en souriant, quand je n'aurais pas d'autre objection à faire à votre proposition, il me serait impossible de l'accepter, — je suis sans armes.

— Sans armes! — Morbleu! c'est jouer de guignon. — Mais vous avez une bonne canne à la main; — qui vous empêche d'essayer une passe, — ma rapière dans le fourreau bien entendu, — en attendant l'arrivée des parties principalement intéressées? — Mes escarpins sont remplis de cette maudite rosée, et je crains qu'il ne m'en coûte quelques doigts des pieds, si je reste si long-temps sans leur donner de l'exercice, pendant que les autres s'escrimeraient; car je m'imagine que vous pensez comme moi, docteur, que ce ne sera pas ici un combat de moineaux.

— L'affaire qui m'amène ici est d'empêcher, s'il est possible, qu'il y ait aucun combat.

— Morbleu! docteur, cela passe la plaisanterie; et sans mon respect pour l'Église, je me ferais presbytérien pour me venger.

— Reculez un peu, monsieur, n'avancez pas de ce côté, dit le docteur; car Wildrake dans l'agitation de ses mouvemens, causée par son désappointement, s'approchait de l'endroit où Alice était toujours cachée.

— Et pourquoi non, docteur, s'il vous plaît?

Mais ayant avancé un peu plus, il s'écria avec un juron de surprise: — Par tout ce qui est révérend! un cotillon dans ce buisson! et à une pareille heure du matin! ta! ta! ta! — Il exprima son étonnement par un sifflement prolongé en guise d'interjection; et se tournant vers le docteur en appuyant un doigt le long de son nez, il lui dit : — Vous êtes malin, docteur, diablement malin ! — Mais pourquoi ne m'avoir pas donné à entendre que vous aviez là votre magasin de marchandises de contrebande ? — Morbleu ! monsieur, je ne suis pas homme à dévoiler les petites escapades de l'Église.

— Monsieur, s'écria le docteur Rochecliffe, vous êtes un impertinent, et si le temps le permettait et que vous en valussiez la peine, je vous châtierais de cette insolence.

Et le docteur, qui avait vu la guerre assez long-temps pour joindre aux qualités d'un théologien quelques-unes de celles d'un capitaine de cavalerie, leva sa canne d'un air menaçant, à la grande satisfaction du Cavalier, dont le respect pour l'Église ne pouvait l'emporter sur le désir qu'il avait de s'amuser aux dépens d'un autre.

— Prenez garde, docteur, dit-il ; si vous tenez votre canne de cette manière comme si c'était un sabre, et que vous la leviez au niveau de votre tête, en un clin d'œil ma rapière vous aura touché. Et en même temps il fit une passe avec sa rapière couverte de son fourreau, comme s'il avait voulu lui porter une botte, quoique sans chercher à le toucher. Mais au même instant Rochecliffe, donnant à sa canne la position de l'épée au lieu de celle du sabre, fit sauter à dix pas la rapière du Cavalier, avec toute la dextérité de mon ami Francalanza (1).

En ce moment Charles et le colonel Everard arrivèrent sur le champ de bataille.

(1) Fameux maître d'escrime italien. — Éd.

— Quoi! s'écria Everard en jetant sur Wildrake un regard de colère; est-ce là la conduite d'un ami? — Au nom du ciel, que signifient ces vêtemens qui ne conviennent qu'à un fou, et pourquoi jouez-vous ici les tours d'un baladin?

Le digne second baissa la tête sans lui répondre, comme un écolier surpris dans une espiéglerie, et alla ramasser sa rapière, jetant un coup d'œil en passant vers le buisson pour tâcher d'entrevoir une seconde fois l'objet caché qui excitait sa curiosité.

Pendant ce temps, Charles, encore plus surpris de ce qu'il voyait, s'écriait de son côté :— Quoi! le docteur Rochecliffe devenu littéralement membre de l'église militante et faisant des armes avec mon ami le Cavalier Wildrake! — Puis-je prendre la liberté de le prier de se retirer, attendu que le colonel Everard et moi nous avons une affaire particulière à discuter ensemble?

L'intention du docteur Rochecliffe, en cette occasion importante, était de s'armer de toute l'autorité de ses fonctions sacrées, et de mettre dans son intervention un ton qui aurait pu imposer même à un monarque, et lui faire sentir que celui qui lui donnait des avis avait une vocation encore plus haute que la sienne. Mais la carrière qu'il venait indiscrètement d'accorder à ses propres passions, et l'acte de légèreté dans lequel il venait de se laisser surprendre, ne lui permettaient guère de prendre ce ton de supériorité, et encore moins d'espérer de soumettre un esprit aussi indomptable que celui de Charles, volontaire comme un prince et capricieux comme un bel esprit. Le docteur chercha pourtant à rappeler sa dignité; puis, du ton le plus grave et le plus respectueux qu'il put prendre, il répondit qu'il avait aussi en cet endroit l'affaire la plus urgente, et qu'elle l'empêchait de céder au désir de maître Kerneguy et de se retirer.

— Excusez une interruption qui vient si mal à propos, dit Charles à Everard en ôtant son chapeau et en le saluant ; je vais y mettre ordre en un instant.

Everard lui rendit son salut d'un air grave, et garda le silence.

— Êtes-vous fou, docteur Rochecliffe? dit Charles, — êtes-vous sourd? — avez-vous oublié votre langue naturelle? — je vous ai prié de vous retirer.

— Je ne suis pas fou, répondit le docteur, s'armant de toute sa résolution et rendant à sa voix son ton de fermeté ordinaire ; je voudrais empêcher les autres de l'être. — Je ne suis pas sourd ; je désire prier les autres d'écouter la voix de la raison et de la religion. — Je n'ai pas oublié ma langue naturelle ; je viens ici pour parler le langage du maître des rois et des princes.

— Pour faire des armes avec un manche à balai, voulez-vous dire, répondit le roi. — Allons, docteur Rochecliffe, cet air d'importance dont l'accès vous prend si subitement ne vous va pas mieux que la passe d'armes que vous venez de faire. Il me semble que vous n'êtes ni un prêtre catholique, ni un Mass-John écossais (1), pour exiger de vos ouailles une obéissance passive. Vous êtes un ministre de l'Église anglicane, et en cette qualité vous devez être soumis aux règles de cette communion et à celui qui en est le chef.

En prononçant ces derniers mots, le roi baissa la voix, mais prit un ton expressif. Everard, s'en étant

(1) Prêtre presbytérien. — Éd.

aperçu, recula de quelques pas, sa générosité naturelle ne lui permettant pas d'écouter un entretien particulier qui pouvait intéresser la sûreté personnelle des interlocuteurs. Ils continuèrent pourtant à parler avec beaucoup de précaution.

— Maître Kerneguy, dit le docteur, ce n'est pas moi qui prétends contrôler ou réprimer vos désirs. — A Dieu ne plaise! — Je ne fais que vous dire ce que la raison, l'écriture, la religion et la morale vous prescrivent comme règle de conduite.

— Et moi, dit le roi en souriant et en étendant le bras vers la malheureuse canne du docteur, je suivrai votre exemple plutôt que votre précepte. Si un révérend docteur vide ses querelles le bâton à la main, quel droit a-t-il d'intervenir dans celles des autres? — Allons monsieur, retirez-vous, et ne me faites pas oublier par votre obstination actuelle toutes les obligations que je vous ai.

— Songez que je n'ai qu'un mot à prononcer pour empêcher ce duel.

— Prononcez-le, et en le prononçant démentez toute la teneur et toutes les actions d'une vie honorable; renoncez aux principes de votre Église; — devenez parjure, traître et apostat, pour empêcher quelqu'un de remplir son devoir comme gentilhomme. Ce serait tuer votre ami pour l'empêcher de courir un danger. Que l'obéissance passive que vous avez si souvent à la bouche, et qui est sans doute aussi dans votre esprit, mette une fois vos jambes en mouvement, et tenez-vous à l'écart une dizaine de minutes. — Avant qu'elles soient écoulées, vos secours pourront être nécessaires comme médecin de l'ame et du corps.

— En ce cas, dit Rochecliffe, il ne me reste plus qu'un argument à employer.

Pendant que cette conversation avait lieu en aparté, Everard employait presque la force pour retenir près de lui son ami Wildrake, qui, plus curieux et moins délicat, ne se serait pas fait scrupule de s'approcher des interlocuteurs, et de se mettre en tiers dans leurs secrets. Mais quand il vit le docteur s'avancer vers le buisson, il dit tout bas à Everard avec vivacité : — Je parie un bon carolus d'or contre un farthing (1) républicain, que le docteur est venu ici non-seulement pour prêcher la paix, mais qu'il va même en présenter les principales conditions.

Everard ne lui répondit rien; il avait déjà tiré son épée du fourreau, et dès que Charles vit que Rochecliffe avait le dos tourné, il ne perdit pas un instant pour suivre l'exemple de son antagoniste. Mais à peine avaient-ils eu le temps de se faire le salut d'armes de politesse et d'usage que le docteur était de retour entre les deux combattans, donnant la main à Alice, dont tous les vêtemens étaient trempés par la rosée, et dont les longs cheveux humides tombaient débouclés autour de sa tête. Son visage était pâle, mais c'était la pâleur d'une résolution inspirée par le désespoir, et non celle de la crainte. La surprise occasiona un instant de silence et d'immobilité. Les deux combattans appuyèrent à terre la pointe de leur épée. — Wildrake lui-même, malgré son assurance, ne put que s'adresser à lui-même à demi-voix les exclamations suivantes : Bravo, docteur ! —

(1) La plus petite des monnaies de cuivre d'Angleterre, valant environ trois centimes. — Éd.

cela vaut le curé dans la botte de pois (1). — Rien de moins que la fille de votre patron ! — et miss Alice Lee que je croyais une boule de neige, — c'est un genêt des champs après tout, — une vraie Lindabrides (2), de par le ciel! — une des nôtres en un mot.

Ces mots indistinctement prononcés n'attirèrent l'attention de personne, et Alice fut la première à parler.

— Maître Everard, maître Kerneguy, dit-elle, vous êtes surpris de me voir ici, — et pourquoi hésiterais-je à en dire la raison? — Convaincue que je suis, quoique innocemment, la malheureuse cause de votre mésintelligence, je suis trop intéressée à empêcher qu'elle n'ait des suites fatales pour craindre de faire aucune démarche qui puisse y mettre fin. — Maître Kerneguy, mes désirs, mes prières, mes supplications, vos nobles pensées, le souvenir des devoirs importans que vous avez à remplir, tout cela n'a-t-il donc aucun poids pour vous dans cette affaire? Permettez-moi de vous conjurer d'écouter la raison, la religion et le bon sens, et de remettre votre épée dans le fourreau.

— Je suis obéissant comme un esclave de l'Orient, miss Lee, répondit Charles en rengainant son épée; mais je vous assure que l'affaire qui vous cause tant de trouble n'est qu'une bagatelle qu'en cinq minutes le colonel Everard et moi nous arrangerons beaucoup mieux que ne pourrait le faire tout un concile de ministres dont les délibérations prudentes seraient assistées de la sagesse d'un parlement de femmes. — M. Everard, me ferez-vous le plaisir de faire un tour de promenade un

(1) Allusion à l'anecdote d'un curé qui s'introduisit chez des dames *emballé* dans une botte de pois secs. — ÉD.

(2) Courtisane. — ÉD.

peu plus loin ? — Il paraît qu'il faut que nous changions de terrain.

— Je suis prêt à vous accompagner, monsieur, répondit Everard, qui avait imité son antagoniste en remettant son épée dans le fourreau.

— Je n'ai donc nul crédit sur vous, monsieur ? dit Alice en continuant à s'adresser au roi ; — ne craignez-vous pas que je ne fasse usage du secret qui est en mon pouvoir pour empêcher cette affaire d'aller plus loin ? Pensez-vous que Markham Everard lèverait la main contre vous s'il savait.....

— Que je suis lord Wilmot ? dit le roi. Le hasard lui a déjà donné sur ce point des preuves qui lui paraissent suffisantes ; et je crois qu'il vous serait fort difficile de le faire changer d'opinion.

Alice garda le silence un instant, et regarda le roi avec un air d'indignation. Ensuite les mots suivans sortirent de sa bouche à quelque distance les uns des autres, comme s'ils lui eussent été arrachés par une force irrésistible, en dépit des sentimens qui auraient voulu les retenir : — Froid, — égoïste, — dur, — ingrat ; malheur au pays qui..... — Elle fit une pause qui avait une emphase bien marquée, et ajouta : — malheur au pays qui le comptera, lui ou des hommes tels que lui, parmi ses nobles et ses grands.

— Belle Alice, dit Charles qui, malgré sa bonne humeur habituelle, ne pouvait s'empêcher de sentir la sévérité de ces reproches, quoique trop légèrement pour qu'ils fissent sur lui toute l'impression que miss Lee désirait produire, vous êtes injuste à mon égard, et trop partiale pour un plus heureux mortel. — Ne m'appelez ni dur, ni ingrat ; je ne suis venu ici que pour répondre au cartel de M. Everard. Je ne pouvais refuser de me trouver à ce rendez-vous; maintenant que j'y suis, je ne puis me retirer sans perdre mon honneur, et la perte de mon honneur serait une tache qui s'étendrait loin.—Je ne puis fuir M. Everard. Ce serait trop de honte. S'il persiste dans son cartel, c'est une affaire qui doit se décider d'après l'usage établi. S'il s'en désiste et qu'il le révoque, je consens, par égard pour vous, à ne pas me montrer trop pointilleux. Je n'exigerai pas même qu'il me fasse ses excuses du dérangement qu'il m'a causé; je veux bien que toute cette affaire passe pour une méprise, un malheureux malentendu, dont, quant à moi, je ne chercherai jamais à approfondir la cause. — Je ferai tout cela pour vous; c'est assez de condescendance pour un homme d'honneur, et *vous savez*, miss Lee, que, venant *de moi*, cette condescendance est grande. — Ne m'accusez donc ni de dureté, ni d'ingratitude, ni de manque de générosité, puisque je suis disposé à faire tout ce qu'un homme peut faire, et peut-être plus que ne devrait faire un homme d'honneur.

— Entendez-vous cela, Markham Everard, s'écria Alice; l'entendez-vous? — La terrible alternative est laissée entièrement à votre disposition. — Vous aviez coutume d'être modéré, calme, religieux, conciliant; — voudrez-vous pour une vétille pousser cette querelle privée jusqu'à l'extrémité impie du meurtre? Croyez-moi, si, contre les principes que vous avez professés toute votre vie, vous lâchez en ce moment les rênes à vos passions, les conséquences peuvent en être telles, que vous vous en repentirez cruellement pendant tout le reste de vos jours, et même, si le ciel n'a pitié de vous, après qu'ils seront terminés.

Markham resta un moment dans un sombre silence, ses regards fixés sur la terre. Enfin il leva les yeux, et répondit : — Alice, vous êtes fille d'un soldat, — sœur d'un soldat; — tous vos parens, en y comprenant même un d'entre eux pour qui vous aviez alors quelque affection, sont devenus soldats par suite de nos malheureuses dissensions; cependant vous les avez vus prendre les armes, et même se ranger sous des bannières opposées pour remplir les devoirs que leur imposaient leurs principes respectifs, sans montrer un si vif intérêt. Répondez-moi; — votre réponse décidera ma conduite. — Ce jeune homme que vous connaissez depuis si peu de temps a-t-il déjà plus de prix à vos yeux que tous ceux qui vous touchaient de si près, un père, un frère, des parens dont vous avez vu le départ pour la guerre avec ce que je puis appeler par comparaison de l'indifférence? — Répondez-moi affirmativement, et je m'éloigne d'ici pour ne vous revoir jamais, pour ne plus revoir mon pays.

— Restez, Markham, restez! croyez-moi quand je vous dis que si je réponds affirmativement à votre question, c'est parce que la sûreté de maître Kerneguy est plus importante, — bien plus importante que celle d'aucun des individus dont vous venez de parler.

— Vraiment! je ne savais pas qu'une couronne de comte avait une valeur si supérieure au cimier d'un gentilhomme; et cependant j'ai entendu dire que bien des femmes pensent ainsi.

— Vous me comprenez mal, dit Alice fort embarrassée entre la difficulté de s'exprimer de manière à prévenir tout accident fatal et le désir de combattre la jalousie et de désarmer le ressentiment qu'elle voyait s'élever dans le sein de son amant. Mais elle ne put trouver d'expressions assez bien choisies pour tracer cette distinction sans conduire à la découverte de la véritable qualité du roi, et peut-être par là occasioner sa perte. — Markham, lui dit-elle, ayez pitié de moi. — Ne me pressez pas en ce moment. — Croyez-moi, — l'honneur et le bonheur de mon père, de mon frère, de toute ma famille, sont intéressés à la sûreté de maître Kerneguy, — essentiellement intéressés à ce que cette affaire n'aille pas plus loin.

— Oh! je n'en doute nullement. — La maison de Lee a toujours aspiré à un titre, et dans toutes ses liaisons elle a toujours fait plus de cas de la loyauté capricieuse d'un courtisan que du franc et honnête patriotisme d'un simple gentilhomme de campagne. De ce côté rien ne m'étonne. — Mais vous, Alice, — oh! vous que j'ai si tendrement chérie, — vous qui m'avez laissé croire que mon affection était payée de quelque retour, est-il possible que l'attrait d'un vain titre, les complimens frivoles d'un courtisan que vous n'avez vu que quelques heures, vous fassent préférer un lord libertin à un cœur tel que le mien?

— Non, non, oh non! croyez-moi, s'écria Alice dans une agitation que rien ne saurait peindre.

— Faites-moi la réponse qui paraît vous être si pénible, et faites-la en un seul mot. — Quel est celui dont la sûreté vous intéresse si vivement?

— Je m'intéresse à celle de tous deux, dit Alice.

— Cette réponse ne peut me suffire, Alice. L'égalité ne peut avoir lieu ici. Il faut que je sache sur quoi je dois compter, et je le saurai. Je n'entends rien aux tergiversations d'une jeune fille qui hésite à se prononcer entre deux amans, et je ne voudrais pas avoir à vous accuser de cette coquetterie qui ne peut se contenter d'en conserver un seul.

La véhémence d'Everard et cette supposition que la galanterie d'un courtisan débauché avait pu lui faire oublier si légèrement son sincère attachement éveillèrent enfin la fierté d'Alice; comme nous l'avons déjà dit, il y avait en elle quelque chose de cette fierté léonine qui caractérisait sa famille.

— Si mes paroles sont si mal interprétées, dit-elle, si je ne suis pas jugée digne de la moindre confiance, si je ne puis obtenir un jugement impartial, écoutez ma déclaration, et, quelque étrange que puisse vous paraître mon langage, soyez assuré, Markham, que, lorsque vous pourrez bien l'interpréter, vous n'y trouverez rien qui puisse vous faire injure. — Je vous dis donc, — je dis à tous ceux qui sont présens, — je dis à maître Kerneguy lui-même, et il sait parfaitement dans quel sens je parle ainsi, — que sa vie et sa sûreté sont et doivent être plus précieuses à mes yeux que la vie et la sûreté de quelque autre homme que ce soit dans ce royaume et même dans le monde entier.

Elle prononça ces mots d'un ton si ferme et si décidé qu'ils coupaient court à toute discussion. Charles la salua d'un air grave et en silence. Everard, agité par des émotions que sa fierté lui donnait à peine la force de supporter, s'avança vers son antagoniste, et lui dit d'un ton qu'il cherchait en vain à rendre ferme : — Vous venez d'entendre la déclaration de miss Lee, monsieur, et sans doute avec les sentimens de reconnaissance qu'elle doit exciter si éminemment; comme son pauvre parent, comme indigne aspirant à ses bonnes graces, je vous cède les prétentions que j'avais osé concevoir, et, comme je ne lui causerai jamais volontairement la moindre affliction, je me flatte que vous ne croirez pas que j'agis d'une manière indigne d'un homme d'honneur en vous disant, comme je le fais, que je rétracte la lettre qui vous a donné la peine de vous rendre ici à une pareille heure. — Alice, ajouta-t-il en tournant la tête vers elle, adieu Alice! adieu pour toujours!

La pauvre jeune fille, que son courage factice avait presque abandonnée, essaya de répéter le mot Adieu! mais elle ne put y réussir; elle ne fit entendre qu'un son vague et inarticulé : elle serait tombée si le docteur Rochecliffe ne l'eût soutenue. Roger Wildrake se hâta d'aider le docteur; ému autant que lui de la douleur d'Alice, quoiqu'il n'en pût comprendre la cause mystérieuse, il s'était deux ou trois fois essuyé les yeux avec les restes d'un mouchoir.

Le prince déguisé avait vu toute cette scène en silence, mais avec une agitation qui ne lui était pas ordinaire, et que ses traits basanés et surtout ses gestes commencèrent à trahir. D'abord, il était resté complètement immobile, les bras croisés sur la poitrine, en homme qui veut se laisser guider par le cours des événemens. Bientôt il changea d'attitude; il avançait un pied et le reculait, il fermait une main et il l'ouvrait; enfin tout annonçait qu'il luttait entre des sentimens opposés, au moment de prendre une résolution soudaine.

Mais quand il vit Markham, après avoir jeté sur Alice un regard d'angoisse inexprimable, se détourner pour s'en aller, son exclamation familière lui échappa : — Corbleu! s'écria-t-il, cela ne peut finir ainsi. En trois enjambées il se trouva près d'Everard, qui s'éloignait à pas lents, lui frappa sur l'épaule, et celui-ci s'étant retourné, — Monsieur, lui dit le roi avec cet air d'autorité qu'il savait parfaitement prendre à volonté, un mot, s'il vous plait.

— Comme il vous plaira, monsieur, répondit Everard; et, supposant quelques projets hostiles à son antagoniste, il saisit de la main gauche le fourreau de sa rapière, et porta la droite sur la poignée, n'étant pas très-fâché de ce renouvellement supposé de querelle; car la colère est aussi voisine du désappointement que la pitié, dit-on, l'est de l'amour.

— Non, non, dit le roi; cela ne se peut plus *à présent*. — Colonel Everard, je suis Charles Stuart.

Everard recula de surprise. Impossible! s'écria-t-il; — cela ne peut être! — Le roi d'Écosse s'est embarqué à Bristol. — Milord Wilmot, vos talens en intrigue sont connus. — Vous ne m'en imposerez pas.

— Le roi d'Écosse, maître Everard, répliqua Charles, — puisqu'il vous plaît de limiter ainsi sa souveraineté, — dans tous les cas, le fils aîné du feu roi de la Grande-Bretagne est maintenant devant vos yeux, et par conséquent il est impossible qu'il se soit embarqué à Bristol. Le docteur Rochecliffe vous le certifiera. Il vous dira en outre que Wilmot a le teint blanc, les cheveux blonds; et vous voyez que j'ai la peau basanée, et la chevelure noire comme le plumage d'un corbeau.

Le docteur Rochecliffe, voyant ce qui se passait, abandonna Alice aux soins de Wildrake, dont la délicatesse et la retenue dans les tentatives qu'il faisait pour la rappeler à la vie offraient un contraste avec son insouciance et sa pétulance habituelles. Il en était tellement occupé qu'il resta, pour le moment, dans l'ignorance d'une découverte à laquelle il aurait pris tant d'intérêt. Quant au docteur Rochecliffe, il avança en se tordant les mains, en donnant tous les signes d'une inquiétude portée à l'extrême, et en faisant des exclamations qui échappent involontairement quand on a l'esprit en désordre.

— Paix, docteur Rochecliffe! dit le roi avec tout le calme qui convenait à un prince. — Je suis convaincu que nous avons affaire à un homme d'honneur. Maître Everard ne doit pas être fâché de ne trouver qu'un prince fugitif dans celui en qui il avait cru reconnaître un rival heureux. Il doit rendre justice aux sentimens qui m'ont décidé à lever le voile dont la loyauté sans égale de cette jeune personne continuait à me couvrir, au risque de son propre bonheur. C'est lui qui doit profiter de ma franchise; et j'ai certainement le droit d'espérer que ma situation, déjà assez fâcheuse, ne le deviendra pas encore davantage parce qu'il en a été instruit dans de pareilles circonstances. Dans tous les cas, l'aveu est fait, et c'est au colonel Everard à voir de quelle manière il doit se conduire.

— O Sire! Votre Majesté, — mon prince, mon maître, mon roi! s'écria Wildrake, qui avait enfin découvert ce qui se passait, et qui, s'avançant vers lui en rampant sur ses genoux, lui saisit la main et la baisa plutôt comme un amant que comme un sujet qui donne à son souverain cette marque de respect. — Si mon cher ami Markham Everard se conduisait en chien dans cette circonstance, je lui couperais la gorge à l'instant, dussé-je après me la couper à moi-même!

— Paix, paix! mon bon ami, mon sujet loyal, dit le roi; calmez-vous; car quoique je sois obligé de reprendre un instant mon rôle de prince, nous ne sommes pas assez en sûreté, ni en particulier, pour recevoir nos sujets à la manière du roi Cambyse (1).

Everard, qui était resté tout ce temps immobile et confondu, s'éveilla enfin comme un homme qui sort d'un rêve.

— Sire, dit-il en saluant Charles avec un profond respect, si mon genou et mon épée ne vous rendent pas l'hommage qu'un sujet doit à son prince, c'est parce que Dieu, par qui les rois règnent, vous a refusé, quant à présent, les moyens de monter sur votre trône sans exciter une guerre civile. Que votre imagination ne se livre pas un seul instant à l'idée que je puisse compromettre votre sûreté. Quand je n'aurais pas déjà respecté votre personne; quand je ne vous serais pas si redevable par la candeur avec laquelle votre noble aveu a prévenu le malheur de toute ma vie, vos infortunes auraient rendu votre personne aussi sacrée pour moi qu'elle peut l'être pour le royaliste du royaume qui vous est le plus dévoué. Si vos plans sont bien réfléchis, et qu'ils soient sûrs, considérez tout ce qui vient de se passer comme un songe; et s'ils sont tels que je puisse les favoriser sans manquer à mes devoirs envers la république, qui ne me permettent de prendre part à aucun projet de violence effective, Votre Majesté peut disposer de mes services.

— Il peut arriver que je vous donne quelque embarras à cet égard, monsieur, répondit le roi, car ma situation est de nature à ne pas me permettre de refuser

(1) C'est-à-dire avec toute la pompe d'usage. Allusion à une ancienne tragédie ampoulée du roi Cambyse, où tous les personnages agissent et parlent en héros épiques. — Éd.

une offre d'assistance, même faite avec une pareille réserve. Mais, si je le puis, je me dispenserai de m'adresser à vous, car je n'aime pas à mettre la compassion d'un homme aux prises avec ce qu'il regarde comme son devoir. — Docteur, je crois qu'il ne sera plus question aujourd'hui de s'escrimer de la canne ou de l'épée; ainsi nous pouvons retourner à la Loge, et nous laisserons ici, — ajouta-t-il en jetant un coup d'œil sur Alice et Everard, — ceux qui peuvent avoir besoin de quelque explication ultérieure.

— Non, non! s'écria Alice, qui avait complètement repris l'usage de ses sens, mon cousin Everard et moi nous n'avons besoin d'aucune explication. Il me pardonnera de lui avoir parlé en énigmes quand je n'osais m'expliquer plus clairement, et je lui pardonnerai de n'avoir pu les deviner. — Mais mon père a ma promesse; nous ne devons avoir ni correspondance ni conversation quant à présent. — Nous retournons à l'instant, moi à la Loge, lui à Woodstock, — à moins, ajouta-t-elle en saluant le roi, que Votre Majesté n'ait d'autres ordres à lui donner. — Partez, cousin Markham, retournez à la ville, et si quelque danger nous menaçait, donnez-nous-en avis.

Everard aurait voulu retarder son départ, s'excuser de ses injustes soupçons, lui dire mille choses; mais elle ne voulut pas l'écouter, et lui dit pour toute réponse : — Adieu, Markham, adieu jusqu'à ce que le ciel nous envoie un temps plus heureux.

— C'est un ange de vérité et de beauté! s'écria Wildrake. — Et moi qui, comme un hérétique blasphémateur, l'appelais une Lindabrides ! — Mais, pardon, Sire, Votre Majesté n'aurait-elle pas quelques ordres à

8.

donner au pauvre Roger Wildrake, qui ferait sauter la cervelle de qui que ce soit en Angleterre, et même la sienne, pour exécuter le bon plaisir de Votre Grace?

— Nous prions notre bon ami Wildrake de ne rien faire à la hâte, dit Charles en souriant; une cervelle comme la sienne est rare, et si on la faisait sauter, on pourrait avoir de la peine à en trouver une semblable. Nous lui recommandons d'être discret et silencieux, — de ne plus jouter contre de loyaux ministres de l'Église anglicane, — et de se faire faire, aussi promptement que possible, un pourpoint neuf, aux frais duquel nous lui demanderons la permission de contribuer. — Quand le temps en sera arrivé, nous espérons l'occuper différemment.

A ces mots il glissa dix pièces d'or dans la main du pauvre Wildrake, qui, confondu par l'excès de sa gratitude loyale, pleura comme un enfant. Il aurait suivi le roi si le docteur Rochecliffe, en peu de mots, mais prononcés d'un ton péremptoire, n'eût insisté pour qu'il suivît son patron, en lui promettant qu'il serait certainement employé pour faciliter la fuite du roi si l'occasion se présentait de recourir à ses services.

— Soyez assez généreux pour cela, révérend docteur, dit le Cavalier, et vous m'enchaînerez à vous pour la vie. Et je vous conjure de ne pas conserver de rancune contre moi à cause de la folie que vous savez.

— Je n'en ai aucun motif, capitaine Wildrake. — Il me semble que ce n'est pas moi qui ai eu le désavantage.

— Eh bien, docteur, quant à moi, je vous pardonne, et je vous supplie, au nom de la charité chrétienne, de faire en sorte que je mette la main au service du roi; car je ne vis que dans cet espoir, et vous pouvez compter que le désappointement serait cause de ma mort.

Pendant que le docteur et le Cavalier s'entretenaient ainsi, Charles prenait congé d'Everard, qui restait tête nue tandis que le roi lui parlait avec sa grace ordinaire.

— Je n'ai pas besoin de vous dire de ne plus être jaloux, lui dit le roi, car je présume que vous sentez qu'il ne peut être question de mariage entre miss Lee et moi; et quel libertin serait assez dépravé pour concevoir d'autres projets à l'égard d'une créature dont l'ame est si noble et si élevée? Croyez que j'avais rendu justice à son mérite avant d'en avoir reçu cette preuve pénible de sa fidélité et de sa loyauté. Ses réponses à quelques vains propos de galanterie m'ont fait assez connaître la dignité de son caractère. Je vois que son bonheur dépend de vous, M. Everard, et j'espère que vous en serez le gardien fidèle. Si nous pouvons faire disparaître quelqu'un des obstacles qui s'opposent à votre félicité mutuelle, soyez assuré que nous y emploierons notre influence. — Adieu, monsieur; si nous ne pouvons être meilleurs amis, ne nous regardons pas du moins de plus mauvais œil que nous ne le faisons à présent.

Il y avait dans les manières de Charles quelque chose de touchant, et sa situation, comme fugitif dans un royaume qui lui appartenait par droit de naissance, parlait au cœur d'Everard, quoique la sympathie qu'il éprouva tout à coup fût directement contraire aux inspirations de la politique d'après laquelle il croyait devoir se conduire dans les circonstances malheureuses de l'Angleterre. Il restait la tête découverte, comme nous l'avons dit, et tout son extérieur annonçait le respect le plus profond qu'on peut montrer à un monarque, sans se reconnaître son sujet. Il courba la tête si bas en le saluant que ses lèvres touchèrent presque la main du roi ; mais il ne la baisa point. — Si je pouvais contribuer à votre sûreté, prince, dit-il, je le ferais aux dépens de ma vie. — C'est tout..... il s'interrompit, et le roi se chargea de finir sa phrase.

— C'est tout ce que vous pouvez faire, dit-il, pour rester honorablement d'accord avec vous-même. — Ce que vous avez dit me suffit. — Vous ne pouvez rendre hommage à la main que je vous tends comme à celle d'un souverain ; mais vous ne m'empêcherez pas de prendre la vôtre comme mon ami, si vous trouvez bon que je me donne ce titre. — Du moins comme un homme qui vous veut du bien.

L'ame généreuse d'Everard fut vivement émue. Il prit la main du roi, et y posa respectueusement ses lèvres.

— Oh ! s'il pouvait arriver un temps plus heureux ! s'écria-t-il.

— Ne vous engagez à rien, mon cher Everard, dit le bon prince partageant son émotion ; on raisonne mal quand on est ému. Je ne veux ni que personne s'attache à ma cause contre son opinion, ni que ma fortune déchue entraîne la ruine de ceux qui ont assez d'humanité pour avoir compassion de ma situation présente. Si un temps plus heureux arrive, eh bien, nous nous reverrons, et j'espère que ce sera à notre satisfaction mutuelle ; sinon, comme le dirait votre futur beau-père, ajouta-t-il avec un sourire de bienveillance parfaitement d'accord avec ses yeux humides, — sinon, nous aurons eu raison de nous séparer.

Everard se retira en le saluant profondément, le cœur déchiré par des sentimens opposés et dont le plus dominant était la reconnaissance de la générosité avec laquelle Charles, bravant son propre péril, l'avait éclairé sur un mystère qui menaçait de troubler le bonheur de toute sa vie. Il reprit le chemin de Woodstock, suivi de son fidèle compagnon Wildrake, qui tournait si souvent la tête en levant vers le ciel ses yeux humides et ses mains jointes, qu'Everard fut obligé de l'avertir que de telles démonstrations pourraient être remarquées et faire naître quelques soupçons.

La conduite généreuse du roi pendant toute la fin de cette scène n'avait pas échappé à miss Lee. Elle bannit sur-le-champ de son cœur tout son ressentiment contre lui et tous les soupçons auxquels elle s'était livrée. Elle rendit justice à la bonté naturelle du cœur du monarque, rendit à sa personne comme à son rang ce respect qu'on lui avait appris dès l'enfance à regarder comme faisant partie de ses devoirs religieux. Elle se sentit convaincue que les vertus du roi lui appartenaient, et que ses défauts étaient la suite de son éducation, ou plutôt de son manque d'éducation et des conseils de ses flatteurs corrompus ; enchantée de cette conviction, elle ne savait pas, — ou peut-être elle ne s'arrêta pas à y réfléchir en ce moment, — que l'ivraie, quand on ne songe pas à l'extirper, devient maîtresse du sol, et étouffe les plantes utiles. Car, comme le docteur Rochecliffe le lui dit ensuite pour son édification, en lui promettant, suivant son usage, de lui expliquer ce passage quand elle l'y ferait penser dans un autre moment, — *virtus rectorem ducemque desiderat; vitia sine magistro discuntur* (1).

Ce n'était pas alors le moment de se livrer à de pareilles réflexions. Comptant sur leur sincérité mutuelle, par cette sorte de communication intellectuelle qui fait souvent que deux individus placés dans des circonstances délicates s'entendent mieux l'un l'autre de cette manière que par le secours de la parole, le roi et Alice semblaient avoir renoncé à toute réserve, à toute dissimulation. Avec la confiance d'un homme bien né, et en même temps avec la condescendance d'un prince, Charles pria miss Lee d'accepter son bras pour retourner chez elle, au lieu de celui du docteur Rochecliffe, et Alice y consentit avec une humble modestie, mais sans le moindre mélange de crainte et de méfiance. Il semblait que la dernière demi-heure leur avait fait connaître parfaitement à tous deux le caractère l'un de l'autre, et les avait convaincus de la pureté de leurs intentions mutuelles.

Cependant le docteur Rochecliffe était en arrière de quelques pas ; car étant moins léger et moins actif qu'Alice, qui avait en outre le secours du bras du roi,

---

(1) Les citations du savant docteur et antiquaire restaient souvent sans explication, quoiqu'il aimât à en faire, attendu son mépris pour ceux qui n'entendaient pas les langues mortes, et parce qu'il ne se souciait pas de se donner la peine de les traduire, pour les mettre à la portée des dames et des gentilshommes campagnards. Mais pour que ces dames et ces gentilshommes campagnards ne crèvent pas de dépit de leur ignorance, nous leur donnons ici la traduction de ce passage. — *La vertu a besoin d'un guide et d'un directeur ; mais les vices s'apprennent sans maître.*

(*Note de l'auteur écossais.*)

il fallait qu'il fît des efforts pour suivre Charles, qui était alors, comme nous l'avons dit ailleurs, un des meilleurs piétons d'Angleterre, et qui, suivant l'usage des grands, oubliait souvent que les autres n'étaient pas doués de la même activité.

— Ma chère Alice, dit le roi, mais d'un ton qui prouvait que cette épithète était purement fraternelle, votre Everard me plaît beaucoup; — plût à Dieu qu'il fût des nôtres ! mais puisque cela ne peut être, je suis sûr que je trouverai en lui un ennemi généreux.

— Sire, répondit Alice avec modestie, mais non sans fermeté, mon cousin ne sera jamais ennemi personnel de Votre Majesté, et il est de ce petit nombre d'hommes sur la parole desquels on peut compter plus sûrement que sur les sermens de ceux qui font des protestations plus formelles. Il est incapable d'abuser de la confiance généreuse de Votre Majesté.

— Sur mon honneur, je le crois comme vous, Alice, dit le roi. Mais, corbleu ! ma chère enfant, laissez dormir ma Majesté quant à présent. — Il y va de ma sûreté, comme je le disais à votre frère il n'y a pas long-temps. — Appelez-moi monsieur ; ce nom convient également au roi, au pair, au gentilhomme, et au particulier, ou plutôt que je devienne ce fou de Louis Kerneguy.

— S'il plaît à Votre Majesté, répliqua Alice en baissant les yeux et en secouant la tête, cela est impossible.

— Ah, ah, reprit le roi, j'entends. — Louis était de mauvaise compagnie, — un jeune présomptueux ; — vous ne pouvez le souffrir. — Vous avez peut-être raison. — Mais attendons le docteur Rochecliffe, ajouta-t-il, une délicatesse qui prenait sa source dans la bonté de son cœur lui faisant désirer de prouver à Alice qu'il n'avait nul dessein de l'engager dans une conversation qui pourrait lui rappeler des idées pénibles. Ils s'arrêtèrent un instant, et Alice put se livrer au seul sentiment de sa reconnaissance.

— Je ne puis convaincre notre belle amie miss Lee, docteur, dit Charles, qu'elle doit par prudence s'abstenir de me donner les titres qui appartiennent à mon rang quand j'ai si peu de moyens de le soutenir.

— C'est un reproche à faire à la terre et à la fortune, Sire, répondit le docteur dès qu'il eut repris haleine, que la situation actuelle de Votre Majesté très-sacrée ne permette pas qu'on lui rende les honneurs dus à sa naissance, et dans lesquels, si Dieu bénit les efforts de vos fidèles sujets, j'espère que nous vous verrons bientôt rétabli, comme dans un droit héréditaire, par le vœu unanime des trois royaumes.

— Fort bien, docteur; mais, en attendant, pouvez-vous expliquer à miss Lee deux vers d'Horace que j'ai portés plusieurs années dans ma tête jusqu'à ce qu'ils trouvassent une bonne occasion pour en sortir? Comme le disent mes prudens sujets d'Écosse, si l'on garde quelque chose pendant sept ans, on finit par trouver le moyen de s'en servir. — Voyons. — *Telephus :* — oui, c'est cela,

Telephus et Peleus, quum pauper et exul uterque,
Projicit ampullas et sesquipedalia verba.

— J'expliquerai ces vers à miss Alice quand elle m'y fera penser, — ou plutôt, dit le docteur réfléchissant que sa réponse dilatoire ordinaire n'était pas de saison quand l'ordre émanait de son souverain, je lui citerai deux vers de ma traduction d'Horace ;

Pauvre prince exilé bien loin de ses banlieues
Abandonne l'emphase et les mots de sept lieues,

— Admirable version, docteur, dit Charles, j'en sens toute la force; et surtout la beauté de la traduction de *sesquipedalia verba* par bottes de sept lieues, — mots de sept lieues, je veux dire. — Cela me rappelle, comme la moitié des choses que je vois en ce monde, les contes de ma mère l'Oie.

Tout en causant ainsi, ils arrivèrent à la Loge, et le roi remonta dans sa chambre pour y attendre l'heure du déjeuner, qui commençait à approcher. Wilmot, Villiers et Killigrew riraient bien à mes dépens, pensa-t-il en y montant, s'ils entendaient parler d'une campagne dans laquelle je n'ai pu vaincre ni homme ni femme. Mais, corbleu! qu'ils rient tant qu'ils le voudront; il y a quelque chose dans mon cœur qui me dit que, pour cette fois du moins, j'ai bien agi.

Cette journée et la suivante se passèrent tranquillement, le roi attendant avec impatience la nouvelle qui devait lui annoncer qu'un navire était prêt à le recevoir; mais tout ce qu'il put savoir, c'était que l'infatigable Albert Lee parcourait, en s'exposant à de grands dangers, toutes les villes et tous les villages de la côte, pour s'y assurer d'un navire à l'aide des amis de la cause royale et des correspondans du docteur Rochecliffe.

CHAPITRE XXIX.

« Pas de semblables jeux de main, drôle ! »
SHAKSPEARE.

Il faut maintenant que nous disions quelque chose des autres personnages de notre drame, ceux qui y jouent les premiers rôles ayant exclusivement occupé notre attention depuis quelque temps.

Nous informerons donc nos lecteurs que les regrets des commissaires qui avaient été bannis du paradis qu'ils espéraient trouver à Woodstock, non par un chérubin comme Adam et Ève à la vérité, mais, à ce qu'ils croyaient, par des esprits d'une autre espèce, les retenaient encore dans les environs. Ils avaient pourtant quitté Woodstock sous prétexte qu'ils y étaient mal logés ; mais la véritable raison en était qu'ils avaient conçu du ressentiment contre Everard, qu'ils regardaient comme la cause de leur désappointement, et qu'ils ne voulaient pas rester dans un endroit où il pouvait surveiller leurs démarches. Cependant ils le quittèrent avec tous les signes de la meilleure intelligence; mais ils n'allèrent pas plus loin qu'Oxford où ils se fixèrent, comme des corbeaux accoutumés à voir une chasse, qui se perchent sur un arbre ou une montagne à peu de distance, et qui y attendent que le cerf soit aux abois, pour avoir enfin leur part des restes de la victime. Là l'université et la ville, mais surtout l'université, leur fournissaient quelques moyens d'employer avantageusement leurs talens divers, jusqu'au moment désiré où, comme ils l'espéraient, ils seraient appelés à Windsor, ou du moins réintégrés dans leur mission à la Loge de Woodstock, qui serait de nouveau abandonnée à leur discrétion.

Bletson, pour passer le temps, cherchait à s'insinuer dans la société des savans et pieux docteurs, qui ne pouvaient le souffrir, et il leur arrachait l'ame par son athéisme, ses sophismes et ses propositions impies auxquelles il les défiait de répondre. Desborough, un des hommes les plus grossièrement ignorans de cette époque, s'était fait nommer chef d'un collège, et il ne perdait pas de temps pour faire abattre les arbres des domaines de cet établissement, et s'en approprier la vaisselle d'argent. Quant à Harrison, il prêchait, en grand uniforme, dans l'église de Sainte-Marie, portant son justaucorps de buffle, ses bottes et ses éperons, comme s'il était sur le point de se mettre en campagne pour la bataille d'Armageddon. Et il serait difficile de dire si Oxford, ce siège illustre de la science, de la religion et de la loyauté, comme l'appelle Clarendon, était plus tourmenté par le froid scepticisme de Bletson, et la rapine insatiable de Desborough, que par l'enthousiasme frénétique du champion de la cinquième monarchie.

De temps en temps, des soldats, soit pour relever la garde, soit pour d'autres prétextes, allaient et venaient entre Woodstock et Oxford, et entretenaient, comme on peut le supposer, une correspondance suivie avec Tomkins le Fidèle, qui, quoique résidant principalement dans la ville de Woodstock, faisait d'assez fréquentes visites à la Loge, et sur qui les commissaires comptaient sans doute pour être instruits de ce qui s'y passait.

Dans le fait, ce Tomkins semblait avoir trouvé quelque secret moyen pour gagner la confiance partielle, sinon entière, de presque tous ceux qui jouaient un rôle dans les intrigues du temps. Tous s'emparaient de lui; tous avaient avec lui des conversations particulières. Ceux qui en avaient le moyen se le rendaient favorable par des présens; ceux qui étaient moins riches étaient prodigues de promesses. Quand il arrivait à la Loge, ce qui avait toujours l'air d'être l'effet du hasard, s'il traversait le vestibule, et que sir Henry le rencontrât, le chevalier ne manquait jamais de lui proposer de prendre les fleurets, et il était également certain, après avoir éprouvé plus ou moins de résistance, de remporter les honneurs du triomphe; de sorte qu'en considération de tant de victoires, le bon royaliste lui pardonnait presque le double péché de rébellion et de puritanisme : si ensuite son pas lent et méthodique se faisait entendre dans les corridors voisins de la galerie, le docteur Rochecliffe, sans jamais l'introduire dans le boudoir dont nous avons fait la description, emmenait maître Tomkins dans quelque appartement neutre, et avait avec lui de longs entretiens qui paraissaient aussi intéressans pour l'un que pour l'autre.

La réception de l'indépendant dans les régions inférieures de la maison n'était pas moins gracieuse qu'au rez-de-chaussée. Jocelin ne manquait pas de l'accueillir avec la franchise la plus cordiale; quelque pâté et quelque flacon étaient mis sur-le-champ en réquisition, et bonne chère était le mot d'ordre. Il est juste de faire remarquer ici que les moyens de faire bonne chère étaient plus abondans à Woodstock depuis l'arrivée du docteur Rochecliffe, qui, en qualité d'agent de beaucoup de royalistes, avait à sa disposition des sommes assez considérables, et il est à présumer que Tomkins le Fidèle y trouvait aussi son compte.

Lorsqu'il se livrait à ce qu'il appelait la fragilité de la chair, privilège dont il prétendait avoir reçu le droit de jouir, et qui était dans le fait un goût pour les liqueurs fortes, goût qu'il portait au-delà de la modération, les discours de Tomkins, en toute occasion décens et réservés, devenaient licencieux et animés. Il parlait avec toute l'onction d'un vieux débauché des exploits de sa première jeunesse, consistant en faits de braconnage, de pillage, d'ivrognerie et de querelles de toute espèce; il chantait des chansons bachiques et amoureuses, et racontait quelquefois certaines aventures qui forçaient Phœbé à quitter la compagnie, et qui, parvenant même aux oreilles de dame Jellicot, malgré sa surdité, rendaient les offices un séjour peu convenable, même pour la vieille femme.

Au milieu de ces orgies, il arrivait quelquefois que Tomkins tombait sur quelque sujet religieux, et parlait mystérieusement, mais du ton le plus animé, et avec une éloquence inspirée, des heureux saints qui, comme il le disait, étaient bien véritablement saints, — des hommes éminens qui avaient pris d'assaut le trésor intérieur du ciel, et s'étaient mis en possession de ses joyaux les plus précieux. Il traitait avec le mépris le plus souverain toutes les autres sectes que la sienne, les comparant à des pourceaux qui se querellaient autour d'une auge pour des glands et des cosses de pois. Il parlait en termes non moins injurieux des rites et des cérémonies publiques de dévotion, des formes extérieures de religion des diverses Églises chrétiennes, et des devoirs et des privations qu'elles imposent à toutes les classes de chrétiens.

L'écoutant à peine, et ne le comprenant nullement, Jocelin, qui semblait être son plus fréquent compagnon en de telles occasions, le ramenait ordinairement sur quelque sujet plus joyeux, ou sur les souvenirs de ses anciennes folies avant les guerres civiles, sans s'inquiéter, sans même s'efforcer d'analyser les opinions de ce saint de nouvelle fabrique, et ne songeant qu'à la protection que sa présence pouvait procurer à Woodstock. D'ailleurs comment n'aurait-il pas cru aux bonnes intentions d'un gaillard pour qui l'ale et l'eau-de-vie, — quand il ne trouvait pas de vin, — semblaient les principaux objets de la vie, et qui buvait à la santé du roi et de qui on voulait, pourvu que la coupe qui devait servir à la libation fût remplie jusqu'au bord?

Ces doctrines particulières, entretenues par une secte quelquefois nommée la Famille de l'Amour, mais plus communément Ranters (1), avaient fait quelques progrès dans un temps où il régnait une telle diversité d'opinions religieuses que ces hérésies étaient poussées jusqu'à la démence et presque jusqu'à l'impiété. Le secret était enjoint à ces sectateurs frénétiques d'une doctrine blasphématoire, de crainte des conséquences qui auraient pu en résulter pour les croyans si elles avaient été publiquement avouées. Maître Tomkins avait donc grand soin de cacher la liberté spirituelle qu'il prétendait avoir acquise à tous ceux dont il aurait excité le ressentiment s'il en avait fait profession à découvert. Ce voile n'était pas difficile à conserver, car la croyance des Familistes leur permettait et même leur enjoignait de se conformer, au besoin, quant à l'extérieur, aux pratiques de toute secte qui pouvait avoir de l'ascendant.

En conséquence Tomkins avait l'art de se faire passer dans l'esprit du docteur Rochecliffe pour un membre

(1) Les Familistes eurent pour premier fondateur David-George de Delft, enthousiaste qui se croyait le Messie. Ils se divisèrent en différentes sectes connues sous les noms de Grindletoniens, Familistes des montagnes, des vallées, de l'ordre du collet, du troupeau épars, etc. Parmi leurs doctrines trop absurdes et trop impures pour être citées, ils soutenaient qu'il était permis de se conformer, au besoin, et quand cela leur convenait, aux pratiques de toute secte dominante; et d'obéir aux ordres des magistrats et des autorités supérieures, quelque péché qu'ils crussent commettre en s'y soumettant. Ils désavouaient les principales doctrines du christianisme, et disaient que la loi chrétienne avait été annulée par l'avénement de David-George. Ils satisfaisaient sans scrupule les passions les plus grossières et les plus désordonnées, et se livraient entre eux à tous les excès du libertinage. Voyez la *Gangrène* d'Édouard, l'*Hérésiographie* de Pagitt, et un ouvrage très-curieux écrit par Ludovic Claxton, un de leurs chefs, intitulé *La brebis perdue et retrouvée*, Londres, 1660. (*Note de l'auteur écossais.*)

toujours zélé de l'Église d'Angleterre, et qui ne servait dans les rangs ennemis que pour y jouer le rôle d'espion, et comme il en avait plusieurs fois reçu des avis véritables et importans, l'intrigant docteur n'en croyait que plus aisément à ses protestations.

Cependant, de crainte que la présence accidentelle de cet homme singulier à la Loge, dont on ne pouvait guère lui défendre la porte sans éveiller des soupçons, ne pût mettre en danger la personne du roi, Rochecliffe, quelque confiance qu'il lui accordât d'ailleurs, avait recommandé à Charles de tâcher de ne pas se montrer à lui, et si par hasard il en était aperçu, de bien jouer le rôle de Louis Kerneguy. Joseph Tomkins était bien, à ce qu'il croyait, Joseph l'Honnête; mais l'honnêteté était, selon lui, un cheval qu'il ne fallait pas trop charger, et il était inutile d'induire son prochain en tentation.

Il semblait que Tomkins lui-même consentait à se renfermer dans les bornes qu'on mettait à la confiance qu'on avait en lui, ou qu'il voulait paraître fermer les yeux plus qu'il ne le faisait réellement sur la présence de cet étranger dans la famille. Jocelin, qui était un gaillard avisé, remarqua une ou deux fois que, lorsqu'un hasard inévitable voulait que Tomkins rencontrât le page, il y faisait moins d'attention qu'il ne l'aurait attendu d'un homme de son caractère, naturellement curieux et questionneur. — Il ne m'a rien demandé sur cet étranger, pensa Joliffe, à Dieu ne plaise qu'il en sache trop, ou qu'il ait seulement des soupçons! — Mais ses craintes à cet égard se dissipèrent quand, dans une conversation qu'il eut depuis avec lui, Tomkins parla de la fuite du roi hors d'Angleterre comme d'une chose certaine, et alla même jusqu'à citer le nom du navire sur lequel il prétendait qu'il s'était embarqué à Bristol, et celui du capitaine qui le commandait; il paraissait si convaincu de la vérité de ce fait, que Jocelin regarda comme impossible qu'il eût le moindre soupçon de la réalité.

Cependant, malgré cette conviction, et en dépit de l'espèce de commerce familier qui s'était établi entre eux, le fidèle garde forestier résolut de n'en pas moins surveiller exactement son compère Tomkins, et d'être toujours prêt à donner l'alarme. Il était vrai, pensait-il, qu'il avait tout lieu de croire que son camarade, malgré ses excès d'ivrognerie et de fanatisme, méritait autant de confiance que lui en montrait le docteur Rochecliffe; mais pourtant ce n'était qu'un aventurier dont le vêtement et sa doublure étaient de couleurs différentes, et pouvait-on dire qu'une grande récompense et le pardon de quelques hauts faits de sa vie ne pourraient pas le tenter de retourner son habit? D'après ces motifs, Jocelin exerçait une surveillance rigoureuse sur tous les mouvemens de Tomkins le Fidèle.

Nous avons dit que le discret indépendant était uniformément bien accueilli, soit dans la ville de Woodstock, soit à la Loge. Il y avait pourtant deux individus qui, pour des raisons très-différentes, avaient conçu un éloignement insurmontable pour un homme si bien reçu partout.

L'un était Nehemiah Holdenough, qui se rappelait avec amertume la manière dont l'indépendant l'avait expulsé de vive force de sa chaire. Il ne parlait jamais de lui, dans ses conversations particulières, que comme d'un missionnaire de l'esprit de mensonge, que Satan avait doué du don d'imposture. Il avait même prêché un sermon solennel sur le sujet du faux prophète de la bouche duquel sortaient des grenouilles. Ce discours fit le plus grand effet sur le maire, et sur la partie la plus distinguée de l'auditoire, qui trouvèrent que leur ministre avait porté un coup terrible à la racine même de l'*Indépendantisme*. D'une autre part, ceux du parti contraire soutenaient que Joseph Tomkins avait riposté avec succès, et avait remporté les honneurs du triomphe dans une exhortation qu'il avait prononcée le soir du même jour, et dans laquelle il avait prouvé, à la satisfaction d'une congrégation nombreuse d'ouvriers et d'artisans, que ce passage de Jérémie : — Les prophètes prophétisent faussement, et les prêtres gouvernent par leur moyen, — était directement applicable au système presbytérien du gouvernement de l'Église. Le ministre envoya au révérend maître Édouard une relation de la conduite de son adversaire, pour qu'il le désignât dans la prochaine édition de sa Gangrène comme un hérétique pestilentiel; et Tomkins recommanda le ministre presbytérien à Desborough comme un excellent sujet propre à supporter une bonne amende pour avoir blessé l'esprit des fidèles clairvoyants, l'assurant en même temps que, quelque pauvre que pût paraître le ministre, si l'on plaçait quelques soldats à discrétion chez lui jusqu'à ce que l'amende fût payée, les femmes de toutes les riches boutiques de la ville pilleraient le comptoir de leurs maris plutôt que d'épargner le Mammon d'iniquité pour tirer de souffrance leur apôtre, pensant comme Laban, disait-il : — Vous m'avez dérobé mes dieux; que me reste-t-il? On juge bien qu'il régnait peu de cordialité entre ces deux argumentateurs polémiques.

Mais Joseph Tomkins voyait avec beaucoup plus de déplaisir la mauvaise opinion que semblait avoir conçue de lui une personne dont les bonnes graces lui paraissaient infiniment plus désirables que celles de Nehemiah Holdenough. Ce n'était rien moins que la gentille Phœbé, pour la conversation de laquelle il s'était senti une forte vocation, depuis sa déclamation contre Shakspeare, la première fois qu'il l'avait vue à la Loge. Il semblait pourtant désirer, concerter et exécuter secrètement cette grande entreprise, et surtout dérober ses travaux apostoliques à la connaissance de son ami Jocelin Joliffe, de crainte qu'il ne fût porté à la jalousie. Mais c'était en vain qu'il débitait à Phœbé tantôt des versets du Cantique des Cantiques, ou des citations de l'Arcadie de Green (1); tantôt des passages de Vénus et d'Adonis (2), ou des doctrines d'une nature plus abstraite, puisées dans un ouvrage alors fort en vogue, intitulé *le Chef-d'OEuvre d'Aristote*: il avait beau faire la cour d'une manière sacrée ou profane, classique ou métaphysique, Phœbé ne paraissait nullement disposée à l'écouter sérieusement.

D'une part, Phœbé aimait Jocelin Joliffe; de l'autre, si Joseph Tomkins lui avait déplu, comme puritain rebelle, dès la première fois qu'elle l'avait vu, elle n'avait trouvé aucun motif pour le goûter davantage depuis qu'elle avait reconnu en lui un libertin hypocrite. Elle le haïssait donc sous ces deux rapports; elle ne souffrait sa conversation que lorsqu'elle ne pouvait y échapper, et quand elle était obligée de rester en sa compagnie,

---

(1) Auteur du temps. — Éd.
(2) Un des premiers poëmes de Shakspeare. — Éd.

elle ne l'écoutait que parce qu'elle savait que la confiance qu'on avait eue en lui faisait qu'en l'offensant elle pourrait compromettre la sûreté de ses maîtres, d'une famille qui l'avait vue naître, qui l'avait fait élever, et pour laquelle elle avait un attachement sans bornes.

Par des raisons à peu près semblables, elle ne manifestait pas l'aversion qu'elle avait conçue contre l'indépendant, en présence de Jocelin; l'humeur belliqueuse de celui-ci, comme soldat et comme garde forestier, aurait pu amener les choses à une explication dans laquelle le couteau de chasse et le bâton à deux bouts n'auraient pas été des armes égales contre la longue rapière et les pistolets dont son dangereux rival était toujours armé. Mais il est difficile d'aveugler la jalousie quand elle trouve quelque cause de doute; et peut-être la surveillance exacte de Jocelin sur son camarade avait-elle pour motif non-seulement son zèle pour la sûreté du roi, mais aussi quelque soupçon vague que Joseph l'honnête pouvait avoir quelque envie de braconner sur ses terres.

Phœbé, en fille prudente, se tenait, autant que possible, à couvert sous la présence de dame Jellicot. Il était vrai que l'indépendant, ou quel qu'il fût, ne l'en persécutait pas moins alors de ses discours érotiques ou de sa morale, mais sans en retirer aucun fruit, car elle semblait aussi sourde, parce qu'elle le voulait bien, que la vieille femme l'était elle-même par suite d'une infirmité naturelle. Cette indifférence était un sujet de dépit pour son nouvel amant, et ce fut ce qui le porta à chercher un temps et un lieu où il pût faire valoir son amour avec une énergie qui forçât l'attention. La Fortune, cette maligne déesse, qui cause si souvent notre perte en nous accordant ce qui est l'objet de nos désirs, lui procura enfin l'occasion qu'il avait long-temps désirée.

Un soir, vers le coucher du soleil, ou immédiatement après, Phœbé, sur l'activité de laquelle roulait le gouvernement domestique de la Loge, se rendit à la fontaine de Rosemonde, afin d'y puiser de l'eau pour le repas du soir, et de se conformer aux préjugés du vieux chevalier, qui croyait que, dans aucun lieu du monde, cet élément ne se trouvait aussi pur que dans cette célèbre source. Or tel était le respect que toute la maison de sir Henry Lee avait pour lui, que négliger un seul de ses désirs qui pût être satisfait, quelque peine qu'il dût en coûter, eût été regardé comme un aussi grand crime que l'oubli d'un devoir religieux.

Depuis quelque temps, comme nous en avons vu un exemple, il n'était pas très-facile d'emplir une cruche à cette fontaine ; mais l'adresse de Jocelin avait tout récemment remédié à cet inconvénient en réparant grossièrement une partie de la façade, et en y plaçant un tuyau en bois dans lequel l'eau un peu plus abondante formait un filet qui tombait d'une hauteur d'environ deux pieds. On n'avait donc plus besoin que de placer la cruche par-dessous, et d'attendre, sans autre embarras, qu'elle se remplît presque goutte à goutte.

Phœbé, dans la soirée dont nous parlons, voyait pour la première fois ce petit changement avantageux, et en faisant honneur avec raison à la galanterie du Sylvain, son amant, qui avait voulu lui rendre plus facile sa tâche journalière, sa reconnaissance la porta à employer le temps qui s'écoulait pendant que sa cruche s'emplissait lentement, à réfléchir sur la prévenance et l'adresse de l'obligeant ingénieur, et peut-être à penser qu'il aurait aussi bien fait de l'attendre sur le bord de la fontaine, pour recevoir ses remerciemens de la peine qu'il avait prise. Mais elle savait qu'il était resté à l'office avec cet odieux Tomkins; et, plutôt que de le voir avec cet hypocrite indépendant, elle aimait mieux renoncer au plaisir de rencontrer Jocelin en ce lieu.

Tandis qu'elle faisait ces réflexions, la Fortune eut assez de malice pour envoyer Tomkins à la fontaine, et pour l'y envoyer sans Jocelin. Dès que Phœbé l'aperçut dans le sentier qui y conduisait, une inquiétude soudaine agita le cœur de la pauvre fille. — Elle était seule, — dans l'enceinte de la forêt. — Elle n'avait de secours à espérer de personne, car il était défendu d'y entrer après le coucher du soleil, pour ne pas troubler le repos des cerfs et des daims, qui en faisaient alors leur retraite nocturne. Elle chercha pourtant à s'armer de courage, et résolut de ne montrer aucune apparence de crainte, quoique, à mesure que l'indépendant approchait, elle vit dans son air et dans ses yeux quelque chose qui n'était pas fait pour calmer ses appréhensions.

— Que les bénédictions du soir tombent sur vous, la jolie fille, lui dit-il. Je vous rencontre ici précisément comme le plus ancien des serviteurs d'Abraham rencontra Rébecca, fille de Béthuel, fils de Milca, près du puits de la ville de Nacor en Mésopotamie. Ne dois-je donc pas vous dire : Baisse ta cruche, afin que je boive ?

— La cruche est à votre service, maître Tomkins, lui répondit-elle, et vous pouvez boire tant qu'il vous plaira, mais je réponds que vous avez bu de meilleures liqueurs, et il n'y a pas long-temps.

Dans le fait, il était évident que l'indépendant venait

de faire une orgie, car il avait le visage enflammé, quoiqu'il ne fût nullement ivre. Mais l'alarme que Phœbé avait éprouvée en le voyant paraître s'accrut encore quand elle vit ces signes extérieurs de la manière dont il venait de passer le temps.

— Je ne fais qu'user de mes privilèges, ma jolie Rébecca. La terre est accordée aux saints avec tout ce qui s'y trouve. Ils doivent être maîtres des richesses des mines et des trésors de la vigne ; et ils se réjouiront, et leurs cœurs se dilateront. — Tu as encore à apprendre quels sont les privilèges des saints, ma jolie Rébecca.

— Mon nom est Phœbé, dit la jeune fille pour tâcher de calmer un transport d'enthousiasme réel ou affecté.

— Phœbé suivant la chair, mais Rébecca suivant l'esprit. — Car n'es-tu pas une brebis égarée ? — Ne suis-je pas celui qui est envoyé pour te faire rentrer dans le bercail ? — Sans cela, pourquoi serait-il dit :— Tu la trouveras assise dans le bois, près de la source qui porte le nom de l'ancienne prostituée Rosemonde.

— Il n'est pas douteux que vous ne m'ayez trouvée assise ici, M. Tomkins ; mais, si vous voulez me tenir compagnie, il faut que vous retourniez au château avec moi, et vous porterez ma cruche, si vous êtes assez bon pour cela. Chemin faisant, j'écouterai toutes les belles choses que vous avez à me dire ; mais il faut que je parte, car sir Henry demande toujours son verre d'eau avant les prières.

— Quoi ! le vieillard au cœur pervers et à la main ensanglantée t'a-t-il envoyée ici pour faire l'ouvrage d'une esclave ? — Véritablement tu t'en retourneras affranchie; et, quant à l'eau que tu as puisée, elle sera répandue comme l'eau du puits de Bethléem.

A ces mots, il vida la cruche en dépit des prières et des exclamations de Phœbé; et, l'ayant replacée sous le petit tuyau qui conduisait l'eau, il continua :

— Sache que ceci va être pour toi un signe. — L'eau qui tombe dans cette cruche sera comme le sable qui passe par le sablier. — Si, pendant le temps qui s'écoulera avant qu'elle soit remplie, tu écoutes les paroles que je vais t'adresser, tu t'en trouveras bien, et tu seras placée en haut rang parmi ceux qui, oubliant l'instruction qu'ils ont reçue, et qui est comme le lait pour les enfans à la mamelle, s'alimentent de la nourriture des forts. — Mais, si l'eau dépasse les bords de la cruche avant que ton oreille m'ait entendu, et que ton esprit m'ait compris, tu seras abandonnée en proie et en esclavage à ceux qui possèdent les biens de la terre.

— Vous m'effrayez, M. Tomkins; je suis pourtant sûre que ce n'est pas votre intention. Je suis surprise que vous osiez prononcer des paroles qui ressemblent tant à celles de la Bible, quand vous savez combien vous avez ri aux dépens de votre maître et de tous les autres lorsque vous avez aidé à faire paraître des esprits à la Loge.

— Es-tu donc assez simple pour croire qu'en me jouant ainsi d'Harrison et des autres j'ai excédé mes privilèges ? Non, véritablement. — Écoute-moi, jeune insensée. — Lorsque j'étais autrefois le plus grand vaurien du comté d'Oxford, fréquentant les veillées et les foires, dansant autour du mai, montrant ma vigueur au ballon et au bâton à deux bouts. — Oui, quand on me nommait, dans le langage des incirconcis, Philippe

Hazeldin; que j'étais chantre au chœur et sonneur de cloches, et que je servais le prêtre qui est là-bas, nommé Rochecliffe, je n'étais pas plus étonné de la route droite que, lorsque, après avoir bien étudié, je n'ai trouvé pour guides que des aveugles se succédant les uns aux autres. Mais je les ai abandonnés tour à tour, — ce pauvre fou d'Harrison le dernier; — et, par ma propre force, sans aide de personne, je me suis frayé un passage jusqu'à cette vive et heureuse lumière, que je veux aussi faire briller à tes yeux, Phœbé.

— Je vous remercie, M. Tomkins, répondit la suivante, cachant quelque crainte sous un air d'indifférence; mais j'aurai assez de lumière pour retourner au logis avec ma cruche, si vous voulez bien me la laisser prendre. Je n'ai pas besoin d'autres lumières ce soir.

A ces mots, elle se baissa pour prendre sa cruche; mais l'indépendant la saisit par le bras, et l'empêcha d'exécuter son dessein. Phœbé en conçut aussitôt un autre, qui lui fut inspiré tout à coup par le désir de se défendre et par le courage dont elle avait hérité de son père, qui avait aussi été garde forestier; quoiqu'elle n'eût pu avancer jusqu'à sa cruche, elle eut le temps de ramasser un assez gros caillou qu'elle tint caché dans sa main droite.

— Relève-toi, jeune folle, et écoute-moi, dit Tomkins. Apprends, en un mot, que le péché pour lequel l'ame de l'homme est punie par le courroux du ciel, n'existe pas dans l'acte du corps, mais dans celui de la pensée du pécheur. Crois, aimable Phœbé, que tout est pur pour celui qui est pur, et que le péché se trouve dans nos pensées, et non dans nos actions; de même que le plus vif éclat du jour n'offre que ténèbres à l'aveugle, tandis que celui qui a de bons yeux le voit et en jouit. Beaucoup est enjoint, beaucoup est défendu à celui qui n'est que novice dans les choses de l'esprit, et il est nourri de lait comme l'enfant au berceau. — C'est pour lui que sont les défenses et les prohibitions, les ordres et les commandemens. — Mais le saint est élevé au-dessus de ces restrictions et de ces injonctions. C'est à lui, comme à l'enfant chéri de la maison, qu'est donné le passe-partout pour ouvrir toutes les serrures qui s'opposent aux jouissances des désirs de son cœur. — Je te conduirai, aimable Phœbé, par d'agréables sentiers qui nous mèneront à la joie, à une liberté innocente, et à des plaisirs qui sont défendus et criminels pour ceux ne sont pas privilégiés.

Je voudrais réellement, M. Tomkins, que vous me permissiez de m'en aller, dit Phœbé, qui ne comprenait pas très-bien la nature de sa doctrine, mais à qui ni ses discours ni ses manières ne plaisaient. Tomkins continua pourtant à lui débiter les principes impies et blasphématoires qu'il avait adoptés comme d'autres soi-disant saints de cette époque, après avoir erré de secte en secte, et s'être enfin fixé dans la croyance abominable que le péché, étant d'une nature exclusivement spirituelle, n'existait que dans la pensée, et que les plus mauvaises actions étaient permises à ceux qui avaient élevé leurs pensées au point de se croire au-dessus du péché.

— Tu vois, ma Phœbé, continua-t-il en cherchant à l'attirer vers lui, que je puis t'offrir plus qu'on n'offrit jamais à une femme depuis qu'Adam prit son épouse par la main. Que d'autres gardent leurs lèvres sèches, et fassent pénitence par l'abstinence, comme les papistes quand la coupe du plaisir verse ses délices. — Aimes-tu l'argent? j'en ai et je puis en avoir davantage, car je suis privilégié pour m'en procurer de toutes mains et par tous les moyens. — Veux-tu des domaines? duquel de ces pauvres sots de commissaires désires-tu les biens? Je saurai les lui ravir pour toi; car mon esprit est plus fort que le leur, et ce n'est pas sans raison que j'ai aidé le malveillant Rochecliffe, et le manant Jocelin à les tromper et à les épouvanter. — Demande-moi ce que tu voudras, Phœbé, je puis te le donner ou te le procurer. — Commence donc avec moi une vie de délices en ce monde; ce ne sera pour nous qu'une anticipation des joies du paradis.

Le débauché fanatique s'efforça de nouveau d'attirer à lui la pauvre fille, qui, sérieusement alarmée, mais ne perdant pas sa présence d'esprit, chercha à force de prières à le déterminer à la lâcher. Mais ses traits, naguère si froids, avaient pris une expression effrayante, et il s'écria : — Non, Phœbé, non, ne crois pas m'échapper, — tu m'es livrée comme captive, tu as négligé l'heure de grace, et elle s'est écoulée. Regarde! l'eau dépasse les bords de ta cruche, ce qui devait être un signe entre nous. — Je ne chercherai donc plus à t'éclairer par des discours dont tu n'es pas digne; mais je te traiterai comme t'étant détournée de la grace, qui s'offrait à toi.

— Maître Tomkins, dit Phœbé d'un ton suppliant, songez, pour l'amour de Dieu, que je suis une pauvre orpheline, ne me faites pas d'injure; ce serait une honte pour votre sexe et pour votre force. — Je n'entends rien à vos belles paroles.—J'y réfléchirai demain. Enfin, son ressentiment montant à son comble, elle s'écria avec plus de force : — Je ne prétends pas être si indignement traitée ! — Laissez-moi ou il vous arrivera malheur ! — Eh bien, ajouta-t-elle tandis qu'il la pressait avec une violence dont l'objet n'était pas douteux, et qu'il cherchait à s'emparer de sa main droite, recevez cela et soyez maudit. Et en parlant ainsi elle lui porta de toutes ses forces, au milieu du front, un coup avec le caillou qu'elle gardait pour la dernière extrémité.

Le fanatique, à demi étourdi, chancela, et lâcha le bras de la pauvre fille, qui profita de ce moment pour s'enfuir en criant au secours, et conservant toujours le cailloux victorieux. Courroucé jusqu'à la rage du coup qu'il avait reçu, Tomkins la poursuivit agité par les plus noires passions, et par la crainte que sa brutalité ne fût découverte. Il cria à Phœbé de s'arrêter, et eut même l'infamie de la menacer de lui tirer un coup de pistolet si elle continuait à fuir. Elle n'en fit pourtant que courir plus vite, et il fallait qu'il exécutât ses menaces, ou qu'il la vît lui échapper et porter à la Loge l'histoire de sa scélératesse, si Phœbé, se heurtant le pied contre une grosse racine de sapin, ne fût malheureusement tombée. Mais tandis qu'il se précipitait sur sa proie, un secours inespéré arriva en la personne de Jocelin, son gourdin sur l'épaule.

— Comment ! que veut dire ceci ? s'écria Joliffe en se jetant entre Phœbé et celui qui la poursuivait.

Tomkins, dans un accès de fureur, ne lui répondit qu'en faisant feu contre lui du pistolet qu'il tenait à la main. La balle effleura la joue du garde forestier, qui, courroucé à son tour de cet attentat contre sa vie, s'écria : — Oui-dà ! eh bien, le bois contre le plomb !

et levant en même temps son gourdin, il le fit tomber avec une telle force sur la tête de l'indépendant, qu'il le frappa à la tempe d'un coup mortel.

Tomkins roula par terre avec quelques mouvemens convulsifs accompagnés de mots entrecoupés.—Jocelin, — je suis mort; — je te pardonne, — le docteur Rochecliffe, — oh! — le ministre, — le service funéraire. — Ces mots indiquaient peut-être son retour à une croyance qu'il n'avait probablement jamais abjurée aussi complètement qu'il se l'était persuadé à lui-même; mais la voix lui manqua, et le râle de la mort annonçait seul qu'il vivait encore. — Ses mains serrées se relâchèrent, ses yeux fermés se rouvrirent, se fixèrent sur le ciel, mais ils étaient éteints; — ses membres s'étendirent et se raidirent; — l'ame chassée de sa demeure terrestre dans un moment si terrible était déjà devant le trône du jugement.

— Qu'avez-vous fait, Jocelin! qu'avez-vous fait! s'écria Phœbé; vous l'avez tué!

— Cela vaut mieux que s'il m'avait tué, répondit Jocelin, — car ce n'était pas un de ces maladroits qui manquent leur coup deux fois de suite. — Et pourtant j'en suis fâché pour lui. — Nous avons fait ensemble plus d'une partie joyeuse quand il se nommait Philippe Hazeldin, et alors il ne valait pas déjà grand'chose; mais depuis qu'il a couvert ses vices d'un masque d'hypocrisie, il paraît qu'il est devenu plus mauvais diable que jamais.

— Allons, Jocelin, allons-nous-en, dit la pauvre Phœbé, ne restez pas à le regarder ainsi; car le garde-forestier, appuyé sur son bâton, regardait le cadavre avec l'air d'un homme à demi étourdi par cet événement.

— Cela vient de la cruche d'ale, dit-elle dans le véritable style de consolation d'une femme, — comme je vous l'ai souvent dit. — Mais, pour l'amour du ciel, retournons à la Loge, et voyons ce qu'il y a à faire.

— Un moment, Phœbé; laissez-moi d'abord le tirer du chemin; il ne faut pas qu'il reste ici à la vue de tout le monde. — Eh bien, ne me donnerez-vous pas un coup de main?

—Moi, Jocelin! oh, non! je ne toucherais pas un de ses cheveux pour tout Woodstock.

— Il faut donc que je fasse la besogne tout seul, dit Jocelin, qui, quoique soldat et garde forestier, éprouvait une grande répugnance à se charger de cette tâche nécessaire. Il y avait dans le dernier regard et les dernières paroles du mourant quelque chose qui avait produit une impression de terreur sur les nerfs d'ailleurs peu sensibles de Jocelin. Il eut cependant la force de traîner le corps du défunt secrétaire hors du chemin battu, et le cacha sous un buisson de ronces et d'épines. Il retourna ensuite près de Phœbé, qui, encore toute tremblante, s'était assise sous l'arbre dont une racine l'avait fait tomber.

— Allons, dit-il, retournons à la Loge, et voyons ce que tout cela va devenir. — Un pareil accident ne diminuera pas nos dangers. — Mais que te voulait-il donc, Phœbé? — Pourquoi courais-tu devant lui comme une folle? — Je crois que je puis le deviner; — il a toujours été un vrai diable avec les femmes, et je crois, comme le dit le docteur Rochecliffe, que, depuis qu'il était devenu saint, sept diables pires que lui-même avaient pris possession de son corps. — C'est précisément ici l'endroit où je l'ai vu lever la main contre le vieux chevalier, — et lui, un enfant de la paroisse! — c'était tout au moins un crime de haute trahison. Mais, sur ma foi, il l'a bien payé.

— Mais comment avez-vous pu confier vos secrets à un si méchant homme, Jocelin? comment avez-vous pu entrer dans ses complots pour effrayer les commissaires Têtes-Rondes?

— Dès le premier instant que je le vis, il me sembla que je le reconnaissais, surtout quand je vis que Bevis, qu'on élevait ici quand il était piqueur, ne lui sautait pas à la gorge tout d'un coup. Et quand nous eûmes renoué connaissance à la Loge, j'appris qu'il était en correspondance secrète avec le docteur Rochecliffe, qui était persuadé que c'était un royaliste, et qui par conséquent vivait en bonne intelligence avec lui. — Le docteur se vante d'avoir appris de lui bien des choses; mais je prie le ciel qu'il ne lui en ait pas trop appris lui-même à son tour.

— Vous n'auriez jamais dû le laisser entrer à la Loge, Jocelin.

— Et il n'y aurait jamais mis le pied si j'eusse su comment l'en empêcher. Mais au bout du compte, Phœbé, que pouvais-je penser en le voyant prendre part si franchement à tous nos projets, — quand il me dit comment je devais m'habiller pour ressembler au comédien Robinson, dont l'esprit tourmente Harrison, — j'espère que l'esprit de personne ne me tourmentera; — et quand il m'apprit ce que j'avais à faire pour effrayer son maître? — J'espère seulement que le docteur lui a caché le plus grand secret de tous. — Mais nous voici à la Loge. Montez dans votre chambre, Phœbé, et tâchez de vous calmer. Il faut que je cherche le docteur Rochecliffe; il parle toujours de son esprit riche et fertile en inventions: voilà, je crois, le moment d'en faire usage.

Phœbé monta dans sa chambre; mais dès qu'elle y fut arrivée, les forces que lui avait données l'urgence du danger s'évanouirent tout à coup, et elle eut une suite d'attaques de nerfs qui exigèrent toute l'attention de dame Jellicot, et les soins moins inquiets mais plus judicieux d'Alice.

Pendant ce temps le garde forestier alla porter sa nouvelle au politique docteur, qui en fut extrêmement déconcerté et alarmé, et qui reprocha même sérieusement à Jocelin d'avoir tué un homme sur les rapports duquel il s'était accoutumé à compter. Cependant son air annonçait qu'il ne savait s'il ne lui avait pas accordé sa confiance trop légèrement, et ce doute le tourmentait d'autant plus qu'il ne voulait pas le laisser apercevoir, de crainte de perdre quelque chose de la réputation d'adresse dont il se piquait.

La confiance du docteur Rochecliffe en la fidélité de Tomkins semblait pourtant reposer sur d'assez bons fondemens. Avant les guerres civiles, comme on peut l'avoir déjà entrevu d'après ce qui précède, Tomkins, sous son vrai nom d'Hazeldin, avait été sous la protection du recteur de Woodstock, lui avait quelquefois servi de clerc, avait été un des membres distingués de son chœur, et, ne manquant ni d'esprit ni d'adresse, il avait même souvent aidé le docteur dans ses recherches au milieu des ruines de Woodstock. En s'engageant sous les drapeaux de la république, il n'en avait pas moins conservé ses relations avec Rochecliffe, à qui il avait donné de temps en temps des renseignemens qui paraissaient précieux. Tout récemment il s'était rendu extrêmement utile au docteur en l'aidant, avec le secours de Jocelin et de Phœbé, à imaginer et à exécuter les différentes ruses qui avaient servi à expulser de Woodstock les commissaires du parlement. Il est vrai que son zèle à cet égard avait été stimulé par la promesse d'un présent, et ce n'était rien moins que la vaisselle d'argent qui restait encore à la Loge. Le docteur, tout en admettant qu'il pouvait être un homme corrompu, le regrettait donc comme un homme utile, et dont la mort, si elle donnait lieu à quelque enquête, pouvait attirer de nouveaux dangers sur une maison déjà environnée de périls et qui renfermait un dépôt si précieux.

CHAPITRE XXX.

CASSIO.   « Mon habit est meilleur que tu ne le croyais;
          « S'il eût été moins bon, de ce coup je tombais. »
                              SHAKSPEARE. *Othello.*

Dans la soirée obscure d'octobre qui succéda au jour qui avait vu la mort de Tomkins, le colonel Everard, indépendamment de son inséparable compagnon Roger Wildrake, avait à souper le révérend Nehemiah Holdenough. Après les prières du soir, faites suivant les formes presbytériennes, une légère collation et deux bouteilles de vin de Bordeaux furent placées devant les trois amis à neuf heures, ce qui était fort tard à l'époque dont nous parlons. Maître Holdenough s'engagea bientôt dans un discours polémique contre les Indépendans et autres sectaires, sans s'apercevoir que son éloquence n'intéressait nullement celui pour qui il en faisait principalement les frais. Le colonel songeait à la Loge de Woodstock et à tout ce qui s'y trouvait, — au prince qui y était caché, à son oncle, — et surtout à sa chère Alice. Quant à Wildrake, après avoir tacitement maudit de tout son cœur et les Presbytériens et les Indépendans, comme n'étant que deux harengs tirés de la même caque, et ne valant pas mieux l'un que l'autre, il étendit ses jambes, et il se serait probablement endormi si, comme son patron, il n'avait eu quelques pensées qui tuaient le sommeil (1).

La compagnie était servie par un jeune homme ayant l'air d'un Égyptien, revêtu d'un pourpoint de couleur orange montrant la corde, et garni de galons de laine bleue. La taille du drôle semblait comme avortée, mais son air annonçait de l'intelligence, et ses membres toute l'activité que promettait la vivacité de ses yeux. C'était un serviteur du choix de Wildrake, qui lui avait donné le *nom de guerre* de Spitfire (2), et qui lui avait promis de l'avancement dès que son jeune *protegé*, Déjeuner, serait en état de le remplacer dans ses fonctions actuelles. Il est presque inutile de dire ici que les frais du *ménage* étaient à la charge exclusive du colonel Everard, qui laissait à Wildrake le soin de régler tous les détails du service comme bon lui semblait. L'échanson, en offrant de temps en temps du vin aux convives, avait soin de fournir au Cavalier deux occasions de se rafraîchir pour une, qu'il croyait suffisante au colonel et au ministre.

(1) Expression consacrée depuis la phrase de Shakspeare : *Macbeth has murdered sleep, Macbeth a tué le sommeil.* (Il n'y a plus de sommeil pour Macbeth.). — Éd.

(2) Crache-feu. — Éd.

Pendant qu'ils étaient ainsi occupés, le bon ministre s'égarant dans ses argumens, et ses auditeurs dans leurs réflexions, l'attention de tous trois fut éveillée soudainement par un coup frappé à la porte de la maison. Une bagatelle est un sujet d'alarme pour ceux dont l'inquiétude agite le cœur.

Le bruit entendu ne provenait pas d'un de ces coups pacifiques ou modérés qui annoncent la visite modeste de quelqu'un qui ose à peine se présenter, ni un de ces coups redoublés qui précèdent un personnage tout gonflé d'une vaine importance. On ne pouvait y reconnaître l'annonce formelle de l'arrivée d'un homme d'affaires, ni celle plus agréable de la présence d'un ami joyeux et sûr d'être le bienvenu. C'était un seul coup, dont le son était ferme et solennel, si même il n'avait pas quelque chose de menaçant. La porte fut ouverte par quelqu'un de la maison. Un pas grave et pesant se fit entendre sur l'escalier. — Un homme robuste entra dans l'appartement, et dit en écartant le manteau qui lui couvrait la figure :

—Markham Everard, je te salue au nom de Dieu!

C'était le général Cromwell.

Everard, étonné et pris à l'improviste, chercha en vain des termes pour exprimer sa surprise. Il montra pourtant le plus grand empressement à recevoir le général, l'aida à se débarrasser de son manteau, et lui témoigna sans parler toute la civilité d'un bon accueil. Cromwell jeta ses yeux perçans autour de l'appartement, et les fixa d'abord sur le ministre.

—Je vois avec toi un révérend personnage, dit-il à Everard; tu n'es pas un de ces hommes qui laissent passer le temps sans y faire attention et sans le mettre à profit.—Mettre de côté les choses de ce monde, s'occuper principalement de celles du monde à venir, c'est en employant ainsi nos instans dans ce séjour terrestre de péché et de soucis qu'on peut espérer..... Mais que veut dire ceci? ajouta-t-il en changeant de ton tout à coup pour en prendre un plus vif, plus aigre, et qui annonçait une sorte d'inquiétude; quelqu'un a quitté cet appartement depuis que j'y suis entré.

Wildrake en était effectivement sorti pendant une ou deux minutes; mais il était déjà de retour, et il se montra sur un balcon comme s'il eût été seulement hors de vue, et non hors de l'appartement.

—Non, monsieur! répondit-il, je me tenais seulement en arrière par respect. — Noble général, j'espère que tout va bien dans l'état, quoique Votre Excellence vienne nous rendre visite à une pareille heure?—Votre Excellence ne désire-t-elle pas quelque.....

—Ah! dit Olivier en le regardant d'un œil fixe et sévère, c'est notre fidèle intermédiaire,—notre digne confident.—Non, monsieur, je ne désire rien quant à présent, si ce n'est un bon accueil, et il me paraît que mon ami Markham Everard n'est pas très-empressé à me l'accorder.

—Un bon accueil vous suit partout, mylord, répondit le colonel faisant un effort pour parler. Je me flatte que ce n'est pas quelque mauvaise nouvelle qui a obligé Votre Excellence à voyager si tard; et je prendrai la liberté de vous demander, comme mon clerc, quels rafraîchissemens je dois vous faire servir.

—L'état est sain et vigoureux, colonel Everard, répondit le général; et pourtant il le serait davantage si plusieurs de ses membres qui ont mis jusqu'ici la main à l'œuvre, qui ont proposé de bons avis, et qui ont travaillé au bien public, ne s'étaient refroidis dans leur amour et leur attachement pour la bonne cause, pour laquelle nous devons être prêts, chacun en nos conditions différentes, à agir et à nous comporter, dès que nous sommes appelés à faire ce qui est l'objet de notre mission, non avec paresse et tiédeur, non avec violence, mais avec de telles dispositions, que le zèle et la charité puissent en quelque sorte se rencontrer et s'embrasser dans nos vues. Et cependant parce que nous regardons en arrière après avoir mis la main à la charrue, notre force nous est retirée.

—Pardon, monsieur, dit Nehemiah Holdenough, qui, l'écoutant avec quelque impatience, commençait à deviner en compagnie de qui il se trouvait; pardon, car ce sont des choses sur lesquelles j'ai mission pour parler.

— Ah! ah! dit Cromwell; oui, nous affligeons certainement l'esprit quand nous arrêtons ces effusions qui, comme l'eau jaillissante d'un rocher.....

—En cela je diffère de vous, monsieur; car, de même qu'il y a la bouche pour transmettre les alimens au corps, et l'estomac pour digérer ce que le ciel a envoyé, ainsi il y a le prédicateur pour enseigner, et le peuple pour écouter,— le berger pour faire entrer le troupeau dans le bercail, et les brebis pour profiter des soins du pasteur.

— Ah! mon digne monsieur, il me semble que vous êtes bien voisin de cette grande erreur qui suppose que les Églises sont de vastes maisons bâties par des maçons; et les fidèles, des hommes,— des hommes riches,—qui paient les dîmes plus ou moins; et que les prêtres, — hommes en robes noires ou en manteaux gris,— qui les reçoivent, sont en retour les seuls distributeurs des bénédictions du ciel.—Au lieu que, suivant mon opinion, il y a plus de liberté chrétienne à laisser l'ame qui a faim de la parole divine libre de chercher son édification où bon lui semble, soit qu'elle la trouve dans la bouche d'un instructeur laïque, qui ne tient sa mission que du ciel, soit qu'elle la cherche dans les prédications de ceux qui ont reçu leurs degrés et leur ordination dans les universités et les synodes, lesquelles universités et lesquels synodes ne sont après tout que des réunions de pauvres pécheurs comme eux.

—Vous parlez de ce que vous ne connaissez pas, monsieur.— La lumière peut-elle sortir des ténèbres, — le bon sens de l'ignorance, la connaissance des mystères de la religion de charlatans qui donnent des poisons au lieu de médicamens salutaires, et qui remplissent d'ordures l'estomac des fidèles?

Le ministre presbytérien s'exprima ainsi avec un ton de chaleur et d'impatience; et le général au contraire lui répondit avec la plus grande douceur.

—Hélas! hélas! un homme savant, mais emporté, dévoré par un excès de zèle.—Eh bien! monsieur, vous pouvez dire ce qu'il vous plaira de vos repas réguliers évangéliques, mais un mot dit à propos par un homme dont le cœur est selon le vôtre, peut-être à l'instant où vous allez rencontrer l'ennemi ou monter sur la brèche, est pour l'ame comme une grillade toute prête que celui qui a faim préfère à un grand banquet, quand l'esprit rassasié dédaignerait un rayon de miel. Néanmoins, quoique je parle ainsi suivant mon pauvre jugement, je ne voudrais forcer la conscience de personne, laissant le savant suivre le savant, le sage s'instruire près du sage, pourvu qu'on ne refuse pas à de pauvres ames simples une gorgée de l'eau du ruisseau qui coule le long du chemin. — Oui, ce sera véritablement un beau spectacle en Angleterre quand nous y marcherons tous comme dans un meilleur monde, supportant les infirmités les uns des autres, et partageant mutuellement nos consolations.—Oui, sans doute, le riche se sert pour boire de coupes et de flacons d'argent: qu'il continue à le faire.

En ce moment un officier ouvrit la porte, et Cromwell, quittant le ton traînant qu'il semblait pouvoir continuer éternellement, lui adressa la parole avec vivacité.

— Eh bien, Pearson, est-il arrivé?

— Non, général; nous l'avons cherché inutilement à l'endroit que vous avez indiqué et dans plusieurs autres qu'on sait qu'il fréquente dans la ville.

— Le drôle! — serait-il possible qu'il fût traître? Non, non, il a trop d'intérêt à être fidèle, il se trouvera dans un instant. — Ecoute-moi ici!

Pendant toute cette conversation le lecteur peut se figurer quelles étaient les alarmes d'Everard. L'arrivée inattendue de Cromwell devait avoir quelque motif très-important, et il ne pouvait s'empêcher de soupçonner que le général avait reçu quelque avis sur le lieu où Charles se tenait caché. Si l'on s'emparait de la personne du prince, il était à craindre de voir un renouvellement de la tragédie du 30 janvier, dont la perte de toute la maison de Lee et probablement la sienne seraient la suite nécessaire.

Il cherchait quelque consolation dans les yeux de Wildrake, dont la physionomie exprimait l'inquiétude, quoiqu'il s'efforçât de maintenir son air habituel d'insouciance. Mais le poids qui l'oppressait était trop lourd. Ses pieds changeaient de position à chaque instant, ses yeux roulaient de côté et d'autre, et il se tordait les mains comme un témoin qui craint l'approche de l'interrogatoire.

Cependant Olivier ne laissait pas aux deux amis un instant de loisir pour se concerter. Même pendant que le cours de son éloquence verbeuse s'égarait dans tant de détours qu'il était impossible de voir où il voulait en venir, son œil actif et vigilant déjouait tous les efforts que faisait Everard pour avoir quelque communication avec Wildrake, même par signes. Une fois, à la vérité, il fixa les yeux un instant sur la croisée, et les porta ensuite sur son ami, comme pour lui faire sentir qu'il pourrait peut-être s'échapper par cette voie; mais le Cavalier lui répliqua en secouant tristement la tête, par un mouvement si léger qu'il était presque imperceptible. Everard perdit donc tout espoir, et tout ce qui pouvait le distraire du pressentiment fâcheux d'un malheur prochain et inévitable, c'était l'inquiétude qu'il éprouvait sur la manière dont ce malheur arriverait, et sur la forme sous laquelle il se montrerait.

Il restait pourtant à Wildrake un rayon d'espérance. A l'instant même où Cromwell était entré, il était sorti de l'appartement et avait couru à la porte de la maison. Les mots — on ne passe pas! — prononcés en même temps par deux sentinelles, le convainquirent que le général, comme il l'avait craint, n'était pas arrivé sans être bien accompagné et sans avoir pris ses précautions. Il tourna sur ses talons, remonta l'escalier, et ayant trouvé sur le palier le jeune homme qu'il appelait

Spitfire, il l'emmena à la hâte dans la petite chambre qu'il occupait.

Wildrake avait passé la matinée à chasser, et il y avait sur sa table quelques pièces de gibier. Il arracha une plume de l'aile d'une bécasse, et dit précipitamment : — Spitfire, écoute mes ordres comme s'il y allait de ta vie. — Je vais te descendre dans la basse-cour par cette fenêtre. — Le mur de la cour n'est pas bien haut, et il n'est probablement pas gardé par des sentinelles. — Cours à la Loge, comme tu courrais pour gagner le ciel, et remets cette plume à miss Alice Lee, s'il est possible, sinon à Jocelin Joliffe. — Tu diras que j'ai gagné la gageure de la jeune dame. — M'as-tu bien compris?

Le jeune homme intelligent frappa de sa main dans celle de son maître, et lui répondit seulement : — Fait.

Wildrake ouvrit la fenêtre, fit descendre Spitfire en le tenant par le collet de son habit; et quoiqu'il y eût un intervalle assez considérable de la fenêtre au sol, un tas de paille adoucit sa chute, et Wildrake le vit se relever et escalader le mur de la basse-cour qui donnait sur une rue de derrière. Tout cela se passa si rapidement que Wildrake eut le temps de rentrer dans l'appartement où il avait laissé Cromwell, avant que l'empressement que l'on témoignait au général dans le premier moment de son arrivée eût permis de remarquer son absence.

Pendant la dissertation de Cromwell sur la vanité des diverses croyances, Wildrake réfléchissait s'il n'aurait pas mieux fait d'envoyer un message verbal plus explicite, puisqu'il n'avait pas le temps d'écrire; mais le jeune homme pouvait être arrêté, questionné; la connaissance de la mission pressée et importante dont il était chargé pouvait le troubler; et, tout bien considéré, Wildrake se sut bon gré d'avoir adopté une manière plus énigmatique d'envoyer sa nouvelle. Il avait donc sur son patron l'avantage de conserver encore quelque reste d'espérance.

Pearson avait à peine fermé la porte qu'Holdenough, aussi disposé à prendre les armes contre le futur dictateur qu'il l'avait été à faire face aux prétendus esprits et fantômes de la Loge de Woodstock, recommença son attaque contre les schismatiques, qu'il traita de faux messagers, de faux frères et de tueurs d'ames; et il allait citer des textes à l'appui de cette proposition quand Cromwell, ennuyé probablement de cette discussion, et désirant faire tomber l'entretien sur un sujet qui lui convint mieux, l'interrompit, quoique fort civilement, et se chargea de faire les frais de la conversation.

— Hélas! le brave homme dit la vérité, suivant ses connaissances et ses lumières. — Oui, une vérité amère est pénible à digérer, car nous voyons avec les yeux des hommes, et non avec ceux des anges. — De faux messagers, dit le révérend ministre; — il a raison; le monde en est plein. — Vous les verrez porter votre secret message à la maison de votre ennemi mortel, et ils leur diront: Voyez! mon maître sort avec une suite peu nombreuse; il doit passer par tels et tels endroits écartés et isolés; dépêchez-vous, afin de lui dresser des embûches et de le tuer. — Et un autre qui sait où est caché l'ennemi de votre maison et de votre personne, au lieu d'en avertir son maître, ira porter des nouvelles à l'ennemi de celui-ci dans sa retraite, et lui dira: Voyez! mon maître connait votre demeure secrète; levez-vous et fuyez, de peur qu'il ne tombe sur vous comme un lion sur sa proie. — Mais cela se passera-t-il sans punition? ajouta-t-il en jetant sur Wildrake un regard qui le fit frémir; non, sur la vie de mon ame, et sur celui qui m'a donné l'autorité dans Israël, — ces faux messagers seront attachés à des gibets sur le bord de la route, et leur main droite sera étendue pour montrer aux autres le chemin dont ils se sont écartés.

— Certainement, dit maître Holdenough, c'est justice de punir de pareils coupables.

— Grand merci, Mass-John, pensa Wildrake; mais quand un Presbytérien a-t-il manqué de donner un coup de main au diable?

— Mais j'ajoute, continua Holdenough, que ceci est étranger à ce que je disais; car les faux frères dont je vous parle sont.....

— C'est cela même, dit Cromwell, sont de notre propre maison. Le brave homme a encore une fois raison. — Oui, de qui pouvons-nous dire aujourd'hui qu'il est un véritable frère, quoiqu'il soit le fruit des mêmes entrailles? — Quoique nous ayons uni nos efforts pour la même cause, mangé à la même table, combattu côte à côte, adoré le même trône de merci, nous ne trouverons pas de vérité en lui. — Ah, Markham Everard, Markham Everard!

Il se tut après cette exclamation, et Everard, désirant savoir sur-le-champ jusqu'à quel point il était compromis, répliqua : — Votre Excellence semble avoir dans l'esprit quelque chose qui me concerne. Puis-je la prier de s'expliquer, afin que je puisse savoir de quoi je suis accusé?

— Ah, Markham, Markham! répondit le général; l'accusateur n'a pas besoin de parler quand la conscience élève la voix en nous. — Ne vois-je pas la sueur sur ton front, Markham Everard? — N'y a-t-il pas du trouble dans tes yeux? — Tous tes membres ne sont-ils pas agités? — Et qui a jamais vu de pareilles choses dans le noble et brave colonel Everard, dont le front était à peine humide, après avoir porté le casque pendant une longue journée d'été, — lui dont la main tremblait à peine après avoir manié une épée pesante pendant plusieurs heures. — Mais allons, Everard, tu ne mets pas assez de confiance en moi. N'as-tu pas été pour moi comme un frère? — Ne te pardonnerais-je pas même la soixante-dix-septième fois? — Le drôle qui devrait nous avoir déjà rendu à présent un service de haute importance s'amuse je ne sais où. Profite de son absence, Markham; c'est une grace que Dieu t'accorde contre ton attente. — Je ne te dis pas, tombe à mes pieds; je te dis, parle-moi comme un ami à son ami.

— Je n'ai jamais dit à Votre Excellence rien qui fût indigne du titre qu'elle a bien voulu me donner, répondit Everard avec fierté.

— Je ne dis pas cela, Markham, répliqua Cromwell; mais..... mais vous auriez dû, colonel, vous souvenir du message que je vous ai envoyé par cet homme. — Et en même temps il montra Wildrake. — Et comment votre conscience a-t-elle pu vous permettre, après avoir reçu un message fondé sur de si puissantes raisons, d'expulser mes amis de Woodstock, déterminé, comme vous l'étiez, à me traverser dans mes vues? Comment avez-vous pu profiter d'une grace, sans remplir les conditions auxquelles je vous l'avais accordée?

Everard allait répondre, quand, à sa grande surprise, Wildrake s'avança avec un air et un regard qui n'avaient plus rien de sa nonchalance ordinaire, et qui semblaient même armés de dignité. — Vous vous trompez, maître Cromwell, dit-il avec autant de calme que de hardiesse ; vous n'adressez pas vos reproches à celui qui les mérite.

Ce discours inattendu fut prononcé d'un ton si intrépide que Cromwell fit un pas en arrière, et, par un mouvement involontaire, avança la main vers la garde de son épée, comme s'il eût cru qu'un propos si audacieux devait être suivi de quelque acte de violence. Cependant il reprit sur-le-champ une attitude d'indifférence ; mais, courroucé d'un sourire qu'il aperçut sur les lèvres de Wildrake, il lui dit avec la dignité d'un homme accoutumé depuis long-temps à voir tout trembler devant lui.

— Est-ce à moi que ce discours s'adresse, camarade? Sais-tu à qui tu parles?

— Camarade! répéta Wildrake, dont l'humeur insouciante avait complètement repris le dessus ; je ne suis pas votre camarade, maître Olivier. J'ai vu le temps où Roger Wildrake de Squattlesea-Mere, comté de Lincoln, jeune, bien fait, et propriétaire d'un beau domaine, n'aurait pas voulu passer pour compagnon du brasseur banqueroutier d'Huntingdon.

— Silence, Wildrake! dit Everard ; silence, si tu tiens à la vie!

— Je ne tiens pas plus à la vie qu'à un maravédis, répliqua Wildrake. D'ailleurs, ventrebleu! si ce que je dis lui déplaît, qu'il dégaîne. — Je sais, après tout, qu'il a de bon sang dans les veines, et je suis prêt à en détacher avec lui dans la cour, quand il aurait été dix fois brasseur.

— Je traite ces propos grossiers avec le mépris qu'ils méritent, dit Olivier. Mais si tu as quelque chose à dire sur l'objet dont il s'agit, explique-toi en homme, quoique tu aies plutôt l'air d'une brute.

— Tout ce que j'ai à dire, répondit Wildrake, c'est que, quoique vous reprochiez à Everard d'avoir profité de la grace que vous lui aviez accordée, pour me servir de vos termes, il ne savait pas un mot des infames conditions que vous y aviez attachées. — J'ai eu grand soin de ne pas l'en instruire, c'est donc sur moi que vous devez exercer votre vengeance, si cela peut vous plaire.

— Est-ce à moi que tu oses parler ainsi, esclave? s'écria Cromwell réprimant pourtant encore avec soin une colère qu'il allait faire tomber sur un objet qu'il en jugeait indigne.

— Oui, vous ferez de chaque Anglais un esclave, si vous réussissez dans vos projets, dit Wildrake sans être le moins du monde intimidé, car l'espèce de crainte dont il avait été saisi quand il s'était trouvé tête à tête avec cet homme remarquable s'était complètement évanouie maintenant qu'il lui parlait en présence de témoins. Mais faites ce qu'il vous plaira, maître Olivier; je vous en avertis d'avance, l'oiseau est envolé.

— Tu n'oserais me le dire en face! s'écria Cromwell. — Il serait échappé! — holà! Pearson! qu'on monte à cheval sur-le-champ! — Échappé! — c'est un mensonge! — d'où? — pour aller où?

— Où? — c'est là la question, dit Wildrake, car voyez-vous, monsieur, qu'on s'en aille de quelque part, c'est un fait certain, mais où va-t-on.....

Il fit une pause d'un instant, et Cromwell était tout attention, espérant que l'impétuosité de l'insouciant

Cavalier lui donnerait, sans le vouloir, quelque renseignement utile sur la route que Charles pouvait avoir prise.

— Mais où va-t-on, répéta Wildrake, c'est ce qu'il faut que maître Olivier tâche de découvrir lui-même.

En prononçant ces derniers mots, il tira sa rapière, et en porta un coup furieux à Cromwell. Si la lame n'eût trouvé d'autre obstacle qu'un justaucorps de buffle, il est probable que la carrière du général se serait terminée à Woodstock. Mais la crainte de pareilles entreprises contre sa vie faisait que Cromwell portait sous ses vêtemens une cotte de mailles faite d'anneaux de l'acier le mieux trempé, mais si légère et si flexible qu'elle se prêtait à tous les mouvemens de son corps. Cette précaution lui sauva la vie en ce moment, car la rapière se brisa en morceaux, et Wildrake, retenu alors par Everard et Holdenough, en jeta la poignée par terre avec dépit en s'écriant : — Maudite soit la main qui t'a forgée ! — M'avoir servi si long-temps, et me trahir au moment où tu pouvais nous faire honneur à tous deux ! — Mais que pouvait-on attendre de toi, depuis que tu avais été dirigée, même en plaisantant, contre un docte ministre de l'Église anglicane ?

Dans le premier moment d'alarme, et craignant peut-être que Wildrake n'eût quelque complice, Cromwell tira à demi de son sein un pistolet qui y était caché; mais il l'y remit sur-le-champ en voyant qu'Everard et le ministre tenaient chacun un bras du Cavalier.

Pearson accourut au bruit avec deux soldats. — Arrêtez ce drôle ! dit le général avec le ton d'indifférence d'un homme à qui les dangers étaient trop familiers pour exciter sa colère ; — garottez-le, — mais pas si serré, Pearson; — car les soldats, pour montrer leur zèle, serraient de toute leur force autour des membres de Wildrake leurs ceinturons dont ils se servaient, à défaut de cordes, pour le lier. — Il a voulu m'assassiner, continua Cromwell, — mais je veux le réserver pour le sort qu'il mérite.

— Assassiné! répéta Wildrake; — je méprise vos paroles, maître Olivier; je vous ai offert le combat corps à corps.

— Le fusillerons-nous dans la rue pour l'exemple? — demanda Pearson pendant qu'Everard cherchait à empêcher Wildrake d'aggraver encore le courroux du général.

— Sur votre vie, respectez la sienne, dit Cromwell, — contentez-vous de le placer en lieu de sûreté, et sous bonne garde.

Pendant ce temps, le prisonnier s'écriait en s'adressant à Everard : — Ne me tourmente pas davantage! je ne suis plus à ton service ni à celui de personne, et je suis aussi prêt à mourir que je l'ai toujours été à boire un verre de vin. — Et en parlant de cela, maître Olivier, vous qui avez été autrefois un joyeux gaillard, ordonnez donc à une de vos écrevisses (1) d'approcher de mes lèvres ce pot d'ale, et Votre Excellence aura une santé, une chanson, et..... et un secret.

— Déliez-lui un bras, dit Cromwell, et donnez-lui ce qu'il demande. — Tant qu'il existera, ce serait une honte de lui refuser l'élément qui le fait vivre.

— Pour cette fois, que la bénédiction du ciel tombe sur votre tête ! dit Wildrake dont l'unique but, en

(1) Désignant ainsi les soldats en uniforme rouge. — Éd.

prolongeant cette conversation étrange, était de gagner du temps, car chaque instant était précieux; — vous avez brassé autrefois de bonne bière, et cela doit vous valoir une bénédiction. — Maintenant voici la santé et la chanson, car elles marchent ensemble :

> Fils d'une sorcière infidèle,
> Puisses-tu quelque jour crever dans un bourbier,
> Et pourrir sur un vil fumier
> Aussi bien que quiconque épouse ta querelle !
> Tandis que tout Anglais boira
> A la santé du roi, quand Charles reviendra.

A présent il faut que je vous apprenne mon secret, pour que vous ne m'accusiez pas d'être parti sans payer mon écot, car je doute que vous preniez pour argent comptant ma chanson et ma santé. Eh bien ! maître Cromwell, mon secret..... c'est que..... l'oiseau est envolé, et que votre nez rouge sera aussi blanc que le linceul qui vous servira un jour, avant que vous puissiez flairer de quel côté il a pris son vol.

— Drôle ! dit Cromwell d'un ton méprisant, garde tes plaisanteries pour le gibet.

— Je regarderai le gibet avec plus de hardiesse, répondit Wildrake, que vous n'en avez montré quand je vous ai vu regarder le portrait du roi martyr.

Ce reproche piqua Cromwell au vif. — Misérable ! s'écria-t-il. — Pearson, emmenez-le; faites sortir un piquet, et..... mais non, non; pas à présent. — Qu'il soit bien enfermé, bien surveillé, et qu'on le bâillonne, s'il tente de parler aux sentinelles, — ou plutôt qu'on mette près de lui une bouteille d'eau-de-vie, et je réponds qu'il se bâillonnera lui-même à sa manière. —

Quand le jour sera venu, il sera bâillonné à la mienne, afin qu'il serve d'exemple.

Pendant les diverses pauses que le général mettait entre ses ordres, il était évident qu'il parvenait à maîtriser son courroux ; et quoiqu'il fût en fureur en commençant à parler, il finit son discours avec le ton méprisant d'un homme qui se regarde comme bien au-dessus des propos insultans d'un inférieur. Cependant un nuage semblait encore planer sur son esprit, car il restait debout et immobile, comme s'il eût pris racine au lieu où il était, les yeux fixés sur le plancher, et sa main droite pressée sur ses lèvres, en homme qui réfléchit profondément. Pearson, qui avait à lui parler, se retira en arrière, et fit un signe pour indiquer qu'on gardât le silence.

Maître Holdenough ne vit pas ce signe, ou ne crut pas devoir y obéir. S'approchant du général, il lui dit d'un ton respectueux mais ferme : — Ai-je bien compris que l'intention de Votre Excellence est que ce pauvre homme périsse demain matin ?

— Comment ? s'écria Cromwell sortant de sa rêverie, que dis-tu ?

— Je prends la liberté, répondit le ministre, de vous demander si votre volonté est que ce malheureux meure demain.

— De qui parles-tu ? demanda Cromwell. — De Markham Everard ? — Ne dis-tu pas qu'il doit mourir demain ?

— A Dieu ne plaise ! s'écria Holdenough en faisant un pas en arrière. Je vous demandais si cet homme égaré, ce Wildrake, devait être si soudainement retranché du nombre des vivans.

— Oui, oui ! répondit Cromwell, quand l'assemblée générale du chapitre de Westminster et tout le sanhédrin des Presbytériens m'offriraient de lui servir de caution.

— Si vous ne revenez pas là-dessus, monsieur, reprit Holdenough, du moins ne donnez pas à ce pauvre homme les moyens d'abrutir sa raison. Permettez-moi de le suivre, de veiller avec lui, et de tâcher de le faire admettre dans la vigne, quoique à la dernière heure du jour. — Oui, de le ramener dans le bercail (quoiqu'il ait négligé d'écouter la voix du pasteur), jusqu'à ce que le temps soit fermé pour lui.

— Pour l'amour du ciel, général, dit Everard, qui avait gardé le silence jusqu'alors, parce qu'il connaissait mieux l'humeur de Cromwell en pareilles occasions, réfléchissez mieux à ce que vous faites.

— Est-ce à toi à me donner des leçons? dit Cromwell; pense à tes propres affaires, et crois-moi, elles auront besoin de tout l'esprit que tu peux avoir. — Quant à vous, monsieur, ajouta-t-il en s'adressant à Holdenough, je n'ai pas besoin de pères confesseurs auprès de mes prisonniers; — je ne veux point de rapporteurs de ce qui se passe dans l'école. Si le drôle a soif de consolations spirituelles, — et je crois qu'il aura plutôt soif de deux pintes d'eau-de-vie, le caporal Humgudgeon, qui commande le corps-de-garde, prêchera et priera aussi bien que le plus savant de vous tous. — Mais ce délai est insupportable, Pearson ! ce drôle n'est-il pas encore venu ?

— Non, général, répondit Pearson. Ne ferions-nous pas mieux de nous rendre à la Loge sans l'attendre? La nouvelle que nous sommes ici peut y arriver avant nous.

— C'est la vérité, dit Cromwell parlant à part à l'officier; mais tu sais que Tomkins nous a recommandé de n'en rien faire, attendu qu'il y a dans cette vieille maison tant de poternes, tant d'entrées et d'issues secrètes, qu'elle ressemble à un clapier de lapins, et qu'on pourrait en sortir en dépit de toutes nos précautions, à moins qu'il ne soit avec nous pour nous montrer toutes les portes qu'il faut garder. Il nous a dit aussi qu'il pourrait être en retard de quelques minutes pour venir nous joindre; mais voilà une demi-heure que nous l'attendons.

— Votre Excellence croit-elle pouvoir compter entièrement sur Tomkins? demanda Pearson.

— Autant que son intérêt l'exige, très-certainement, répondit Cromwell. Il a toujours été l'instrument dont je me suis servi pour connaître le secret des complots, et particulièrement de ceux de Rochecliffe, qui est assez oison pour s'imaginer qu'un drôle comme Tomkins n'est pas à vendre au plus offrant. — Cependant il commence à être tard; je crains que nous ne soyons obligés d'aller à la Loge sans lui; mais, tout bien considéré, j'attendrai ici jusqu'à minuit. — Ah! Everard, si tu le voulais, tu pourrais nous tirer d'embarras; quelques principes ridicules, quelques préjugés fantasques ont plus de pouvoir sur ton esprit que le désir de la pacification et du bonheur de l'Angleterre, et que la foi que tu dois à ton ami, à ton bienfaiteur, qui veut toujours l'être, et qui assurera la fortune et la sécurité de tous tes parens. Tout cela est-il pour toi plus léger dans la balance que la cause d'un indigne jeune homme qui, avec son père et la maison de son père, trouble Israël depuis cinquante ans?

— Je ne comprends pas Votre Excellence, je ne conçois pas quel est le service dont elle veut parler, et que je puisse lui rendre honorablement ; car je regretterais de l'entendre me demander quelque chose qui ne serait pas d'accord avez mon honneur.

— Ce que j'ai à te demander peut s'accorder avec ton honneur ou ton humeur scrupuleuse, n'importe le nom que tu veuilles lui donner. — Tu connais sans doute toutes les secrètes issues de ce palais de Jézabel qui est là-bas, il ne s'agit que de me montrer les points qu'il est nécessaire de garder, pour empêcher que personne n'en sorte.

— Je ne puis vous aider en cela, général. Je ne connais pas toutes les sorties secrètes de Woodstock, et quand je les connaîtrais, ma conscience ne me permettrait pas de vous les indiquer.

— Nous les trouverons sans vous, monsieur, dit Cromwell avec hauteur, et s'il se découvre dans la Loge quelque chose contre vous, souvenez-vous que vous avez perdu tout droit à ma protection.

— Je serais fâché de perdre votre amitié, général, mais je crois que ma qualité d'Anglais me dispense d'avoir besoin de la protection de qui que ce soit. Je ne connais aucune loi qui m'oblige à jouer le rôle d'espion ou de délateur, quand même je serais en état de remplir l'une ou l'autre de ces fonctions honorables.

— Eh bien, monsieur, répondit Cromwell, avec toutes vos qualités et vos privilèges, je prendrai la liberté de vous emmener cette nuit à la Loge de Woodstock, où je vais faire une enquête sur des affaires qui intéressent l'État. — Approche, Pearson. Il prit dans sa poche un papier sur lequel était grossièrement tracé le plan de la Loge de Woodstock, et des diverses avenues qui y conduisaient. — Regarde bien cela, lui dit-il; il faut que nous marchions à pied, en deux détachemens séparés et dans le plus grand silence. — Tu avanceras vers les derrières de cette vieille demeure d'iniquité avec quarante hommes, et tu les posteras tout autour aussi bien que tu le pourras. Prends avec toi ce révérend presbytérien; dans tous les cas, il faut s'assurer de sa personne, et d'ailleurs, il peut te servir de guide. — Moi j'occuperai le devant de la Loge; et quand tous les terriers seront fermés de cette manière, tu viendras prendre mes ordres. — Silence et promptitude! — Quant à ce chien de Tomkins, qui m'a manqué de parole, il faudra qu'il m'en donne de bonnes raisons, ou malheur au fils de son père! — Révérend, ayez la bonté d'accompagner cet officier. — Colonel Everard, suivez-moi; mais d'abord remettez votre épée au capitaine Pearson, et regardez-vous comme aux arrêts.

Everard remit son épée à Pearson sans prononcer un seul mot, et, avec le pénible pressentiment de quelque grand malheur, suivit le général républicain, se soumettant à des ordres auxquels il aurait été inutile de vouloir résister.

CHAPITRE XXXI.

« Ah! mon fils, s'il était ici,
» Saurait ce que cela veut dire ! »
Mais tandis qu'il parlait ainsi,
Un page arrive et vient l'instruire :
» — J'ai vu, dit-il, plusieurs soldats
» Là-bas, près de la Grosse-Épine ;
» Vers ces lieux ils portent leurs pas,
» En conjurant votre ruine. »

HENRY MACKENZIE.

La petite compagnie qui se trouvait à la Loge était réunie pour le souper le même jour à huit heures du soir. Sir Henry Lee, oubliant les alimens qui étaient placés sur la table, était debout près de la cheminée, et lisait une lettre, à la clarté d'une lampe avec une attention mélancolique.

— Mon fils vous donne-t-il plus de détails qu'à moi, docteur Rochecliffe? demanda le chevalier. Il dit seulement ici qu'il arrivera probablement cette nuit, et que maitre Kerneguy doit être prêt à partir avec lui sur-le-champ. Que peut signifier une telle hâte? avez-vous entendu dire qu'on cherche à tourmenter de nouveau les pauvres royalistes? Je voudrais qu'il me fût permis, ne fût-ce que pour un jour, de jouir tranquillement de la société de mon fils.

— La tranquillité qui dépend de la tolérance des méchans, répondit Rochecliffe, doit se compter, non par jours, non par heures, mais par minutes. Le sang dont ils se sont gorgés à Worcester les a rassasiés un moment; mais je crois que la soif leur est déjà revenue.

— Vous avez donc reçu des nouvelles qui vous l'apprennent?

— Votre fils m'a écrit par le même courrier. Il manque rarement de le faire, sachant de quelle importance il est que j'apprenne tout ce qui se passe. Il a trouvé sur la côte des moyens pour quitter le royaume, et maitre Kerneguy doit se trouver prêt à partir avec lui à l'instant même de son arrivée.

— Cela est fort étrange. Pendant quarante ans, dans ma jeunesse et dans mon âge mûr, le seul embarras qu'on eût ici était de savoir comment on passerait le temps; et si je n'avais pas imaginé quelque chasse au tir ou au vol, ou quelque autre amusement semblable, je serais resté ici sur mon fauteuil aussi tranquille qu'une marmotte endormie d'un bout de l'année à l'autre; maintenant je suis comme un lièvre en son gîte, n'osant dormir que les yeux ouverts, et fuyant au moindre souffle qui agite la fougère.

— Il est singulier, docteur Rochecliffe, dit Alice, que le secrétaire Tête-Ronde ne vous en ait rien dit. Il est assez communicatif sur tout ce qui se passe dans son parti, et je vous ai vu ce matin lui parler de très-près.

— Je le verrai encore de plus près ce soir, répondit le docteur d'un air sombre; mais il ne jasera pas.

— Je vous engage à ne pas lui accorder trop de confiance, ajouta Alice. Quant à moi, la figure de cet homme, malgré toute sa finesse, me paraît avoir une expression tellement sinistre que je crois lire le mot trahison sur son front.

— Soyez tranquille; — on y a mis bon ordre, répondit le docteur avec le même ton lugubre et solennel. Personne ne lui répondit. On aurait dit qu'un froid glacial causé par l'inquiétude et la crainte avait saisi tout à coup toute la compagnie; comme on voit des hommes que leur tempérament rend plus susceptibles de l'influence électrique éprouver des sensations particulières à l'approche d'un orage.

Le monarque déguisé, qui venait d'apprendre qu'il fallait qu'il fût prêt à quitter son asile au premier avis, avait sa part de la mélancolie de cette société. Mais il fut aussi le premier à la bannir, comme ne convenant ni à son caractère ni à sa situation. La gaieté lui était naturelle, et sa position exigeait de la présence d'esprit.

— Nous ralentissons le cours du temps, dit-il, en le passant si sérieusement. — Miss Alice, ne feriez-vous pas mieux de chanter avec moi les joyeux adieux de Patrick Carey (1)? — Quoi! vous ne connaissez point Patrick Carey, — le frère cadet de lord Falkland.

(1) Poète du temps dont sir Walter Scott a *édité* les poésies en un volume. — Éd.

— Un frère de l'immortel lord Falkland (1) composer des chansons! s'écria le docteur.

— O docteur! répondit Charles, les muses prélèvent leur dime aussi bien que l'Église, et elles ont leur part dans toutes les familles de distinction. — Vous ne savez pas les paroles, miss Alice; mais vous pourrez du moins répéter le refrain que voici :

> Allons, il faut s'expatrier !
> Adieu, séjour que je regrette ;
> Mais encore une chansonnette,
> Et puis le coup de l'étrier.

La chanson commença, mais sans gaieté. Il est tel effort pour rire qui, au lieu d'exprimer l'enjouement, n'en indique que l'absence. Charles s'interrompit au milieu de la chanson, et fit des reproches à ceux qui en répétaient le refrain.

— Ma chère miss Alice, dit-il, on dirait que vous chantez les sept psaumes de la pénitence; — et vous, docteur, vous avez l'air de réciter le service funèbre.

Le docteur se leva précipitamment de table, et s'avança vers une croisée ; car cette expression avait un rapport singulier avec la tâche dont il devait s'acquitter ce soir. Charles le regarda avec surprise ; ses périls continuels lui faisaient épier les moindres mouvemens de tous ceux qui l'entouraient. Se tournant ensuite vers

(1) Un des plus honorables caractères du royalisme anglais ; fidèle à son roi en restant fidèle aux idées libérales de sa jeunesse, et dont enfin M. de Chateaubriand (préface nouvelle de l'*Essai sur les révolutions*), a pu dire avec un légitime orgueil : « Je m'étais » battu comme Falkland dans les camps de Charles Ier. » Lord Falkland avait aussi cultivé les Muses. — Éd.

sir Henry, il lui dit : — Mon honorable hôte, pouvez-vous assigner une raison à cet accès de mélancolie qui s'est emparé de nous si étrangement?

— Non, mon cher Louis, répondit le chevalier, je n'entends rien aux fines subtilités de la philosophie. Il me serait tout aussi facile de vous dire pourquoi Bevis tourne trois fois avant de se coucher par terre. Tout ce que je puis dire, quant à moi, c'est que, si l'âge, le chagrin et l'inquiétude suffisent pour abattre un esprit naturellement jovial, ou du moins pour le faire plier de temps en temps, j'ai ma bonne part de tout cela; de sorte que je ne puis dire que si je suis triste ce n'est uniquement que parce que je ne suis pas gai. Je n'ai que trop de sujets de tristesse. — Je voudrais voir mon fils, ne fût-ce que pour une minute.

La fortune, pour cette fois, parut disposée à satisfaire les désirs du vieillard; car Albert Lee entra précisément en ce moment. Il était en habit de voyage, et paraissait avoir fait beaucoup de chemin en peu de temps. Il jeta les yeux à la hâte autour de lui en entrant, les fixa un instant sur ceux du prince déguisé, et, satisfait du regard qui répondit au sien, il s'avança vers son père, et, suivant l'usage du bon vieux temps, fléchit un genou devant lui en lui demandant sa bénédiction.

— Elle t'est due, mon fils, dit le vieillard; et une larme brilla dans ses yeux pendant qu'il appuyait la main sur les longs cheveux qui annonçaient le rang et les principes du jeune Cavalier, et qui, ordinairement peignés et frisés avec soin, tombaient alors en désordre sur ses épaules. Le père et le fils restèrent un instant dans cette attitude; mais le vieillard se leva tout à coup comme s'il avait honte de l'émotion qu'il venait de laisser paraître devant tant de témoins, et passant la main sur ses yeux à la hâte, il dit à Albert de se relever et de songer à souper : — Car j'ose dire, ajouta-t-il, que tu es venu bon train, et qu'il s'est passé du temps depuis ta dernière halte. Nous allons donc boire un coup à sa santé, si le docteur et toute la compagnie le trouvent bon. — Jocelin ! — Allons, drôle, verse-nous à boire, on dirait que tu as vu un esprit.

— Jocelin est malade par sympathie, dit Alice. Un cerf a attaqué Phœbé ce soir dans le parc, et elle a été fort heureuse que Jocelin se soit trouvé là pour le faire fuir. — Elle a eu des attaques de nerfs toute la soirée.

— La sotte ! dit le vieux chevalier. Elle, fille d'un garde forestier ! — Mais, Jocelin, si ce cerf est dangereux, il faut lui envoyer une flèche au travers du corps.

— Cela ne sera pas nécessaire, sir Henry, répondit Jocelin en balbutiant. — Il est bien tranquille à présent ; il n'en fera plus autant.

— A la bonne heure, dit le chevalier, mais prends-y garde ; songe que miss Alice se promène souvent dans le parc. Maintenant, verse à la ronde, et emplis aussi un verre pour toi, afin de calmer tes craintes. — Va, va, Phœbé n'en sera pas bien malade ; — elle a crié pour te donner le plaisir de courir à son secours. — Prends donc garde à ce que tu fais ! ne renverse pas ainsi le vin par terre ! — Allons, à la santé de notre voyageur, qui est enfin de retour parmi nous !

— Personne n'y boira plus volontiers que moi, dit le prince déguisé, prenant sans y faire attention un air de dignité qui n'était pas trop d'accord avec le rôle qu'il jouait. Mais sir Henry, qui avait conçu de l'affection pour le page supposé, malgré les singularités qu'il avait remarquées en lui, se contenta de lui faire une légère réprimande sur la liberté qu'il se permettait.

— Tu es un jeune homme jovial et de bonne humeur, Louis, lui dit-il ; mais c'est merveille de voir comme la génération actuelle transgresse les bornes du grave respect qu'on montrait si régulièrement, dans ma jeunesse, pour les personnes plus élevées en rang et en dignité. A ton âge je n'aurais pas plus osé lâcher la bride à ma langue devant un docteur en théologie, que parler dans une église pendant le service divin.

—Vous avez raison, mon père, dit Albert, se hâtant de prendre la parole ; mais maître Kerneguy a d'autant plus le droit de parler en ce moment, qu'il sait que j'ai été occupé de ses affaires comme des miennes. J'ai vu plusieurs de ses amis, et je lui apporte des nouvelles importantes.

Charles était sur le point de se lever et de prendre Albert à part pour savoir quelles nouvelles il s'était procurées, et quels arrangemens il avait pris pour assurer sa fuite du royaume. Mais le docteur Rochecliffe le tira par l'habit pour l'avertir de rester à la table, et de ne pas montrer une impatience extraordinaire, parce qu'en cas de découverte subite de sa qualité véritable, l'exaltation de sir Henry aurait pu exciter trop d'attention.

Charles se contenta donc de répondre au reproche du chevalier, qu'il avait un droit tout particulier pour faire à la hâte et sans cérémonie ses remerciemens au colonel Lee, — que la reconnaissance s'exprimait sans façon, qu'il était fort obligé à sir Henry de ses bons avis ; enfin que, n'importe quand il quitterait Woodstock, il était sûr d'en partir meilleur qu'il n'y était arrivé.

Ce discours semblait n'être adressé qu'au vieux chevalier, comme on le juge bien ; mais un regard jeté sur

Alice l'assura qu'elle avait sa bonne part du compliment.

— Je crains, ajouta le roi en se tournant vers Albert, que vous ne soyez arrivé pour me dire que notre séjour ici doit être bien court.

— Seulement de quelques heures, répondit Albert, le temps strictement nécessaire pour prendre un peu de repos et en donner à nos chevaux. Je m'en suis procuré deux qui sont excellens et à l'épreuve. — Mais le docteur Rochecliffe m'a manqué de parole. Il devait m'envoyer quelqu'un à la hutte de Jocelin où j'ai laissé les chevaux, et n'y trouvant personne, j'ai perdu une heure à en prendre soin moi-même, afin qu'ils soient en bon état demain matin, — car il faut que nous partions avant le jour.

— Je..... je..... je comptais y envoyer Tomkins, balbutia le docteur ; mais..... je.....

— Vous ne l'avez pas trouvé, ou le coquin de Tête-Ronde était ivre, je présume, dit Albert. J'en suis bien aise ; — je crains que vous n'ayez trop de confiance en lui.

— Il m'a montré de la fidélité jusqu'ici, dit le docteur, et...., et je ne crois pas qu'il puisse m'en manquer à l'avenir. — Mais Jocelin ira chez lui, et aura soin que les chevaux soient prêts de grand matin.

Jocelin montrait toujours le plus grand empressement dans tous les cas extraordinaires ; mais en cette occasion il sembla hésiter.

— Ne m'accompagnerez-vous pas un petit bout de chemin, docteur ? demanda-t-il à Rochecliffe en se collant en quelque sorte contre lui.

— Comment, drôle, fou, insensé, s'écria le chevalier ; oses-tu bien demander au docteur Rochecliffe de t'accompagner à une pareille heure! — Dehors, chien! cours à ton chenil à l'instant, si tu ne veux que je te brise le crâne.

Jocelin jeta sur le docteur un coup d'œil d'angoisse comme pour le supplier d'intervenir en sa faveur; mais comme celui-ci allait parler, on entendit un hurlement mélancolique à la porte du vestibule, et un chien y gratta, comme pour demander à entrer.

— Et qu'a donc Bevis à son tour? dit le vieux chevalier; je crois que c'est aujourd'hui la fête des fous, et que tout ce qui m'entoure perd l'esprit.

Charles et Albert interrompirent une conférence particulière qu'ils avaient ensemble, et le colonel courut à la porte du vestibule pour s'assurer par lui-même de la cause qui faisait aboyer Bevis.

— Ce n'est point une alarme, maître Kerneguy, dit sir Henry, car, en pareil cas, l'aboiement du chien est court, vif et furieux. On dit que ces hurlemens prolongés sont de mauvais augure. Ce fut ainsi qu'aboya le grand-père de Bevis pendant toute la nuit qui précéda la mort de mon pauvre père. Si c'est un présage, Dieu veuille que ce présage regarde ceux que leur âge rend inutiles au monde, et non ceux qui peuvent encore servir leur roi et leur patrie.

Tandis que le colonel Lee s'arrêtait à la porte du vestibule, pour écouter s'il n'entendrait aucun bruit au dehors, Bevis entra dans l'appartement où la compagnie était assemblée, portant quelque chose dans sa gueule, en faisant paraître, à un degré extraordinaire, ce sentiment de devoir et d'intérêt que montre souvent un chien quand il se croit chargé de quelque soin important. Il arriva donc, la queue, la tête et les oreilles basses, et marchant avec la dignité imposante et mélancolique du cheval de bataille qui suit le convoi de son maître. Il traversa la chambre de cette manière, alla droit à Jocelin, qui le regardait avec étonnement, et déposa à ses pieds ce qu'il tenait dans sa gueule, en faisant entendre un nouveau hurlement plaintif.

Jocelin se baissa, et ramassa un gant d'homme, tel que ceux que portent les soldats de la cavalerie, c'est-à-dire remontant jusqu'à la moitié de l'avant-bras pour défendre d'un coup de sabre. Mais il n'eut pas plus tôt jeté les yeux sur un objet qui n'avait rien d'extraordinaire en lui-même, qu'il le laissa retomber, fit un pas en arrière, poussa un gémissement, et manqua lui-même de se laisser choir.

— Maudit lâche! sot imbécile! s'écria le chevalier, qui avait ramassé le gant et qui l'examinait; tu mériterais d'être renvoyé à l'école, et d'être fustigé jusqu'à ce qu'on t'ait tiré du corps tout le sang poltron qui s'y trouve. — Ne vois-tu pas que ce n'est qu'un gant, idiot, et un gant diablement sale? — Un moment, j'y vois quelque chose d'écrit, — Joseph Tomkins. — Quoi! c'est ce coquin de Tête-Ronde! — J'espère qu'il ne lui est point arrivé malheur; car ce n'est pas la boue qui a sali ce gant, c'est du sang. — Bevis a peut-être mordu ce drôle, et cependant il semblait vivre en bonne intelligence avec lui. — Le cerf peut l'avoir blessé. — Allons, Jocelin, sors à l'instant, vois où il peut être, et donne du cor pour lui apprendre que tu le cherches.

— Je ne le puis, murmura Jocelin, à moins que...... et il jeta de nouveau un regard suppliant sur le docteur Rochecliffe, qui vit qu'il n'avait pas de temps à perdre pour apaiser la terreur du garde forestier, dont le ministère était très-nécessaire dans la circonstance présente. — Prépare une bêche, une pioche et une lanterne sourde, lui dit-il, et viens me joindre dans le Désert.

Jocelin se retira, et le docteur, avant de le suivre, eut quelques mots d'explication à ce sujet avec le colonel Lee : car, bien loin d'avoir l'esprit abattu par cet événement, il n'en était que plus animé, en homme dont l'élément naturel était le danger et l'intrigue.

— Il s'est passé d'étranges choses depuis votre départ, lui dit-il ; ce Tomkins s'est comporté grossièrement à l'égard de Phœbé, Jocelin et lui se sont querellés, et Tomkins est étendu mort sous les broussailles, entre le château et la fontaine de Rosemonde. — Il faut que Jocelin et moi nous allions l'enterrer sur-le-champ, de crainte qu'on ne le découvre, et que cela ne cause une alarme. D'ailleurs ce Jocelin ne sera bon à rien jusqu'à ce que le corps soit sous terre. Quoique brave comme un lion, le garde forestier a son côté faible, et il craint un mort beaucoup plus qu'un vivant.

— A quelle heure comptez-vous partir demain matin ?

— Au point du jour, et même auparavant ; mais nous nous reverrons avant notre départ. — On s'est assuré d'un navire, — j'ai des relais placés en plusieurs endroits, nous allons gagner les côtes du comté de Sussex, et je dois trouver à — une lettre qui nous informera de l'endroit précis où le bâtiment nous attend.

— Et pourquoi ne partez-vous pas sur-le-champ ?

— Nos chevaux ont besoin de repos ; ils ont fait aujourd'hui beaucoup de chemin.

— Adieu, colonel Albert ; il faut que j'aille accomplir ma tâche ; que la vôtre soit de prendre un peu de repos.

— Cacher un mort et tirer un roi de danger et de captivité dans la même nuit, c'est, je crois, ce qui n'est jamais arrivé qu'à moi. Mais quand je ne fais qu'endosser le harnois, il ne faut pas que je me vante comme si la victoire était déjà remportée.

A ces mots, il sortit de l'appartement, s'enveloppa d'un grand manteau, et se rendit dans ce qu'on appelait le Désert.

La nuit était froide ; un brouillard était suspendu sur tous les endroits bas ; mais quoique ces vapeurs couvrissent en partie les corps célestes, l'obscurité n'était pas profonde. Le docteur ne put cependant distinguer Jocelin ; mais ayant toussé deux ou trois fois, le garde forestier répondit à ce signal en laissant échapper un rayon de lumière de la lanterne qu'il portait. Guidé par la clarté qui lui annonçait la présence de son compagnon, Rochecliffe le trouva appuyé contre un arc-boutant qui avait servi autrefois à soutenir une terrasse, alors tombée en ruines. Il avait une pioche, une bêche, et portait sur son épaule une peau de daim.

— Que veux-tu faire de cette peau ? lui demanda le docteur ; qu'en as-tu besoin pour la besogne que nous avons à faire ?

— Écoutez, docteur, répondit Jocelin ; — mais autant vaut vous conter toute l'affaire. — Lui et moi, — vous savez de qui je veux parler, — nous eûmes une querelle relativement à ce daim il y a bien des années. — Quoique nous fussions grands amis, et que Philippe, avec la permission de mon maître, m'aidât de temps en temps dans mes fonctions, je savais pourtant que ce Philippe se permettait quelquefois de braconner. Les braconniers étaient hardis à cette époque, car c'était juste avant le commencement des guerres civiles, et les lois n'étaient guère respectées. — Il arriva donc, un beau jour, que je rencontrai dans le parc deux gaillards qui, s'étant noirci le visage, et portant une chemise par-dessus leurs habits, enlevaient un daim qu'ils avaient tué, — un des plus beaux daims qui fussent dans le parc. Je tombai sur eux à l'instant; l'un s'échappa, mais je saisis l'autre, et qui reconnus-je en lui? — Philippe Hazeldin. — Je ne prétends pas dire si je fis bien ou mal; mais nous étions amis, compagnons de bouteille, et je me contentai de la parole qu'il me donna de ne plus recommencer. Il m'aida à suspendre le daim à un arbre, et j'allai chercher un cheval pour le transporter à la Loge. Mais les drôles avaient été trop adroits pour moi; pendant mon absence, ils avaient écorché et dépecé le daim, et je n'en trouvai que la peau, avec un morceau de papier sur lequel était écrit :

La hanche pour toi,
La poitrine pour moi,
La peau et les cornes pour les gages du garde

J'étais bien sûr que c'était un de ces tours que Philippe aurait joués alors à tous les garçons du pays; mais j'étais tellement en colère que je fis tanner la peau du daim, et que je jurai qu'elle servirait de linceul pour lui ou pour moi. Et quoique je me sois bien souvent repenti de ce serment téméraire, docteur, vous voyez ce qui en est arrivé; — je l'avais oublié, mais le diable s'en est souvenu.

— Tu as eu tort de faire un pareil serment, dit Rochecliffe; mais tu aurais encore plus mal fait en cherchant à l'accomplir. Console-toi donc, car, dans cette malheureuse circonstance, je ne puis, d'après ce que j'ai appris de Phœbé et de toi, te blâmer d'avoir levé la main contre lui, quoique je regrette que le coup ait été fatal. Néanmoins tu n'as fait que ce que fit le grand législateur inspiré quand il vit un Égyptien maltraiter un Hébreu, si ce n'est que, dans le cas présent, il s'agissait d'une femme ; car, comme le disent les Septante, *Percussum Ægyptium abscondit sabulo* (1), ce que je t'expliquerai une autre fois. C'est pourquoi je t'exhorte à ne pas t'affliger outre mesure, parce que, quoique cet événement soit malheureux sous le rapport du temps et du lieu, cependant, d'après ce que m'a dit Phœbé des opinions de ce misérable, il aurait mieux valu qu'il eût le crâne fracassé dans son berceau que de vivre pour devenir un de ces Grindlestoniens ou Muggletoniens en qui la perfection de toutes les hérésies les plus infames et les plus blasphématoires s'unit à une pratique habituelle d'hypocrisie mensongère, capable de tromper leur maître ; oui, leur maître Satan lui-même.

— Quoi qu'il en soit, monsieur, j'espère que vous réciterez le service de l'Église sur ce pauvre homme. Ce fut son dernier désir, et il prononça votre nom en même temps, monsieur ; sans cela, je n'oserai, de toute ma vie, sortir dans l'obscurité.

— Sot imbécile ! — Mais cependant, s'il m'a nommé en mourant, s'il a désiré le service de l'Église, il peut s'être détourné du mal et avoir cherché le bien dans ses derniers instans, et si le ciel lui a accordé la grace de former une prière si convenable, de quel droit l'homme serait-il inexorable ? — Je crains seulement que le temps ne soit bien court.

(1) Il cacha sous le sable l'Égyptien mort. — Tr.

—Votre Révérence peut abréger un peu le service : à coup sûr, il ne le mérite pas tout entier ; mais, si vous n'en récitez pas quelque chose, je crois qu'il faudra que je quitte le pays. — Ses dernières paroles furent pour le demander, et je crois qu'il m'a envoyé son gant par Bevis pour m'en faire souvenir.

— Idiot ! crois-tu que les morts envoient leurs gants aux vivans comme les chevaliers dans les romans pour les appeler en duel ? Je te dis que la chose est toute naturelle. Bevis, en furetant dans le bois, aura trouvé le cadavre, et il t'a apporté son gant pour t'avertir d'aller le secourir et te conduire près de lui. — Tel est l'instinct admirable de ces animaux quand ils voient quelqu'un en danger.

— Si vous le croyez ainsi, docteur, — et dans le fait Bevis prenait quelque intérêt à lui, — pourvu que ce ne soit pas quelque chose de pire qui ait pris la forme de Bevis ; car il me semblait que ses yeux étaient fiers et sauvages, comme s'il eût voulu parler.

Tout en parlant ainsi, Jocelin se tenait en arrière, ce qui déplut au docteur.

— Avance donc, misérable poltron ! s'écria-t-il ; as-tu été soldat, brave soldat, pour avoir ainsi peur d'un homme mort ? — Je réponds que tu en as tué plus d'un à la guerre, et peut-être même quelque braconnier dans la forêt.

— Oui, répondit Jocelin ; mais ils me tournaient le dos. Je n'en ai jamais vu un tourner la tête et me regarder comme a fait celui-ci avec une expression de haine, de terreur et de reproche, jusqu'au moment où il devint froid comme glace. — Si vous n'étiez pas avec moi, et qu'il n'y allât pas de l'intérêt de mon maître, et de quelque autre encore, je ne voudrais pas jeter un regard sur lui pour tout le domaine de Woodstock.

— Il le faut pourtant, dit le docteur en s'arrêtant tout à coup. — Voici l'endroit où il est. — Avance davantage dans le taillis, — prends garde de tomber; — voici un endroit qui convient, et nous rapprocherons les ronces ensuite par-dessus la fosse.

Le docteur ne se contenta pas de donner ces ordres, il veilla à ce qu'ils fussent exécutés; et, tandis que Jocelin creusait une fosse étroite et grossière, tâche que l'état du sol, durci par la gelée et encombré de racines, rendait fort difficile, il récita quelques passages du service funéraire, autant pour apaiser la terreur superstitieuse de Jocelin que parce qu'il se croyait tenu de ne pas refuser les rites de la religion à un homme qui les avait réclamés dans ses derniers instans.

CHAPITRE XXXII.

« Habillez-vous, habillez vous, mettez vos masques. »
SHAKSPEARE, *Henry IV*.

La compagnie que nous avons laissée dans l'appartement de Victor Lee allait se séparer pour la nuit, et venait de se lever pour se souhaiter réciproquement le bonsoir quand on entendit frapper à la porte du vestibule. Albert, remplissant les fonctions de vedette, sortit pour aller voir qui pouvait frapper à une pareille heure, et invita ses compagnons à attendre sans bruit son retour.

— Qui est là ? — Que voulez-vous ? demanda-t-il en arrivant à la porte.

— C'est seulement moi, répondit une voix grêle.

— Et quel est votre nom, mon petit ami ?

— Spitfire, monsieur.

— Spitfire?

— Oui, monsieur, Spitfire. Tout le monde m'appelle ainsi, et même le colonel Everard, et cependant mon véritable nom est Spittal.

— Le colonel Everard! — Venez-vous de sa part?

— Non, monsieur, je viens de la part de maître Roger Wildrake de Squattlesea-Mere, comté de Lincoln, et j'apporte à miss Lee quelque chose que je dois lui remettre en mains propres, si vous voulez bien m'ouvrir la porte et me laisser entrer, monsieur; car je ne puis rien faire avec une planche de trois pouces entre nous.

— C'est quelque frasque de cet ivrogne enragé, dit Albert à voix basse à sa sœur, qui l'avait suivi sur la pointe des pieds.

— Ne tirons pas si vite cette conclusion, mon frère, dit Alice. La moindre bagatelle peut avoir de l'importance en ce moment.—Et qu'est-ce que m'envoie maître Wildrake, jeune homme?

— Pas grand'chose; mais il désirait tant vous l'envoyer, qu'il m'a fait descendre par la fenêtre, comme si j'eusse été un chat, pour que les soldats ne m'arrêtassent pas.

— L'entendez-vous? dit Alice à son frère; pour l'amour du ciel! ouvrez-lui la porte.

Albert, dont les soupçons étaient alors suffisamment éveillés, se hâta d'ouvrir la porte, et fit entrer le jeune homme, dont l'extérieur, semblable à celui d'un lapin vidé dans une écurie, ou d'un singe dans une foire, aurait pu fournir quelque amusement en toute autre circonstance. Le jeune messager entra dans le vestibule, et, après maintes salutations grotesques, il remit la plume de bécasse à miss Lee, avec beaucoup de cérémonie, en lui disant que c'était le prix de la gageure qu'elle avait gagnée.

— Dis-moi, mon petit homme, dit le colonel Lee, ton maître était-il gris ou dans son bon sens quand il t'a chargé d'apporter une plume à ma sœur à une pareille heure de la nuit?

— Sauf votre respect, monsieur, il était ce qu'il appelle dans son bon sens, et ce que j'appellerais un peu gris en parlant de tout autre.

— Le maudit fat! s'écria Albert. — Tiens, prends ce teston, et dis à ton maître de mieux choisir le temps et les personnes pour ses plaisanteries.

— Un moment! dit Alice; n'allons pas si vite: ceci mérite quelque attention.

— Une plume! dit Albert; que voulez-vous faire de cette plume? Le docteur Rochecliffe lui-même, qui tire la quintessence de tout, comme une pie qui tirerait le jaune d'un œuf, ne pourrait rien tirer de cela.

— Voyons donc ce que nous pourrons en tirer sans lui, répliqua Alice. Et s'adressant au jeune messager, elle ajouta: — Il y a donc des étrangers chez votre maître?

— Chez le colonel Everard, madame, ce qui est la même chose.

— Et quelle espèce d'étrangers? Des amis sans doute?

— Oui, madame, une sorte d'amis qui savent se faire bien recevoir quand l'hôte ne leur fait pas bon accueil. — Des soldats, madame.

— Sans doute ceux qui sont depuis quelque temps à Woodstock, dit Albert.

— Non, monsieur, ce sont de nouveaux venus, avec

de beaux justaucorps de buffle et des plaques d'acier sur la poitrine. Et leur commandant! ni Votre Honneur, ni madame n'ont jamais vu un homme semblable. Spitfire n'en avait jamais vu, du moins.

— Est-il grand ou petit? demanda Albert sérieusement alarmé.

— Ni l'un ni l'autre, monsieur, mais c'est un homme vigoureux, ayant les épaules larges, le nez gros et rouge, une figure à laquelle on ne se soucierait pas de dire non. Il a plusieurs officiers avec lui. — Je ne l'ai vu qu'un instant, mais je ne l'oublierai de ma vie.

— Vous aviez raison, dit le colonel à sa sœur en la tirant à part, tout-à-fait raison : l'archidiable est arrivé.

— Et la plume annonce la nécessité de la fuite, dit Alice à qui ses craintes facilitaient l'interprétation de cet emblème; et la bécasse est un oiseau de passage.

— Vous l'avez deviné, s'écria son frère; mais le temps nous presse cruellement.—Donnez à ce garçon quelque chose de plus, — une bagatelle, afin de ne pas exciter de soupçons, et renvoyez-le. — Il faut que je voie à l'instant Rochecliffe et Jocelin.

Il les chercha partout, et, ne les trouvant nulle part, il retourna promptement dans l'appartement de Victor Lee, où le page supposé, jouant toujours le rôle de Louis Kerneguy, cherchait à amuser le vieux chevalier, qui, tout en riant de ses saillies, avait grande envie de savoir ce qui se passait dans le vestibule.

— Qu'y a-t-il donc, Albert? demanda le vieillard. Qui est venu à la Loge à une heure si indue? Pourquoi en a-t-on ouvert la porte? Je n'entends pas que mes arrangemens domestiques et les règlemens que j'ai établis pour la tenue de cette maison soient enfreints parce que je suis vieux et pauvre. — Pourquoi ne me répondez-vous pas? — Qu'avez-vous à causer tout bas avec maître Kerneguy, sans que ni l'un ni l'autre vous fassiez attention à mes paroles? — Ma fille Alice, aurez-vous assez de jugement et de civilité pour me dire qui a été reçu ici à une pareille heure contre la teneur générale de mes ordres ?

— Personne, mon père, répondit Alice; c'est un enfant qui a apporté un message,—un message qui paraît alarmant.

— La seule crainte, mon père, ajouta Albert en s'avançant vers lui, c'est qu'au lieu de rester avec vous jusqu'à demain, comme nous nous le proposions, nous ne soyons obligés de vous faire nos adieux à l'instant même.

— Non, mon frère, dit Alice; il faut que vous restiez et que vous aidiez à défendre le château. — Si vous disparaissez tous deux, la poursuite commencera sur-le-champ, et réussira probablement; mais, si vous restez, Albert, la recherche dans tous les endroits secrets de cette maison prendra quelque temps.—Et vous pouvez aussi changer d'habits avec maître Kerneguy.

— Bien dit, ma noble sœur, s'écria Albert; — excellente idée.—Oui, Louis, je reste ici comme Louis Kerneguy, et vous allez partir comme maître Albert Lee.

— Je ne trouve pas que cela soit juste, dit Charles.

— Ni moi, dit le vieux chevalier. — On va, on vient, on fait des projets, on les change, tout cela dans ma propre maison et sans me consulter!—Qui est ce maître Kerneguy, et qu'est-il pour moi pour que mon fils reste ici et coure le risque de tout ce qui pourra lui arriver, tandis que ce jeune page écossais s'échappera sous les vêtemens d'Albert?—Je ne souffrirai pas qu'un tel projet s'exécute, quand ce serait un fil de la toile d'araignée la plus déliée qui ait jamais été tissée dans le cerveau du docteur Rochecliffe. — Je ne vous veux pas de mal, Louis; vous êtes un aimable garçon; mais en tout ceci j'ai été traité un peu trop légèrement.

— Je pense tout-à-fait comme vous, sir Henry, répondit Charles; vous avez été payé de votre hospitalité par un manque de confiance, tandis qu'il aurait été impossible de mieux la placer. Mais le moment est venu où je dois vous dire, en un mot, que je suis cet infortuné Charles Stuart dont le destin fut de causer la ruine de ses meilleurs amis, et dont le séjour actuel dans votre famille menace d'y attirer la désolation et la destruction.

— Maître Louis Kerneguy, s'écria le vieux chevalier avec colère, je vous apprendrai à savoir distinguer à qui vous pouvez adresser des plaisanteries si déplacées. Il ne me faudrait pas une bien forte provocation pour me faire désirer de tirer une palette de sang à un malappris comme vous.

— Modérez-vous, mon père, pour l'amour du ciel, dit Albert; c'est bien véritablement LE ROI qui est devant vous; et sa personne est dans un tel danger que chaque instant que nous perdons peut amener une catastrophe fatale.

— Juste ciel! s'écria sir Henry en joignant les mains et en se levant pour se jeter aux pieds du roi; mes désirs les plus ardens sont-ils donc accomplis, et le sont-ils de manière à me faire regretter qu'ils l'aient jamais été!

Il essaya de fléchir le genou devant le roi, lui baisa la main, pendant que de grosses larmes coulaient de ses yeux, et lui dit :—Pardon, mylord,—Votre Majesté, je veux dire,— permettez-moi de m'asseoir un instant en votre présence, jusqu'à ce que mon sang coule plus librement dans mes veines, et alors.....

Charles releva son vieux et fidèle sujet, et même en ce moment d'inquiétude, de crainte et de danger, il voulut le reconduire lui-même à son fauteuil, sur lequel il se laissa tomber dans un état d'épuisement complet, sa tête penchée sur sa longue barbe blanche, qui se mêlait avec ses cheveux argentés. Pendant ce temps Albert et Alice continuaient de presser le roi de partir à l'instant même.

—Vous trouverez les chevaux, dit Albert, à la chaumière du garde forestier ; le premier relais n'est qu'à dix-huit ou vingt milles, et si les chevaux peuvent vous conduire jusque-là.....

—Mais après tout, dit Alice, ne vaudrait-il pas mieux se fier aux appartemens secrets du château, qui sont si nombreux, si bien cachés ; — l'appartement du docteur Rochecliffe, par exemple, et d'autres encore plus difficiles à trouver ?

— Hélas ! répondit Albert, tout ce que j'en sais, c'est qu'ils existent. Mon père avait prêté serment de ne les faire connaître qu'à une seule personne, et il avait choisi Rochecliffe.

—Je préfère la liberté des champs à la meilleure cachette de toute l'Angleterre, dit le roi ; si je pouvais trouver le chemin de la chaumière où sont les chevaux, je verrais quels argumens le fouet et l'éperon pourraient employer pour les faire arriver promptement au rendez-vous où je dois rencontrer sir John Acland et des montures fraîches.—Partez avec moi, colonel Lee, et courons ventre à terre.—Les Têtes-Rondes nous ont battus en bataille rangée ; mais s'il s'agit d'une course à pied ou à cheval, je crois pouvoir les battre à mon tour.

—Mais en ce cas, dit Albert, nous perdons tout le temps qu'on pourrait gagner en défendant le château. Personne n'y restera que mon pauvre père; et, d'après l'état où vous le voyez, il est incapable de rien faire. Nous serons poursuivis à l'instant par des chevaux frais, et les nôtres sont fatigués.—Ah! où est ce misérable Jocelin?

—Et le docteur Rochecliffe, s'écria Alice, où peut-il être, lui qui est toujours si disposé à donner des avis? où peuvent-ils être allés tous deux?—Ah! si mon père pouvait sortir de cette stupeur?

—Votre père n'est point en stupeur, miss Lee, dit sir Henry en se levant et en s'avançant vers eux, comme s'il eût recouvré toute l'énergie de la maturité de l'âge; je ne faisais que recueillir mes pensées; la présence d'esprit manquera-t-elle à un Lee quand son roi a besoin d'aide ou de conseils? Il commença alors à parler avec la précision et la fermeté d'un général qui est à la tête d'une armée et qui ordonne tous les mouvemens d'attaque et de défense, plein de calme lui-même, mais avec cette énergie qui force l'obéissance, et l'obéissance empressée, de tout ce qui l'entoure.—Ma fille, dit-il, éveillez dame Jellicot;—que Phœbé se lève, fût-elle à la mort, et qu'on ferme avec soin toutes les portes et toutes les fenêtres.

—C'est une précaution qu'on a prise régulièrement depuis que Sa Majesté a honoré cette maison de sa présence, répondit Alice; mais je vais faire faire une nouvelle visite partout.

Elle sortit pour donner les ordres nécessaires, et revint presque au même instant.

Sir Henry continua avec le même ton de vivacité et de résolution : — Où est placé votre premier relais, Albert?

—A Rothebury, par Henley, chez Gray, répondit Albert. Sir John Acland et le jeune Knolles doivent y tenir des chevaux prêts; mais comment y arriver avec les nôtres, qui sont épuisés?.....

—Fiez-vous à moi pour cela, répondit le chevalier, et il continua avec le même ton d'autorité: —Il faut que Votre Majesté se rende sur-le-champ à la cabane de Jocelin, où elle trouvera des chevaux et par conséquent des moyens de fuite. En nous servant avec adresse des passages et appartemens secrets de ce château, nous pouvons tenir en haleine ces chiens de rebelles deux ou trois bonnes heures. — Je crains bien que Rochecliffe ne soit entre leurs mains; il aura été trahi par son indépendant. — Plût au ciel que j'eusse mieux jugé le misérable! j'aurais employé contre lui le fer émoulu, comme dit Will. — Quant à un guide, lorsque vous serez à cheval, vous trouverez la cabane de Martin le verdier (1) à un demi-trait de flèche de celle de Jocelin. Il a une vingtaine d'années de plus que moi, mais il est vert comme un vieux chêne; rendez-vous chez lui, et qu'il coure avec vous comme pour la vie ou la mort. Il vous conduira à votre relais, car il n'y a pas un renard qui se soit jamais terré dans le bois qui connaisse si bien le pays à sept lieues à la ronde.

(1) Le chef des gardes forestiers. — Éd.

— Excellent! mon père, excellent! s'écria Albert. J'avais oublié le verdier Martin.

— Oui, dit le vieux chevalier, la jeunesse oublie. — Pourquoi faut-il que les membres manquent quand la tête, qui peut les diriger, arrive peut-être à son point de perfection?

— Mais, dit le roi, des chevaux fatigués! Ne pourrions-nous nous en procurer d'autres?

— Impossible à cette heure de la nuit, répondit sir Henry. Mais des chevaux fatigués peuvent rendre de bons services en sachant s'y prendre. Il courut au secrétaire qui était dans l'embrasure d'une croisée, et chercha à la hâte quelque chose dans les tiroirs qu'il ouvrit les uns après les autres.

— Nous perdons du temps, mon père, dit Albert craignant que l'intelligence et l'énergie que le vieillard venait de montrer ne fussent que l'éclat passager d'une lampe prête à s'éteindre.

— Silence, jeune homme! lui répondit son père d'un ton sévère; devez-vous me parler ainsi en présence de Sa Majesté? — Sachez que, quand toutes les Têtes-Rondes qui ne sont pas encore dans l'enfer seraient autour de Woodstock, j'en pourrais faire sortir l'espoir de l'Angleterre d'une manière dont le plus fin d'entre eux ne pourrait se douter. — Alice, ma chère enfant, ne me faites pas de questions; — courez à la cuisine, et rapportez-moi une couple de tranches de bœuf ou plutôt de venaison : — coupez-les longues et minces, — me comprenez-vous?

— C'est de l'égarement d'esprit, dit Albert à part au roi; nous lui faisons injustice, et nous risquons de nuire à la sûreté de Votre Majesté en l'écoutant.

— Je pense autrement, dit Alice, et je connais mon père mieux que vous.

Et à ces mots elle sortit pour aller exécuter ses ordres.

— Je pense comme votre sœur, dit Charles. En Écosse, les ministres presbytériens, quand ils tonnaient dans leurs chaires contre mes péchés et ceux de ma maison, prenaient la liberté de m'appeler en face Jéroboam, Roboam ou quelque nom semblable, parce que je suivais les avis de jeunes conseillers. — Corbleu! pour cette fois, je suivrai celui de la barbe grise, car jamais je n'ai vu plus d'intelligence et moins d'indécision que sur les traits de ce noble vieillard.

Sir Henry avait alors trouvé ce qu'il cherchait. — Dans cette boîte d'étain, dit-il, sont six petites boules composées d'épices et de médicamens choisis, d'une vertu fortifiante. En lui en donnant une d'heure en heure, enveloppée dans une tranche de bon bœuf ou de venaison, un cheval qui a quelque feu courra cinq heures de suite, à raison de quinze milles par heure, et s'il plaît à Dieu, le quart de ce temps suffira pour mettre Votre Majesté en sûreté. — Le reste pourra vous servir en quelque autre occasion. — Martin sait comment les administrer. Les chevaux fatigués d'Albert, si vous les ménagez pendant dix minutes, seront en état de dévorer le chemin, comme le dit le vieux Will. — Ne perdez pas de temps en discours, Sire; Votre Majesté me fait trop d'honneur en acceptant ce qui lui appartient. — Maintenant, Albert, voyez si la côte est sûre, et en ce cas que Sa Majesté parte sur-le-champ. — Nous jouerons mal nos rôles si quelque corsaire lui donne la chasse pendant ces deux heures qui restent de la nuit au jour. — Passez dans ma chambre à coucher pour changer d'habits, comme vous vous le proposiez; cela peut aussi avoir son utilité.

—Mais, mon bon sir Henry, dit Charles, votre zèle oublie un point principal. Il est bien vrai que je suis venu de la cabane du garde forestier dont vous parlez en ce château; mais c'était en plein jour, et j'avais un guide. Jamais je n'en trouverai le chemin, seul et dans l'obscurité. —Je crois qu'il faut que vous permettiez au colonel de m'accompagner, — et je vous prie, je vous commande de ne vous exposer à aucun risque en cherchant à défendre cette maison. Mettez seulement tout le délai que vous pourrez à en montrer les endroits secrets.

— Comptez sur moi, Sire, répondit sir Henry. Mais il faut qu'Albert reste ici. Alice conduira Votre Majesté, en place de son frère, à la hutte de Jocelin.

— Alice! répéta Charles en reculant de surprise. Quoi! par une nuit si obscure,—et,—et…… Il jeta un coup d'œil sur Alice qui était alors de retour dans l'appartement, et vit dans ses regards du doute et de l'appréhension, — symptôme qui lui faisait connaître que la réserve à laquelle il avait soumis ses dispositions à la galanterie, depuis la matinée du duel projeté, n'avait pas tout-à-fait effacé le souvenir de sa conduite précédente. Voyant l'embarras que semblait lui causer cette offre, il se hâta de la refuser positivement. — Il m'est impossible d'accepter les services de miss Lee, sir Henry, dit-il; il faut que je coure comme si j'avais sur les talons une meute de lévriers.

—Il n'y a pas une jeune fille dans tout le comté d'Oxford, à qui Alice ne soit en état de disputer le prix de la course, dit le chevalier. — A quoi servirait à Votre Majesté de courir si vous ne saviez par où aller?

— Non, non! sir Henry, dit le roi, la nuit est trop obscure; nous tardons trop long-temps. — Je trouverai le chemin.

— Ne perdez pas de temps, changez promptement d'habits avec Albert, Sire, dit le chevalier, et laissez-moi le soin du reste.

Charles voulait encore argumenter; cependant il suivit le jeune Lee dans l'appartement où ils devaient changer de vêtemens. Pendant ce temps sir Henry dit à sa fille : — Prends une mante, Alice, et mets de bons souliers. — Tu aurais pu monter Pixie; mais il est un peu vif, et tu n'as jamais été très-brave à cheval; — c'est la seule faiblesse que je te connaisse.

— Mais, mon père, dit Alice en fixant ses yeux sur ceux du vieillard, faut-il réellement que j'aille seule avec le roi? Ne puis-je me faire accompagner par Phœbé ou dame Jellicot?

— Non, non, non! s'écria le chevalier. Phœbé, comme tu le sais, a eu des attaques de nerfs toute la nuit, et une promenade comme celle que tu vas faire n'est pas propre à les faire passer. — Dame Jellicot marche comme une vieille jument poussive, et d'ailleurs sa surdité, si tu avais besoin de lui parler..... Non, non; il faut que tu ailles seule, et que tu acquières le droit de faire inscrire sur ta tombe : Ci-gît celle qui a sauvé le roi. — Et écoute-moi, ne songe pas à revenir cette nuit; tu resteras chez le verdier avec sa nièce. — Le parc et tous les environs du château vont être occupés par nos ennemis; tu apprendras demain assez tôt ce qui se sera passé ici.

— Et qu'apprendrai-je demain? dit Alice. Hélas! qui pourrait me le dire! O mon père, permettez-moi de rester et de partager votre sort! Vous ne trouverez plus en moi une jeune fille timide; — je combattrai pour le roi s'il est nécessaire; mais je ne puis penser à le suivre seule, par une nuit si obscure, et sur une route si isolée.

— Comment! s'écria le chevalier en élevant la voix, et en passant la main sur sa barbe grise, mettrez-vous en avant des sots scrupules d'une fausse délicatesse quand il s'agit de la sûreté du roi, peut-être de sa vie? Si je pouvais croire que vous n'êtes pas ce que doit être une fille de la maison de Lee, je.....

Le roi et le colonel l'interrompirent en rentrant dans l'appartement après avoir changé d'habits, et à la taille on pouvait les prendre l'un pour l'autre, quoique Albert fût un beau jeune homme, et que les traits de Charles ne méritassent pas la même épithète. Leur teint et leurs cheveux ne se ressemblaient pas; mais on ne pouvait remarquer sur-le-champ cette différence, Albert ayant pris une perruque noire, et s'étant noirci les sourcils.

Albert Lee sortit de la maison, et fit le tour de la Loge pour voir si les ennemis n'approchaient pas, et vérifier de quel côté le roi pouvait en sortir sans danger. Cependant Charles, qui était entré le premier dans l'appartement, avait entendu le ton courroucé avec lequel le vieux chevalier parlait à sa fille, et il n'avait pas été embarrassé pour en deviner le motif. Il s'avança vers lui avec l'air de dignité qu'il savait parfaitement prendre quand il le voulait.

— Sir Henry, lui dit-il, notre bon plaisir, notre volonté, est que vous vous absteniez de tout exercice de l'autorité paternelle en cette occasion. Je suis certain que miss Lee doit avoir de bonnes et fortes raisons pour tout ce qu'elle désire, et je ne me pardonnerais jamais

15.

si elle se trouvait placée dans une situation désagréable à cause de moi. Je connais trop bien ces bois pour craindre de m'égarer au milieu des chênes de Woodstock qui m'ont vu naître.

— Votre Majesté, dit Alice, qui n'hésita plus en entendant la manière calme et franche dont Charles venait de prononcer ces mots, ne courra aucun danger, pas le moindre risque qu'il soit en mon pouvoir de prévenir ; et les circonstances du temps où j'ai vécu m'ont rendue en état de trouver mon chemin dans la forêt aussi facilement la nuit que le jour. Si donc Votre Majesté ne dédaigne pas ma compagnie, partons à l'instant.

— Si vous m'accordez votre compagnie volontairement, répondit Charles, je l'accepte avec reconnaissance.

— Volontairement, dit Alice ; très-volontairement. Qu'il me soit permis d'être la première à vous prouver ce zèle et cette confiance que j'espère que tous les Anglais, à l'envi l'un de l'autre, montreront un jour à Votre Majesté.

Elle s'expliqua avec tant de vivacité, et fit son changement de costume avec une telle promptitude qu'il était facile de voir que toutes ses craintes étaient dissipées, et qu'elle entreprenait de tout cœur la mission dont son père l'avait chargée.

— Tout est tranquille dans les environs, dit Albert en rentrant. Votre Majesté peut partir par où bon lui semblera. Cependant la sortie la plus secrète sera la meilleure.

Charles, avant de partir, s'avança avec grace vers sir Henry Lee, lui prenant la main : — Je suis trop fier, dit-il, pour faire des promesses que je ne serai peut-être jamais en état de remplir ; mais tant que Charles Stuart vivra, il sera le débiteur reconnaissant de sir Henry Lee.

— Que Votre Majesté ne parle pas ainsi ! s'écria le vieillard luttant contre des sanglots qui voulaient lui couper la parole ; celui qui a droit à tout ne peut devenir débiteur en acceptant une faible partie de ce qui lui est dû.

— Adieu, mon digne ami, adieu, dit le roi ; pensez à moi comme à un fils, comme à un frère d'Albert et d'Alice, qui, à ce que je vois, sont impatiens de me voir partir. Donnez-moi la bénédiction d'un père, et je pars.

— Que le Dieu qui fait régner les rois bénisse Votre Majesté ! dit sir Henry en s'agenouillant et en levant vers le ciel son visage vénérable et ses mains jointes. Que le Dieu des armées vous bénisse, garantisse Votre Majesté des dangers auxquels elle est exposée, et la remette au temps qu'il a fixé en possession de la couronne qui vous appartient !

Charles reçut sa bénédiction comme si c'eût été celle d'un père, et sortit de l'appartement avec Alice et Albert.

En finissant cette prière fervente, le vieux chevalier laissa retomber ses mains, et baissa la tête sur sa poitrine. Son fils le trouva encore dans cette attitude quand il revint près de lui. D'abord il n'osa troubler ses méditations ; mais, craignant que la violence de ses sensations ne fût au-dessus des forces de sa constitution, et qu'il ne finît par perdre connaissance, il se hasarda enfin à s'approcher de lui, et même à le toucher. Le vieux chevalier se releva sur-le-champ, et montra la même activité, la même présence d'esprit et la même prévoyance dont il venait déjà de faire preuve.

— Vous avez raison, mon fils, lui dit-il il faut que

nous agissions, et sans délai. — Ils en ont menti, les chiens de Têtes-Rondes qui l'appellent dissolu et impie. Il a des sentimens dignes du fils du bienheureux martyr. Vous avez vu que, même dans ce moment de danger extrême, il aurait mis sa sûreté en péril plutôt que d'accepter Alice pour guide quand la sotte semblait hésiter à lui en servir. Le libertinage est essentiellement égoïste, et ne s'inquiète pas de ce que sentent les autres. — Mais dis-moi, Albert, as-tu eu soin de tirer les verrous, de baisser les barres de fer après eux? Sur ma foi, je les ai à peine vus quitter cet appartement.

— Je les ai fait sortir par la petite poterne, et en rentrant ici je craignais que vous ne fussiez indisposé.

— C'était de la joie, Albert : — de la joie, rien que de la joie; — je ne puis permettre à un doute d'entrer dans mon esprit. — Dieu n'abandonnera pas le descendant de cent rois. — Il n'abandonnera pas aux brigands l'héritier légitime du trône. — Il y avait une larme dans ses yeux quand il a pris congé de moi. — Ne mourrais-tu pas volontiers pour lui, mon fils?

— Si je perds la vie pour lui cette nuit, je ne la regretterai que parce que je ne pourrai apprendre demain qu'il est en sûreté.

— Eh bien! mettons-nous en besogne. — Crois-tu, à présent que tu portes les habits du roi, que tu puisses assez bien imiter ses manières pour faire croire à nos femmes que tu sois le page Kerneguy?

— Hélas! il n'est pas très-facile de jouer le rôle du roi quand il est question de femmes; au surplus, il y a peu de lumières en bas, et je puis essayer.

— Essaie sur-le-champ, car les misérables arriveront dans un instant.

Albert sortit de l'appartement, et son père continua ses réflexions en se parlant à lui-même : — Si nos femmes sont bien convaincues que Louis Kerneguy est encore ici, cela donnera une nouvelle force à mon projet. — Les coquins de bassets suivront une fausse piste, et le cerf royal aura gagné son couvert avant qu'ils en aient retrouvé les traces. — Et les faire courir de cachette en cachette ! — Quoi ! le soleil sera levé avant qu'ils en aient vu la moitié. — Oui, je jouerai à cache-cache avec eux, et je leur mettrai sous le nez l'appât, auquel ils ne toucheront jamais. Je les mènerai par un labyrinthe dont il leur faudra quelque temps pour se tirer. — Mais à quel prix ferai-je tout cela ? continua le vieux chevalier interrompant le cours de ses idées. — O Absalon ! mon fils ! mon fils ! — N'importe, il ne peut que mourir comme ses pères sont morts, et pour la cause pour laquelle ils ont vécu. — Mais le voici, chut ! — Eh bien, Albert, as-tu réussi ? la royauté a-t-elle passé en toi pour monnaie courante ?

— Oui, mon père, répondit Albert. Nos femmes jureront que Louis Kerneguy était au château à l'instant même.

— Fort bien. — Ce sont de bonnes et fidèles créatures, qui, dans tous les cas, feraient tous les sermens qu'il faudrait pour la sûreté du roi ; mais elles le feront avec plus de naturel et d'efficacité si elles croient dire la vérité. Comment as-tu réussi à les tromper ?

— En imitant les manières du roi dans une bagatelle qui ne vaut pas la peine qu'on en parle.

— Ah ! drôle, je crains que la réputation du roi ne souffre de ton imitation.

— Hum ! pensa Albert car il n'osait faire cette réflexion tout haut devant son père ; si je l'imitais trop fidèlement, je sais qui courrait des risques pour sa réputation.

— Eh bien, il faut à présent que nous arrangions entre nous la défense des postes avancés, que nous convenions de nos signaux, et que nous cherchions les meilleurs moyens pour déjouer l'ennemi le plus long-temps possible.

Il ouvrit de nouveau les tiroirs du secrétaire, et y prit un parchemin sur lequel était tracé un plan. — Voici, dit-il, le plan de la citadelle qui peut tenir encore assez long-temps après que tu auras été forcé d'évacuer les lieux de retraite que tu connais déjà. Le grand-maître de la capitainerie de Woodstock prêtait toujours serment de ne faire connaître ce secret qu'à une seule personne en cas de mort subite. — Asseyons-nous, et étudions-le bien ensemble.

La manière dont ils concertèrent leurs mesures se développera mieux d'après ce qui arriva ensuite que si nous rapportions ici les divers projets qu'ils formèrent et les précautions qu'ils prirent contre des événemens qui n'eurent pas lieu.

Enfin le jeune Lee prit congé de son père, et, s'étant pourvu de quelques approvisionnemens solides et liquides, il alla s'enfermer dans l'appartement de Victor Lee, d'où une issue secrète conduisait dans le labyrinthe de chambres et de passages cachés dont on s'était si bien servi pour jouer différens tours aux commissaires du parlement.

— J'espère, dit sir Henry en s'asseyant devant son bureau après avoir fait à son fils les plus tendres adieux, que Rochecliffe n'aura pas été assez bavard pour initier dans les mystères du château ce misérable Tomkins, qui était homme à divulguer les secrets de l'école. — Mais me voilà ici, peut-être pour la dernière fois. — Ma Bible à droite, mon Shakspeare à gauche et prêt, grace à Dieu, à mourir comme j'ai vécu. — Je suis surpris qu'ils n'arrivent pas, ajouta-t-il après un certain intervalle ; — je croyais que le diable avait de meilleurs éperons pour faire marcher les agens occupés de son service spécial.

CHAPITRE XXXIII.

> « Voyez, sa face est noire ; elle est pleine de sang ;
> » Ses yeux fiers, quoique éteints, lui sortent de la tête ;
> » Serrée avec effort, sa main semble encor prête
> » A lutter bravement pour défendre ses jours ;
> » De tous ses traits la mort efface les contours,
> » Et ses cheveux épars sur son front se hérissent. »
>
> SHAKSPEARE. *Henry VI, partie I.*

Si ceux dont sir Henry attendait la visite désagréable avaient marché droit à la Loge, au lieu de s'arrêter trois heures à Woodstock, il est de fait qu'ils auraient saisi leur proie. Mais Tomkins le Fidèle, tant pour mettre obstacle à la fuite du roi que pour se rendre plus important dans cette affaire, avait représenté à Cromwell la famille Lee comme étant toujours sur le qui-vive, et lui avait souvent recommandé de ne rien entreprendre avant qu'il fût venu l'avertir que toute la maison était ensevelie dans le repos. Si le général voulait suivre cet avis, il se chargeait non-seulement de lui faire connaître la chambre à coucher de l'infortuné Charles, peut-être même trouverait-il le moyen d'en fermer la porte en dehors, de manière à lui rendre la fuite impossible. Il avait aussi promis de s'emparer de la clef d'une poterne par où les soldats pourraient s'introduire dans le château sans donner la moindre alarme. Par le moyen de ses connaissances locales, disait-il, les choses pouvaient être arrangées de telle sorte qu'il conduirait Son Excellence ou quiconque il lui plairait de charger de ce service, au pied du lit de Charles Stuart avant qu'il eût cuvé son vin de la veille. Il n'avait surtout pas manqué d'ajouter que, d'après la construction de cet ancien édifice, il y avait un grand nombre de poternes et d'issues secrètes qu'il fallait garder avec soin avant de causer la moindre alarme dans l'intérieur, sans quoi toute l'entreprise pouvait avorter. Il avait donc fortement engagé Cromwell à l'attendre à l'auberge de Woodstock s'il ne l'y trouvait pas lors de son arrivée, l'assurant que les marches et les contre-marches des troupes étaient alors une chose si commune que, quand même on apprendrait à la Loge qu'un nouveau détachement de soldats était arrivé dans la ville, une circonstance si ordinaire n'y donnerait aucune inquiétude. Il lui avait encore recommandé de choisir pour ce service des soldats sur qui l'on pût compter, — non des faibles d'esprit, — des hommes disposés à tourner le dos de crainte des Amalécites, — mais des hommes de guerre, accoutumés à frapper avec l'épée, et à n'avoir pas besoin d'un second coup. Enfin il avait représenté qu'il serait bon de mettre à la tête du détachement Pearson, ou tout autre officier en qui Son Excellence eût pleine confiance, et, si le général jugeait à propos de paraître en personne à cette expédition, d'en faire un secret même à ses soldats.

Cromwell avait ponctuellement suivi tous les conseils de l'indépendant. Il avait marché à quelque distance en avant d'un détachement de cent hommes d'élite, soldats d'une bravoure éprouvée, qui avaient affronté mille dangers, endurcis contre tout accès de pitié par le sombre fanatisme, principal mobile de leurs actions, enfin pour qui les ordres d'Olivier, comme leur général, et surtout comme le chef des élus, semblaient être autant de commandemens émanés de la Divinité.

Le général éprouva une grande et profonde mortification par suite de l'absence inattendue du personnage sur la coopération efficace duquel il comptait avec tant de confiance, et il forma bien des conjectures sur la cause de cette conduite mystérieuse. Quelquefois il pensait que Tomkins s'était enivré, faiblesse à laquelle il savait qu'il était sujet; et quand cette idée se présentait à son esprit, il déchargeait sa colère en malédictions, qui, quoique d'un autre genre que les sermens et les juremens des Cavaliers, n'étaient pas moins blasphématoires. En d'autres instans il s'imaginait que quelque alarme inattendue, ou quelque orgie comme en faisaient les Cavaliers, avait été cause qu'on s'était couché à la Loge plus tard que de coutume. Cette conjecture, qui lui semblait la plus probable de toutes, se représentait souvent à son esprit; et c'était l'espoir que Tomkins arriverait enfin au rendez-vous qui l'avait déterminé à rester si long-temps dans la ville, attendant avec impatience des nouvelles de son émissaire, et craignant de risquer la réussite de son entreprise en voulant l'exécuter trop tôt.

En attendant il disposa tout de manière à ce qu'on fût prêt à se mettre en marche au premier avis. Il fit descendre de cheval la moitié de ses soldats, fit mettre leurs chevaux au piquet, et donna ordre aux autres de tenir les leurs sellés et bridés pour être prêts à se mettre en selle au premier signal.

Ce fut ainsi que Cromwell laissait écouler le temps, plongé dans une cruelle incertitude, et jetant de temps en temps un coup d'œil inquiet sur le colonel Everard, qu'il soupçonnait d'être en état, s'il en avait la bonne volonté, de suppléer à l'absence de son confident. Everard supportait avec calme les regards du général, sans changer de physionomie, sans paraître ni mécontent ni abattu.

Minuit sonna, et il devint nécessaire de prendre un parti décisif. Tomkins pouvait avoir trahi le général ; ou, ce qui s'approchait davantage de la réalité, son intrigue pouvait avoir été découverte, et les royalistes pouvaient l'avoir assassiné, ou du moins arrêté. En un mot, si Cromwell voulait profiter de l'occasion que la fortune lui offrait de s'assurer du prince qui avait les droits les plus dangereux au pouvoir suprême, auquel son ambition aspirait déjà, il n'avait plus un moment à perdre. Enfin il donna ordre à Pearson de faire mettre les soldats sous les armes, lui indiqua l'ordre de leur marche, et lui recommanda de les faire avancer dans le plus profond silence, ou, pour rapporter les propres termes dont il se servit, — Marchez, dit-il, avec ce silence qu'observa Gédéon quand il marcha contre le camp des Madianites, accompagné seulement de son serviteur Purah. — Peut-être apprendrons-nous de quoi ont rêvé ces Madianites.

Une patrouille, composée d'un sergent et de cinq soldats braves et expérimentés, formait l'avant-garde; le corps principal du détachement marchait ensuite, et une arrière-garde de dix hommes escortait Everard et le ministre presbytérien. Cromwell s'était fait accompagner du premier, parce qu'il pouvait avoir besoin de l'interroger, ou de le confronter avec d'autres; et il amenait maître Holdenough avec lui, de crainte que, s'il le laissait en arrière, il n'excitât quelque tumulte dans la ville; car il savait fort bien que les presbytériens, quoiqu'ils eussent pris part à la guerre civile, et qu'ils eussent même été les premiers à l'exciter, avaient fini par être mécontens de l'ascendant que les sectaires militaires avaient pris, et qu'il ne devait pas les regarder comme des agens bien disposés toutes les fois qu'il s'agissait de leur intérêt.

L'infanterie, disposée comme nous venons de le dire, se mit enfin en marche, Cromwell et Pearson, tous deux à pied, marchant en tête du centre ou du corps principal du détachement. Chaque soldat était armé d'un pétrinal, fusil court ressemblant à la carabine plus moderne, et qui, comme elle, servait à la cavalerie. Ils marchèrent dans le plus profond silence, et avec la plus grande régularité, toute la troupe semblant ne former qu'un seul homme.

A environ deux cents pas de l'arrière-garde suivait la cavalerie, et l'on aurait dit que même les animaux dépourvus de raison voulaient se conformer aux ordres de Cromwell, car les chevaux ne hennissaient point, et ils paraissaient poser le pied sur la terre avec plus de précaution et moins de bruit que de coutume.

Leur chef, livré à ses pensées inquiètes, ne parlait

que pour renouveler à voix basse l'ordre de garder le silence, et les soldats, surpris et enchantés de se trouver sous les ordres de leur illustre général, et d'être sans doute destinés à quelque service secret de haute importance, prenaient les plus grandes précautions pour ne faire aucun bruit.

Ils traversèrent la rue principale de la petite ville dans l'ordre que nous venons de décrire. Elle était déserte à une pareille heure de la nuit, et deux bons vivans qui avaient prolongé leur orgie du soir plus tard que de coutume, loin de suivre avec curiosité cette expédition nocturne, se trouvèrent trop heureux d'échapper à l'attention d'une troupe de soldats qui remplissaient souvent les fonctions d'officiers de police.

Dès l'instant de l'arrivée du détachement à Woodstock, une garde de six hommes avait été placée à la porte extérieure du parc pour couper toute communication entre la Loge et la ville. Spitfire, l'émissaire de Wildrake, qui y avait fait plus d'une excursion pour dénicher des oiseaux, ou pour d'autres hauts faits de même importance, avait échappé à leur vigilance en passant par une brèche qu'il connaissait, et qui en était à quelque distance.

Le mot d'ordre fut échangé à voix basse entre cette garde et la troupe qui arrivait, suivant les règles de la discipline. L'infanterie entra dans le parc, et elle y fut suivie de la cavalerie, qui reçut ordre de ne pas marcher sur la chaussée, mais de se tenir, autant que possible, sur la terre qui la bornait. Là on prit une nouvelle précaution, qui fut de faire battre le bois des deux côtés par quelques soldats à pied, avec ordre de faire prisonniers et même de mettre à mort, en cas de résistance, tous ceux qu'ils pourraient rencontrer, pour quelque cause qu'ils y fussent.

Cependant le temps commençait à se montrer aussi favorable à Cromwell que l'avaient été la plupart des incidens d'une carrière marquée par tant de succès. Le brouillard, qui avait jusqu'alors répandu l'obscurité et rendu embarrassante et difficile la marche à travers les bois, céda enfin aux rayons de la lune, qui, frayant un passage à sa pâle lumière à travers les vapeurs, montrait son croissant dans les cieux, qu'elle éclairait, comme la lampe mourante d'un anachorète éclaire la cellule où il dort.

Le détachement arrivait en face de la Loge quand Holdenough, qui marchait à côté d'Everard, lui dit à voix basse : — Ne voyez-vous pas ? — voilà encore cette lumière mystérieuse de la tour de l'abandonnée Rosemonde ! — Cette nuit va prouver lequel est plus fort du démon des sectaires ou du démon des malveillans. — Oh ! chantez le *Jubilate*, car le royaume de Satan est divisé contre lui-même.

Le révérend ministre fut interrompu par un sous-officier qui, arrivant à la hâte, mais sans bruit, lui dit d'une voix basse, mais sévère : — Silence, prisonnier à l'arrière, silence, sous peine de mort.

Un moment après tout le détachement s'arrêta, le mot halte ! ayant passé avec précaution de rang en rang, ordre auquel on obéit sur-le-champ.

La cause de cette interruption de la marche était le retour précipité d'un des éclaireurs qui voltigeaient sur les flancs. Il venait annoncer à Cromwell qu'ils avaient aperçu une lumière dans la forêt à quelque distance sur la gauche.

— Que signifie cela? dit le général; on distinguait l'accent impératif de la question quoiqu'il parlât à demi-voix; change-t-elle de place ou est-elle stationnaire?

— Autant que nous avons pu en juger, elle ne remue pas, répondit le soldat. Cela est bien étrange, car il n'y a pas une seule chaumière de ce côté.

— Si Votre Excellence me permet cette observation, dit d'un ton nasillard le caporal Humgudgeon, c'est peut-être un piège de Satan. Il a beaucoup de pouvoir dans ces environs depuis quelque temps.

— Si ton idiotisme me permet cette observation, tu es un âne, dit Cromwell; mais se rappelant aussitôt que le caporal était au nombre des prédicateurs ou tribuns des soldats, et que par conséquent il devait être traité avec un respect convenable, il ajouta : — Et cependant, si c'est un piège de Satan, nous lui résisterons avec le secours du Seigneur, et l'infame fuira loin de nous. — Pearson, ajouta-t-il en reprenant le ton de commandement militaire, choisis huit soldats, et va voir ce qui se passe là bas. Mais non, non, les coquins pourraient s'échapper. — Marche droit à la Loge, et investis-la comme nous en sommes convenus, de sorte qu'un oiseau même ne puisse en sortir. — Forme tout autour une double ligne de sentinelles; mais ne cause aucune alarme jusqu'à ce que je sois arrivé. Si quelqu'un tente de s'échapper, qu'il soit TUÉ; — et en donnant cet ordre, il appuya sur ce dernier mot avec une expression terrible. — Qu'il soit tué sur la place, répéta-t-il, qui que ce soit ou que ce puisse être. Cela vaut mieux que d'embarrasser la république de prisonniers.

Pearson fit un salut d'obéissance, et partit pour aller exécuter les ordres de son commandant.

Après son départ, le futur Protecteur disposa le peu de soldats qu'il avait gardés, de manière à ce qu'ils avançassent de différens côtés en même temps vers la lumière qui lui paraissait suspecte, leur recommandant d'en approcher sans bruit, en se tenant à portée de se secourir l'un l'autre et d'être prêts à accourir à lui dès qu'il leur en donnerait le signal en sifflant. Voulant reconnaître la vérité par ses propres yeux, Cromwell, qui avait par instinct toutes les habitudes de prévoyance militaire qui sont chez les autres le résultat d'études sérieuses ou d'une longue expérience, marcha directement vers l'objet qui excitait sa curiosité. Il s'avança d'arbre en arbre avec le pas léger et la sagacité prudente d'un Indien qui cherche l'ennemi dans les bois ; et avant qu'aucun de ses soldats fût encore arrivé, il vit, à la clarté d'une lanterne placée par terre, deux hommes qui venaient de s'occuper à creuser une espèce de fosse. Près d'eux on voyait, enveloppé dans une peau de daim, quelque chose qui ressemblait à un cadavre. Ils parlaient à voix basse, mais assez haut pour que le dangereux témoin de leur conversation pût les entendre.

— Voilà qui est enfin terminé, dit l'un d'eux, et c'est bien le plus rude travail que j'aie fait de ma vie ; ma foi, je crois que rien ne me portera plus bonheur. Mes bras sont si engourdis qu'on dirait qu'ils ne sont plus à moi, et, ce qui est bien étrange, j'ai eu beau travailler, il m'a été impossible de me réchauffer.

— Quant à moi, j'ai suffisamment chaud, dit le docteur Rochecliffe respirant à peine de fatigue.

— C'est dans mon cœur qu'est le froid, continua Jocelin, et je ne sais pas s'il se réchauffera jamais. Cela est bien singulier : on dirait qu'on a jeté un sort sur nous. Nous avons passé ici près de deux heures à faire ce que Diggen, le fossoyeur, aurait fait beaucoup mieux en une demi-heure.

— C'est que nous sommes d'assez mauvais piocheurs, répondit le docteur Rocheliffe. Chacun son métier, dit-on ; — toi ton cor de chasse, moi mes écritures en chiffres. — Mais ne te décourage pas, ce sont les racines des arbres et la gelée qui ont rendu notre tâche difficile. — Et maintenant que nous avons rendu tous les devoirs funèbres à ce malheureux et que nous avons récité le service de l'Église *quantùm valeat*, plaçons-le décemment dans sa dernière place de repos ; son absence ne fera pas un grand vide sur la terre. — Allons, relève la tête, et songe que tu as été soldat. Nous avons récité le service de l'Église sur son corps, et, si les circonstances le permettent, nous le ferons placer en terre consacrée, quoiqu'il n'en soit guère digne. — Viens, aide-moi à le descendre dans la fosse, et quand nous aurons jeté poussière sur poussière, nous rapprocherons les épines et les ronces par-dessus. Reprends courage, montre-toi homme, et ne songe plus à cet événement ; tu es seul maître de ton secret.

— Je n'en réponds pas, dit Jocelin ; il me semble que le vent de la nuit qui souffle à travers ces feuilles, racontera ce que nous venons de faire. — Il me semble que les arbres mêmes s'écrieront : — Il y a un cadavre parmi nos racines. Le sang a été répandu ; les témoins se trouvent aisément.

— Ils sont trouvés, et d'assez bonne heure, s'écria Cromwell sortant des broussailles, saisissant Jocelin et lui appuyant un pistolet sur la tête. A toute autre époque de sa vie, le garde forestier, malgré l'inégalité du nombre, aurait fait une résistance désespérée; mais l'horreur que lui avait fait éprouver la mort d'un ancien compagnon, quoiqu'il ne l'eût tué que pour défendre sa propre vie, jointe à la fatigue et à la surprise, lui avait ôté toutes ses forces, et on l'arrêta aussi facilement qu'un boucher s'empare d'un mouton. Le docteur Rochecliffe résista un instant; mais les soldats qui arrivaient s'en assurèrent bientôt.

— Examinez le corps de celui que ces enfans de Bélial ont assassiné, vous autres, dit Cromwell aux soldats.
— Caporal Grace-soit-ici Humgudgeon, voyez si vous en connaissez les traits.

— Aussi bien que je reconnaîtrais les miens dans un miroir, je le proteste, répondit le caporal en nasillant, après avoir examiné le cadavre à l'aide de la lanterne. C'est véritablement notre fidèle frère en la foi Joseph Tomkins.

— Tomkins! s'écria Cromwell en s'élançant pour s'assurer de la vérité par ses propres yeux; Tomkins! et assassiné, comme le prouve cette fracture à la tempe!
— Parlez, chiens que vous êtes, et avouez la vérité. — Vous l'avez assassiné parce que vous avez découvert sa trahison; — je veux dire sa fidélité à la république d'Angleterre et sa détestation des complots dans lesquels vous vouliez entraîner son honnête simplicité.

— Oui, dit le caporal Grace-soit-ici (1) Humgudgeon, et insulter son cadavre par vos doctrines papistes, comme si vous lui entassiez de la soupe froide dans la bouche! — Je vous en prie, général, ordonnez que les liens de ces hommes soient forts.

(1) *Grace-be-there*, que la grace soit ici. Prénom mystique à l'ordre du jour dans la république fanatique d'Angleterre. — Éd.

— Silence, caporal, dit Cromwell ; le temps nous presse. — L'ami, vous que je crois être le docteur Rochecliffe, par nom et surnom, je vous donne le choix d'être pendu à la pointe du jour, ou d'expier le meurtre d'un des élus du Seigneur en nous faisant connaître tout ce que vous pouvez savoir des secrets de cette maison.

— Monsieur, répondit Rochecliffe, vous m'avez trouvé remplissant mes devoirs comme ministre de l'Église anglicane, en donnant la sépulture à un mort.— Quant à répondre à vos questions, ma détermination est prise, et je conseille à mon compagnon de souffrance...

— Qu'on l'emmène ! dit Cromwell ; je sais depuis long-temps comme il a le cou raide, quoique je lui aie souvent fait tracer mon sillon quand il croyait conduire sa charrue. — Conduisez-le à l'arrière-garde, et faites approcher cet autre drôle. — Approche, — ici, — plus près. Caporal Grace-soit-ici, tenez en main le bout du ceinturon dont il est lié. Nous devons veiller à notre vie par intérêt pour ce malheureux pays ; car pour la valeur intrinsèque que cette vie peut avoir à nos propres yeux, hélas ! nous pourrions la risquer pour la pointe d'une épingle. — Écoute-moi, drôle, choisis entre racheter ta vie par un aveu complet et entier, ou être accroché sur-le-champ à un de ces vieux chênes. — Comment trouverais-tu cela?

— Vraiment, monsieur l'officier, répondit le garde forestier affectant plus de rusticité qu'il n'en avait véritablement, car ses relations fréquentes avec sir Henry avaient adouci et poli ses manières, le chêne porterait un gland un peu lourd. — Voilà tout.

— Ne plaisante pas avec moi, l'ami, car je te proteste

avec vérité que je ne suis nullement plaisant. Quels sont les hôtes que tu as vus dans cette maison qu'on appelle la Loge?

— Vraiment, monsieur, j'en ai vu beaucoup de mon temps, et de fameux. — Ah! si vous aviez vu la fumée sortir de la cheminée de la cuisine il y a douze ans! — Rien que l'odeur aurait suffi à un pauvre homme pour faire un bon dîner.

— Comment, drôle! oses-tu plaisanter encore? Dis-moi sur-le-champ quels étrangers sont venus récemment à la Loge. — Et fais-y bien attention, l'ami; sois bien sûr qu'en me donnant satisfaction sur ce point, non-seulement tu sauveras ton cou de la corde, mais tu rendras à l'état un service important qui sera convenablement récompensé; car véritablement je ne suis pas un de ces gens qui voudraient que la rosée ne tombât que sur les plantes élevées et orgueilleuses; au contraire, autant qu'il dépend de mes souhaits et de mes pauvres prières, je voudrais qu'elle arrosât aussi l'herbe des champs et le blé naissant, afin que le cœur du laboureur puisse se réjouir, et que, de même que le cèdre du Liban est fier de sa hauteur, de ses branches et de ses racines, ainsi l'humble et faible hysope qui croît sur les murs puisse fleurir, et..... et..... — M'entends-tu, drôle?

— Pas tout-à-fait, Votre Honneur; mais on dirait que vous prêchez un sermon, et j'y trouve un merveilleux arrière-goût de doctrine.

— Eh bien, en un mot, tu sais qu'un certain Louis Kerneguy ou Carnego, ou quelque nom semblable, est maintenant caché à la Loge?

— Sur ma foi, monsieur, il y a eu tant d'allées et de

venues à la Loge depuis la bataille de Worcester! — comment saurais-je qui y est ou qui n'y est pas? — D'ailleurs mon service n'est pas dans l'intérieur de la maison.

— Je te fais payer sur-le-champ mille livres sterling si tu peux livrer ce jeune homme entre mes mains.

— Mille livres sterling sont une jolie somme, monsieur. — Mais j'ai déjà sur les mains plus de sang que je ne le voudrais, et je ne sais pas trop comment le prix du sang peut profiter. Au surplus, pendu ou non, je n'en ferai pas l'essai.

— Qu'on l'emmène à l'arrière-garde, dit Cromwell, et qu'il n'ait aucune communication avec le prisonnier que nous venons d'arrêter. — Fou que je suis de perdre ainsi mon temps à vouloir tirer du lait d'une mule! — En avant, marche!

La petite troupe partit aussi silencieusement qu'auparavant, malgré les difficultés qu'elle éprouvait dans sa marche, attendu que personne ne connaissait la route et les détours du parc. Enfin le premier rang fut arrêté par la demande du mot d'ordre que fit à voix basse un des soldats du détachement dont une double ligne entourait la Loge, et qui étaient placés si près les uns des autres qu'il était impossible que personne s'échappât. La ligne extérieure était formée par la cavalerie sur les routes et les terrains découverts, et par des soldats à pied dans les endroits fourrés. La ligne voisine du château n'était composée que d'infanterie. Tous étaient alertes et attentifs, présumant bien que l'expédition extraordinaire dont ils étaient occupés, aurait quelque résultat important.

— Quelles nouvelles, Pearson? demanda Cromwell à son aide-de-camp, qui se hâta d'avancer vers lui.

— Aucune, général, répondit le capitaine.

Cromwell conduisit l'officier en face de la porte de la Loge, et s'arrêta entre les deux lignes de soldats, à une distance suffisante de chacune pour qu'on ne pût entendre leur conversation.

Il continua alors ses questions, et lui demanda s'il avait vu des lumières dans l'intérieur, — s'il y avait entendu quelques mouvemens, — si l'on paraissait y faire quelques préparatifs pour se défendre ou pour tenter une sortie.

—Tout est silencieux comme la vallée des ombres de la mort,— comme la vallée de Josaphat, répondit l'officier.

— Ne me parle pas de la vallée de Josaphat, Pearson ; ces mots peuvent convenir à d'autres bouches, mais ils vont mal dans la tienne. Parle-moi franchement en bon soldat comme tu l'es. Chacun a sa manière particulière de parler, et la tienne, Pearson, est la franchise et non la sainteté.

— Eh bien donc, rien n'a remué. — Mais quant à la manière de parler, je suis bien par hasard.....

— Ne me parle pas de hasard, Pearson, si tu ne veux m'induire en tentation de te briser la mâchoire. — Je me défie toujours d'un homme qui parle un langage qui ne lui est pas naturel.

— Morbleu ! écoutez-moi jusqu'au bout, et je parlerai tel langage qu'il plaira à Votre Excellence.

— Ton morbleu annonce peu de grace divine, Pearson, mais beaucoup de sincérité. — Continue ; — tu sais que je t'aime et que j'ai confiance en toi. — As-tu bien surveillé le château ? il convient que nous en soyons informés avant de donner l'alarme.

— Sur mon ame, je l'ai surveillé comme un chat

guette le trou d'une souris, et j'ai fait ma ronde aussi souvent qu'un tournebroche. Il est absolument impossible que personne ait échappé à notre vigilance, et si l'on avait fait quelques mouvemens dans l'intérieur, nous l'aurions entendu.

— C'est bien, Pearson ; tes services ne seront pas oubliés. Tu ne sais ni prêcher, ni prier ; mais tu sais obéir à tes ordres, Gilbert Pearson, et cela fait compensation.

— Je remercie Votre Excellence, mais je demande la permission de chanter sur le même ton que les autres ; un pauvre diable n'a pas le moyen de se singulariser.

Il se tut, attendant les ordres qu'il supposait que Cromwell allait lui donner, et assez surpris que l'esprit actif et décidé du général lui permit en un moment si critique de donner un instant d'attention à une circonstance aussi triviale que les expressions dont se servait un de ses officiers. Son étonnement redoubla quand il vit, à la faveur d'un rayon de la lune qui brillait de plus d'éclat qu'elle ne l'avait fait de toute la nuit, que Cromwell restait immobile, les mains appuyées sur son épée qu'il avait détachée de sa ceinture, fronçant le sourcil, et les yeux fixés sur la terre. Il attendit quelque temps, non sans impatience, mais sans oser interrompre les méditations du général, de peur de changer en mécontentement et en courroux cet accès extraordinaire de sombre mélancolie, qui venait si mal à propos. Il écoutait les sons inarticulés qui lui échappaient de la bouche de temps en temps, et les mots — dure nécessité, — plusieurs fois répétés, furent tout ce qu'il put entendre.

— Mylord, dit-il enfin, le temps s'écoule.

— Paix, démon de la précipitation, répondit Cromwel ; — ne me presse pas ainsi. Penses-tu comme certains fous que j'ai fait un pacte avec le diable pour être sûr du succès, et que je sois tenu de faire ma besogne à une heure fixe, de peur que le talisman ne perde de sa force ?

— Je pense seulement, général, répliqua l'officier, que la fortune vous a mis entre les mains ce que vous avez si long-temps désiré, et que vous hésitez.

— Ah! Pearson, répondit Cromwell en poussant un profond soupir, dans ce monde de troubles un homme qui, comme moi, est appelé à opérer de grandes choses dans Israël, a besoin d'être, suivant la fiction des poètes, un être formé de métal durci, inaccessible au sentiment de la charité humaine, impassible, immuable. — Pearson, le monde un jour me regardera comme un être de la nature de celui que je viens de décrire, — un homme de fer, fondu dans un moule de fer. On commettra pourtant une injustice envers ma mémoire. — Mon cœur est de chair, et mon sang est aussi doux que celui des autres. Quand j'étais chasseur, j'ai versé des larmes sur le brave héron que mon faucon perçait de ses serres, et j'ai pleuré sur le lièvre qui gémissait sous les dents de mon lévrier. Peux-tu donc penser que ce ne soit rien pour moi qu'après avoir sur ma tête le sang du père de ce jeune homme j'aille encore mettre en danger la vie du fils? ils sont d'une race de bons souverains anglais, et, sans aucun doute, adorés comme des demi-dieux par leurs partisans. On m'appelle déjà parricide et usurpateur sanguinaire, pour avoir fait couler le sang d'un homme, afin de détourner le fléau de la peste, ou comme Acham fut tué pour qu'Israël pût ensuite faire face à ses ennemis. Qui a bien parlé de moi depuis cette grande action? — Ceux qui y ont coopéré avec moi ne sont pas fâchés de me désigner comme le bouc d'expiation. — Ceux qui nous ont regardés agir, sans nous aider, se comportent maintenant comme si la violence les avait forcés à l'inaction. — Quand je croyais qu'on allait me couvrir d'applaudissemens à cause de la victoire de Worcester dont le Seigneur m'avait fait le noble instrument, je vis qu'on se détournait pour se dire : Ha! ha! le tueur de roi! le parricide! son séjour sera bientôt un séjour de désolation. Véritablement, Gilbert Pearson, c'est beaucoup que d'être élevé au-dessus de la multitude ; mais quand on sent que cette élévation est une cause de haine et de mépris plutôt que d'amour et de respect, c'est une chose bien dure à supporter pour un esprit faible, et pour une conscience tendre et délicate, — et je prends Dieu à témoin que, plutôt que de faire ce que je vais encore faire, j'aimerais mieux verser vingt fois tout mon sang sur le champ de bataille.

Ici Cromwell fut interrompu par un torrent de larmes; ce qui n'était pas très-ordinaire en lui, et cet accès avait un caractère singulier. Ce n'était pas le résultat du repentir, encore moins celui d'une hypocrisie absolue ; c'était la suite du tempérament de cet homme extraordinaire dont la politique profonde et l'enthousiasme ardent étaient soumis à des attaques hypocondriaques qui le portaient quelquefois à donner un semblable spectacle au moment d'exécuter quelque grande entreprise.

Pearson connaissait parfaitement le caractère de son général; mais il fut surpris et confondu de cet accès d'hésitation et de contrition qui semblait paralyser si subitement son esprit entreprenant. Après un instant de silence, il lui dit d'un ton presque sec : — S'il en est ainsi, c'est dommage que Votre Excellence soit venue ici. Le caporal Humgudgeon et moi, le plus grand saint et le plus grand pécheur de toute votre armée, nous aurions fait l'affaire, et nous aurions partagé le péché et l'honneur.

— Ah! s'écria Cromwell comme piqué au vif; — voudrais-tu arracher au lion sa proie?

— Si le lion se comporte en chien de basse-cour, qui tantôt aboie comme s'il voulait tout déchirer, tantôt s'enfuit devant une pierre et un bâton levé, répondit Pearson avec hardiesse, — je ne sais pas pourquoi il me ferait peur. — Si Lambert avait été ici, on aurait moins parlé, et agi davantage.

— Lambert! Que dis-tu de Lambert? s'écria Cromwell avec vivacité.

— Je dis seulement, répliqua Pearson, que j'ai long-temps hésité si je m'attacherais à lui ou à Votre Excellence, — et je commence à douter que j'aie pris le meilleur parti. Voilà tout.

— Lambert! s'écria Cromwell impatiemment; mais il baissa la voix sur-le-champ, de peur que quelque autre ne l'entendît parler en termes méprisans de son rival. — Qu'est-ce que Lambert? un fou de tulipes, dont la nature avait dessein de faire un jardinier hollandais à Delft ou à Rotterdam. Ingrat que tu es! qu'aurait pu faire Lambert pour toi?

— Il ne serait pas resté à hésiter devant une porte fermée, dit Pearson, si le sort lui avait présenté l'occasion d'assurer, en frappant un seul coup, sa fortune et celle de tous ceux qui lui sont attachés.

— Tu as raison, Gilbert Pearson, dit Cromwell en saisissant la main de l'officier et en la pressent fortement; mais que la moitié de ce grand compte tombe à ta charge, soit qu'il faille le rendre en ce monde ou dans l'autre.

— Mettez-en la totalité à ma charge en ce qui concerne l'autre monde, répondit Pearson, et vous en recueillerez tout l'avantage dans celui-ci. — Que Votre Excellence veuille bien se retirer à l'arrière-garde jusqu'à ce que j'aie forcé la porte. Il peut y avoir du danger si le désespoir détermine ces rebelles à hasarder une sortie.

— Et quand ils feraient une sortie, dit le général, y a-t-il un de mes Bras de fer qui craigne le feu et l'acier moins que moi ? — Fais avancer dix de tes hommes les plus déterminés, deux armés de hallebardes, deux de fusils, et les autres de pistolets. — Que toutes les armes soient chargées, et qu'on fasse feu sans hésiter, en cas de résistance ou de sortie. — Que le caporal Humgudgeon les accompagne; et toi, reste ici, et veille à ce que personne ne s'échappe, comme tu veillerais pour ton propre salut.

Cromwell frappa alors à la porte avec le pommeau de son épée, d'abord deux ou trois fois à quelque intervalle, puis à coups répétés qui retentirent dans tout le vieux bâtiment, mais qui ne furent suivis d'aucune réponse.

— Que veut dire ceci ? dit Cromwell ; ils en peuvent être partis et avoir laissé la maison vide ?

— Non, non, dit Pearson, je vous en suis garant. Mais Votre Excellence frappe coup sur coup, et ne leur laisse pas le temps de répondre. — Ecoutez! j'entends un chien aboyer, et un homme qui cherche à l'apaiser. — Forcerons-nous la porte, ou entrerons-nous en pourparler ?

— Un pourparler d'abord, répondit le général. — Holà! y a-t-il là quelqu'un pour me répondre?

— Qui parle ainsi? demanda sir Henry Lee de l'intérieur; que voulez-vous ici à une pareille heure de la nuit?

— Nous venons en vertu d'un ordre de la république d'Angleterre, répondit Cromwell.

— Il faut que je voie cet ordre avant que j'ouvre un seul verrou, répondit le chevalier. Nous sommes en assez grand nombre pour défendre le château; mes compagnons et moi nous ne le rendrons que sur bonne composition, et nous ne traiterons des conditions qu'en face du grand jour.

— Puisque vous ne voulez pas reconnaître notre droit, nous essaierons notre force, dit Cromwell. Prenez garde à vous dans l'intérieur; avant cinq minutes, la porte tombera au milieu de vous.

— Prenez garde à vous à l'extérieur, répliqua sir Henry; si vous commettez le moindre acte de violence, nous ferons pleuvoir sur vous la mitraille.

Mais, hélas! tandis qu'il menaçait avec tant d'audace, toute sa garnison ne consistait qu'en deux femmes épouvantées; car son fils, conformément au plan qu'ils avaient formé, s'était retiré dans les appartemens secrets du château.

— Que peuvent-ils faire à présent, monsieur? demanda Phœbé, entendant un bruit semblable à celui d'une vrille de charpentier, mêlé à un bourdonnement de voix d'hommes.

— Ils attachent un pétard à la porte, dit le chevalier avec le plus grand sang-froid. J'ai remarqué de l'intelligence en toi, Phœbé, et je vais t'expliquer ce que c'est. — C'est une espèce de pot de métal, à peu près de même forme qu'un des chapeaux en pain de sucre de ces coquins, si les bords en étaient plus étroits : on l'emplit de quelques livres de poudre à canon ; ensuite......

— Juste ciel! nous allons tous sauter en l'air! s'écria Phœbé, les mots poudre à canon étant les seuls qu'elle eût compris dans la description du chevalier.

— Point du tout, folle que tu es, reprit sir Henry ; conduis la vieille dame Jellicot dans l'embrasure de cette croisée, et reviens te placer près de moi dans celle-ci, et j'aurai tout le temps de finir mon explication, car il parait que leurs ingénieurs ne sont pas expéditifs. Nous avions un Français à Newark qui aurait fait l'affaire en aussi peu de temps qu'il en faut pour tirer un coup de pistolet.

Dès que les deux femmes furent placées comme le chevalier venait de l'indiquer, il continua son explication. — Le pétard étant formé comme je viens de te le dire, on l'attache à un morceau de planche forte et épaisse, qu'on nomme le madrier ; et le tout étant suspendu, ou, pour mieux dire, solidement fixé à la porte qu'on veut forcer... Mais tu ne m'écoutes pas ?

— Et comment puis-je vous écouter, sir Henry, quand nous sommes si près d'une machine si terrible ?
— O seigneur ! — je perdrai la tête de frayeur ! nous serons écrasés ; — nous sauterons en l'air dans quelques minutes.

— Nous n'avons rien à craindre de l'explosion, dit sir Henry d'un ton grave ; elle produira principalement son effet en ligne directe, c'est-à-dire, dans la partie du milieu du vestibule, et le renfoncement de cette embrasure de croisée est assez considérable pour nous mettre à l'abri des fragmens de la porte qui pourront prendre une direction latérale.

— Mais, quand ils entreront, ils nous tueront.

— Ils te feront quartier, Phœbé. Quant à moi, si je n'envoie pas une couple de balles à ce coquin d'ingénieur, c'est parce que je ne voudrais pas encourir la peine infligée par la loi martiale, qui condamne au tranchant du glaive toute personne ayant essayé de défendre un poste quand il n'est pas tenable. Non que je croie que la rigueur de la loi pût s'appliquer à dame Jellicot ou à toi, Phœbé, attendu que vous ne portez pas les armes.—Si Alice eût été ici, elle aurait pu faire quelque chose, car elle sait manier un fusil de chasse.

Phœbé aurait pu alléguer ses propres exploits de la soirée précédente, comme ayant plus de rapport aux combats et aux batailles qu'aucune des actions de sa jeune maîtresse; mais elle était dans une angoisse de terreur inexprimable, s'attendant, d'après le compte que son maître venait de rendre du pétard, à quelque catastrophe terrible, quoique, malgré les explications libérales du vieux chevalier, elle ne comprit pas très-bien quelle en serait la nature.

— Ils s'y prennent bien maladroitement, dit sir Henry; le petit Boutirlin aurait déjà fait sauter toute la maison. — Ah! c'est un drôle qui se creuserait un terrier comme un lapin; — s'il était ici, je veux mourir s'il ne les aurait pas déjà contreminés.

Et c'est un vrai plaisir de voir l'ingénieur
Périr par le pétard dont lui-même est l'auteur.

Comme le dit notre immortel Shakspeare.

— O seigneur ! le pauvre homme a perdu la tête ! pensa Phœbé. Hélas ! monsieur, ajouta-t-elle tout haut dans son trouble et sa terreur, ne feriez-vous pas mieux de penser à votre fin, au lieu de songer à des livres de comédie ?

— Si je n'avais pas prévu ce moment il y a long-temps, répondit le chevalier, je ne le verrais pas approcher avec tant de tranquillité.

Je marche vers la mort comme vers le repos ;
Car la paix doit régner dans tous les cœurs loyaux.

Comme il achevait ces mots, un grand éclat de lumière se répandit dans le vestibule à travers les croisées et entre les grosses barres de fer qui les défendaient. C'était une forte clarté qui jetait une lumière d'un rouge sombre sur les armes et les vieilles armures qui y étaient suspendues, comme si c'eût été la réflexion d'un incendie. Phœbé poussa un grand cri ; et, oubliant dans ce moment de terreur son respect habituel pour son maître, elle le saisit par le bras, et s'accrocha à ses habits ; tandis que dame Jellicot, seule dans sa niche, jouissant de la vue, quoique privée de l'ouïe, criait comme un hibou quand la lune brille tout à coup.

— Prenez garde, Phœbé, dit le chevalier, vous m'empêcherez de me servir de mes armes, si vous me tenez ainsi. — Les maladroits ne peuvent attacher leur pétard sans être éclairés par des torches, — j'ai envie de profiter de cette belle clarté pour... Souvenez-vous de ce que je vous ai dit de faire pour gagner du temps.

— O seigneur ! oui, monsieur, dit Phœbé, je dirai tout ce que vous voudrez, ha ! ha ! — Elle poussa deux nouveaux cris de terreur. — J'entends quelque chose qui siffle comme un serpent.

— C'est la fusée, comme nous autres gens de guerre nous l'appelons, dit le chevalier; c'est-à-dire la mèche qui met le feu au pétard, et qui est plus courte ou plus longue, suivant la distance que.....

Le discours de sir Henry fut interrompu par une explosion terrible qui, comme il l'avait prédit, mit la porte en pièces, et brisa toutes les vitres des croisées avec les héros et les héroïnes qu'on avait peints plusieurs siècles auparavant sur ce frêle monument de leur mémoire. Les femmes poussèrent de nouveaux cris d'effroi, auxquels répondirent les aboiemens de Bevis, quoiqu'il fût enfermé à quelque distance de la scène de l'action. Le chevalier, se débarrassant de Phœbé, non sans peine, s'avança alors au milieu du vestibule pour se présenter devant ceux qui se précipitaient, portant des torches allumées, et les armes à la main.

— Mort à quiconque résiste! — Quartier à qui se rendra! s'écria Cromwell en frappant du pied. Qui commande la garnison?

—Sir Henry de Ditchley, répondit le chevalier en s'avançant vers lui; et, comme sa garnison ne consite qu'en deux femmes timides, il est obligé de se soumettre, au lieu de résister comme il l'aurait désiré.

— Qu'on désarme ce rebelle, ce malveillant invétéré! s'écria Olivier. — N'êtes-vous pas honteux, monsieur, de m'avoir retenu devant la porte d'un château que vous êtes hors d'état de défendre? Avez-vous une barbe si blanche sans savoir que les lois de la guerre punissent du gibet quiconque refuse de rendre un poste qui n'est pas tenable?

— Ma barbe et moi, répondit sir Henry, nous avons pris notre parti à cet égard, et nous sommes parfaitement d'accord ensemble. Il vaut mieux courir le risque d'être pendu en honnête homme que d'abandonner son poste en traître et en lâche.

— Ah! est-ce ainsi que tu parles ? dit Cromwell ; tu as sans doute de puissans motifs pour placer ainsi ta tête dans un nœud coulant. Mais je te parlerai dans un instant. — Holà! Pearson! Gilbert Pearson! — prends ce papier ; emmène cette vieille femme avec toi, et qu'elle te conduise dans les divers endroits qui y sont désignés. — Fais une perquisition dans tous les appartemens mentionnés ; arrête tous ceux que tu y trouveras, et tue-les en cas de la moindre résistance. Fais attention aux endroits qui sont indiqués comme pouvant couper la communication entre différentes parties de la maison, les paliers du grand escalier, la grande galerie, etc. — Ne maltraite pas cette femme : le plan joint à ce papier t'apprendra, quand même elle se montrerait réfractaire, quels sont les points qu'il faut garder. — Le caporal m'amènera ce vieillard et cette jeune fille dans quelque appartement, — celui qui porte le nom de Victor Lee, par exemple ; — nous n'y respirerons plus cette odeur étouffante de poudre.

A ces mots, sans avoir besoin qu'on le guidât, et sans demander l'assistance de personne, il prit le chemin qui conduisait à l'appartement dont il venait de parler. Sir Henry ne put revenir de sa surprise quand il vit le général marcher sans hésiter à la tête des autres, ce qui semblait indiquer qu'il connaissait mieux les localités de Woodstock qu'il n'eût été à désirer pour la réussite complète du projet que le chevalier avait formé d'occuper long-temps les républicains à une recherche infructueuse dans le labyrinthe d'appartemens qu'offrait la Loge.

— Je vous ferai maintenant quelques questions, vieillard, dit Olivier quand ils furent arrivés dans la chambre de Victor Lee, et je vous avertis que vous ne pouvez mériter et espérer le pardon des efforts réitérés et persévérans que vous avez faits contre la prospérité de la république qu'en répondant très-directement à ce que je vais vous demander.

Sir Henry salua. Il aurait voulu parler; mais il sentit son courroux s'enflammer, et il craignit d'épuiser ses forces avant d'avoir terminé tout ce qu'il avait résolu de faire pour donner au roi le temps de s'éloigner.

— Qui avez-vous eu ici depuis quelques jours, sir Henry Lee? demanda Cromwell; qui s'est trouvé dans votre maison? Quelles visites y avez-vous reçues? Nous savons que vos moyens hospitaliers sont plus bornés qu'autrefois, et par conséquent la liste de vos hôtes ne doit pas vous fatiguer la mémoire.

— Non certainement, répondit le chevalier avec un ton calme qui ne lui était pas ordinaire. J'avais avec moi ma fille, et tout récemment mon fils. Ces deux femmes et un nommé Jocelin Joliffe sont mes seuls domestiques.

— Je ne vous parle pas des personnes qui composent votre famille; je vous demande quels sont les étrangers qui sont venus ici depuis quelques jours, — les malveillans fugitifs qui ont pu y chercher un asile.

— Il y en a eu des uns et des autres, et plus que je ne saurais m'en souvenir. — Mon neveu Everard est venu ici un matin; et je crois un jeune homme qui est à son service, nommé Wildrake.

—N'y avez-vous pas reçu aussi un jeune cavalier nommé Louis Garnegey?

—Quand il s'agirait de ma vie, je ne puis me rappeler un pareil nom.

—Carnego,—Kerneguy,—quelque nom semblable;—nous ne nous querellerons pas pour la manière de le prononcer.

—Un jeune Écossais, nommé Louis Kerneguy, a passé ici quelques jours, et il en est parti ce matin pour le comté de Dorset.

—Parti! s'écria Cromwell en frappant du pied!—Comme la fortune nous joue, même quand elle paraît le plus favorable!—quel chemin a-t-il pris, vieillard?—quelle espèce de cheval montait-il?—de qui était-il accompagné?

Mon fils est parti avec lui.—Il l'avait amené ici comme fils d'un lord écossais.—Mais je vous prie, monsieur, de mettre fin à toutes vos questions, car, quoique je doive, comme le dit Will Shakspeare,

> Respect à votre rang, et que le diable même
> Vole adorer parfois son brûlant diadème,

je sens que ma patience commence à s'épuiser.

Cromwell dit un mot au caporal, et celui-ci donna à son tour des ordres à deux soldats, qui sortirent de l'appartement.

—Humgudgeon, dit le général, conduisez ce vieillard à l'autre bout de l'appartement, et nous interrogerons cette jeune fille.—Connais-tu, demanda-t-il alors à Phœbé, un nommé Louis Kerneguy, se disant page écossais, qui est venu ici il y a quelque temps?

—Sûrement, monsieur, répondit-elle; je ne l'oublierai pas aisément; et je réponds qu'aucune fille de bonne mine qui se trouvera sur son chemin ne l'oubliera pas davantage.

— Ah! ah! parles-tu ainsi? — je crois véritablement que cette jeune fille rendra le témoignage le plus véridique. — Quand a-t-il quitté cette maison?

—Je ne connais rien à ses mouvemens, monsieur; je suis assez contente quand je puis me trouver hors de son chemin. Mais s'il est véritablement parti, je suis sûre qu'il n'y a pas plus de deux heures, car je l'ai rencontré dans le passage qui conduit du vestibule à la cuisine.

—Comment êtes-vous certaine que c'était lui?

—Il m'en a donné une bonne preuve, répondit Phœbé, en prenant la liberté de... Là, monsieur, ajouta-t-elle. — Comment pouvez-vous me faire de pareilles questions?

Humgudgeon, avec la liberté d'un coadjuteur, prit la parole en ce moment. —Véritablement, dit-il, si ce que la jeune fille doit dire a quelque chose qui puisse blesser la décence, je demande à Votre Excellence la permission de me retirer, ne me souciant pas que mes méditations nocturnes soient troublées par le souvenir de pareils discours.

— Il n'est question ni de décence ni d'indécence, Votre Honneur, dit Phœbé; et je méprise les propos de ce vieux soldat. Maître Louis Kerneguy n'a fait que m'embrasser en passant: — voilà la vérité, s'il faut la dire.

Humgudgeon fit entendre un profond gémissement, et Cromwell eut quelque peine à s'empêcher de rire.

—Tu nous as donné d'excellentes preuves, Phœbé, dit-il, et si tu m'as dit la vérité, comme je le crois, tu ne manqueras pas de récompense. — Mais voici notre messager qui revient de l'écurie.

—Il n'y a pas le moindre signe que des chevaux aient habité cette écurie depuis plus d'un mois, dit un des soldats. Il n'y a point de litière sur le pavé,—pas de foin dans les râteliers,—point d'avoine dans le coffre, et les mangeoires sont tapissées de toiles d'araignée.

—Oui, oui ! dit le vieux chevalier, j'ai vu le temps où j'avais vingt bons chevaux dans mes écuries avec des palefreniers et des garçons d'écurie en nombre proportionné pour en prendre soin.

—Mais en attendant, dit Cromwell, l'état de l'écurie actuel ne dépose pas en faveur de la vérité de votre histoire. Vous m'avez dit qu'il s'y trouvait aujourd'hui des chevaux dont votre fils et Kerneguy se sont servis pour échapper à la justice.

—Je n'ai pas dit que les chevaux fussent là. J'ai des chevaux et des écuries ailleurs.

—Fi ! fi ! C'est une honte ! Je le dis encore une fois, un homme à barbe blanche peut-il rendre un faux témoignage ?

—Sur ma foi, monsieur, c'est un métier à s'enrichir, et je ne suis pas surpris que vous autres qui en vivez vous soyez si sévères contre ceux qui en font un commerce interlope. Mais ce sont les temps, et ceux qui gouvernent les temps, qui changent en trompeurs les barbes grises.

—Tu es aussi facétieux, l'ami, qu'audacieux dans ta malveillance; mais, crois-moi, nous serons quittes avant de nous séparer. — Où conduisent ces portes?

— Aux chambres à coucher.

— Aux chambres à coucher! Rien qu'aux chambres à coucher? dit le général d'une voix qui indiquait tant de préoccupation d'esprit qu'il avait à peine compris cette réponse.

— Qu'y a-t-il donc là de si étrange, monsieur? Je dis que ces portes conduisent aux chambres à coucher, — aux chambres où les gens honnêtes dorment paisiblement, et où les coquins ne peuvent fermer l'œil.

— Vous chargez encore davantage votre compte avec moi, sir Henry; mais nous en ferons la balance une fois pour toutes.

Pendant toute cette scène, Cromwell, quelle que pût être l'incertitude intérieure de son esprit, conserva la plus scrupuleuse modération dans son langage et ses manières, comme s'il n'avait pas pris plus d'intérêt à ce qui se passait qu'un soldat occupé à s'acquitter d'un devoir qui lui a été imposé par ses supérieurs. Mais la contrainte à laquelle il soumettait son ressentiment n'était que

Le calme d'un torrent au bord du précipice (1).

Sa résolution devint d'autant plus rapide que nulle violence d'expression n'en suivait ni n'en annonçait le courant. Il se jeta sur une chaise. Son air n'avait rien

(1) « But mortal pleasure, what art thou in truth?
» The torrent's smoothness ere it dash below. »
TH. CAMPBELL. *Gertrude of wyoming.*

L'auteur cite en note ces deux vers, dont voici le sens :

Qu'es-tu, plaisir mortel, dans ton charme factice?
Le calme du torrent au bord du précipice.

ÉD.

d'irrésolu, mais indiquait une détermination qui n'attendait que le signal pour agir. Le chevalier, comme s'il eût voulu ne rien perdre des privilèges de son rang et de sa place, s'assit sur une autre chaise, mit sur sa tête son chapeau, qui était sur une table, et regarda le général avec un air d'indifférence calme et intrépide. Les soldats étaient rangés autour de l'appartement, les uns tenant en main des torches qui y jetaient une clarté sombre et rougeâtre, les autres appuyés sur leurs armes. Phœbé, pâle, les bras croisés, les yeux levés vers le plafond, était debout, semblable à un criminel qui attend sa sentence et l'ordre de la mettre à exécution.

On entendit enfin un bruit de pas qui s'approchait, et Pearson rentra avec quelques soldats. Il paraît que c'était ce que Cromwell attendait. Il se leva à la hâte, et demanda : —Quelles nouvelles, Pearson ?—As-tu fait quelques prisonniers ? — As-tu été obligé de tuer quelques malveillans pour te défendre ?

— Non, général, répondit Pearson.

— Et tes sentinelles sont-elles placées conformément aux instructions de Tomkins ?—ont-elles reçu les ordres convenables ?

— Toutes les précautions ont été prises.

—Es-tu bien sûr que rien n'ait été oublié, dit Cromwell en le tirant à l'écart. Songe bien que, lorsque nous serons une fois engagés dans les communications secrètes, tout serait perdu si celui que nous cherchons trouvait le moyen de nous déjouer en gagnant quelque appartement d'où il pourrait peut-être s'échapper dans la forêt.

— Mylord, répondit Pearson, il suffit d'avoir placé des sentinelles dans tous les endroits désignés dans cet écrit, avec l'ordre le plus strict d'arrêter tous ceux qui s'y présenteront, et de les tuer en cas de résistance; ces ordres ont été donnés à des hommes qui ne manqueront pas de les exécuter. S'il faut faire quelque chose de plus, Votre Excellence n'a qu'à parler.

— Non, non! Pearson, répondit Olivier; tu as fait tout ce qu'il fallait.—Cette nuit passée, et si elle se finit comme nous l'espérons, ta récompense ne te manquera pas.—Maintenant occupons-nous d'affaires.—Sir Henry Lee, faites jouer le ressort secret de ce portrait d'un de vos ancêtres.—Épargnez-vous la peine et le péché du mensonge et du subterfuge; je vous le répète, faites jouer ce ressort à l'instant.

— Quand je vous reconnaîtrai pour mon maître, et que je porterai votre livrée, je pourrai obéir à vos ordres; mais, même en ce cas, j'aurais besoin d'abord de les comprendre.

—Voyons, toi, la fille, dit Cromwell à Phœbé, fais jouer ce ressort.—Tu as bien su en venir à bout quand tu as joué ton rôle dans la farce des lutins à Woodstock, et effrayer Markham Everard lui-même, à qui je croyais plus de bon sens.

—O Seigneur! Que faire, monsieur? dit Phœbé à son maître. Ils savent tout! Que ferai-je?

—Tiens bon, quand il s'agirait de ta vie; chaque minute vaut un million.

—L'entends-tu, Pearson? dit Cromwell. Et frappant du pied : — Fais jouer ce ressort, répéta-t-il, ou j'emploierai le levier et la hache. — Ah! un second pétard fera l'affaire. —Appelle l'ingénieur, Pearson.

— Seigneur Dieu! monsieur, s'écria Phœbé; je ne survivrai pas à un autre pétard!—Permettez-moi d'ouvrir le ressort.

— Comme tu voudras, dit sir Henry ; ils n'en tireront pas grand profit.

Soit agitation véritable, soit désir de gagner du temps, Phœbé fut quelques minutes avant de pouvoir faire jouer le ressort. Il était fabriqué avec beaucoup d'art, et caché dans la bordure du portrait, qui paraissait fermement attaché à la boiserie, comme il avait paru au colonel Everard. Nulle marque extérieure n'annonçait la moindre possibilité qu'il changeât de place ou de position. Le portrait disparut pourtant, et laissa voir un escalier étroit dont les marches montaient d'un côté dans l'épaisseur du mur.

Cromwell était alors comme un lévrier, dont on vient de détacher la laisse, et qui a sa proie en vue. — En avant, Pearson, s'écria-t-il ; tu es plus agile que moi. En avant, caporal. — En avant ceux qui ont des torches. Enfin, avec plus d'agilité qu'on n'aurait pu en attendre d'un homme de sa taille et de son âge, car il avait passé le midi de la vie, il suivit les soldats comme un piqueur suit les chiens pour les encourager et les diriger, et il entra avec eux dans le labyrinthe dont la description se trouve dans les Merveilles de Woodstock du docteur Rochecliffe.

CHAPITRE XXXIV.

« Pour mettre Rosemonde à l'abri de la haine
» Que lui portait la reine,
» Le roi fit construire un palais
» Tel qu'on n'en avait vu jamais.

» Les murs en étaient hauts, les tours en étaient fortes,
» Et cent cinquante portes
« Conduisaient à tant de détours
» Qu'on n'en pouvait suivre le cours.

» Ce labyrinthe était non moins inextricable
» Que celui de la fable.
» De même il eût fallu tenir
» Un fil pour entrer, pour sortir. »

Ballade de la belle Rosemonde.

Les traditions du pays, de même que quelques preuves historiques, confirment l'opinion que le labyrinthe composé d'une multitude de passages souterrains qui existait dans la Loge de Woodstock avait été construit par Henry II principalement dans la vue de mettre sa maitresse Rosemonde Clifford à l'abri de la jalousie de la reine, la célèbre Éléonore. A la vérité le docteur Rochecliffe, dans un de ces accès de contradiction auxquels les antiquaires sont quelquefois sujets, était assez hardi pour contester le motif du dédale de corridors et de chambres secrètes qu'on avait pratiqués dans l'épaisseur des murs de cet ancien château; mais un fait incontestable, c'était que l'architecte normand qui avait élevé cet édifice avait porté au plus haut point de perfection l'art compliqué, dont on a vu ailleurs des échantillons, de créer des passages secrets, et de pratiquer des lieux de refuge ou de retraite. On y trouvait des escaliers qui montaient sans autre but apparent que de descendre ensuite, des corridors qui, après bien des détours, ramenaient au même endroit d'où l'on était parti, — des trappes et des bascules, des panneaux mouvans et des portes déguisées de toute manière.

Quoique Olivier ne fût aidé que par un plan imparfait, qui lui avait été envoyé par Joseph Tomkins, que le docteur Rochecliffe avait employé autrefois dans ses recherches, il croyait connaître parfaitement toutes les localités: cependant les républicains rencontraient à chaque pas des obstacles sérieux sous la forme de portes épaisses et solides, de murailles formidables, et de fortes grilles de fer. Ils marchaient donc presque au hasard sans trop savoir s'ils s'éloignaient ou s'ils approchaient de l'extrémité de ce labyrinthe. Ils furent obligés d'envoyer chercher des ouvriers avec des marteaux d'enclume et d'autres instrumens, pour forcer quelques-unes de ces portes qui résistaient à tous leurs efforts. Épuisés de fatigue dans ces passages ténébreux, où ils étaient de temps en temps suffoqués par la poussière qu'excitaient ici une porte brisée, là un mur démoli, les soldats eurent besoin d'être relevés plus d'une fois, et le gros caporal Grace-soit-ici lui-même haletait et soufflait comme une baleine échouée.

Cromwell seul continuait ses recherches avec un zèle que rien ne pouvait refroidir; il encourageait les soldats dans le langage mystique propre à faire impression sur eux, les exhortait à ne pas se laisser abattre faute de foi; et en plaçant des sentinelles dans tous les endroits qu'il jugeait convenables, il s'assurait la possession des passages déjà visités. Son œil actif et vigilant découvrit, avec un sourire de dérision, les poulies et les cordes dont on s'était servi pour renverser le lit du pauvre Desborough, les restes de divers déguisemens qu'on avait employés pour l'effrayer ainsi que Bletson et Harrison, et les voies secrètes par lesquelles on s'était introduit dans leurs appartemens. Il en fit faire la remarque à Pearson sans y ajouter d'autre commentaire que l'exclamation : — Les imbéciles !

Mais ceux qui accompagnaient le général commençaient à se lasser, et il fallut tout son enthousiasme pour exciter le leur. Il leur fit écouter des voix qui semblaient se faire entendre devant eux, et en tira la preuve qu'ils étaient sur les traces de quelque ennemi de la république, qui, pour exécuter des complots de malveillance, s'était retiré dans cette forteresse extraordinaire.

Cependant, malgré tous ces encouragemens, le zèle des soldats se ralentissait. Ils se parlaient à voix basse les uns aux autres des diables de Woodstock, qui les conduisaient peut-être vers une chambre qu'on disait exister dans le palais, et dont le plancher, faisant bascule, précipitait dans un abîme sans fond ceux qui y entraient. Humgudgeon donna à entendre qu'il avait consulté le matin même les saintes Écritures par le moyen du sort, et qu'il était tombé sur le passage : — *Eutiche tomba du troisième étage.* L'énergie et l'autorité de Cromwell, avec des rafraîchissemens et quelques verres d'eau-de-vie qu'on distribua aux soldats, les déterminèrent à continuer leur tâche.

Néanmoins, malgré leurs efforts infatigables, l'aurore parut avant qu'ils fussent arrivés à l'appartement du docteur Rochecliffe, dont nous avons déjà fait la description, et ils n'y arrivèrent que par un chemin beaucoup plus difficile que celui que prenait le docteur pour s'y rendre. Mais là toute leur habileté se trouva long-temps en défaut. D'après les nombreux objets de diverse nature qui s'y trouvaient rassemblés, les apprêts d'un souper froid, et un lit tout préparé, il semblait qu'ils étaient arrivés au quartier-général du labyrinthe ; mais les divers passages qui y aboutissaient conduisaient à des endroits qu'ils connaissaient déjà, ou communiquaient avec les parties de la maison où avaient été placées des sentinelles, qui les assurèrent que personne n'y avait passé. Cromwell resta long-temps dans l'incertitude de ce qu'il devait faire. Avant d'avoir pris son parti il donna ordre à Pearson de s'emparer des écritures en chiffres, et des papiers les plus importans qui étaient sur la table. — Cependant, ajouta-t-il, je crois qu'il s'y trouvera peu de chose que je ne sache déjà, grace à Tomkins le Fidèle. — O Joseph l'Honnête, il ne reste pas dans toute l'Angleterre un agent aussi actif et aussi rusé que toi !

Après un intervalle assez considérable, pendant lequel il sonda avec le pommeau de son épée presque toutes les pierres des murailles et toutes les planches du parquet, le général donna ordre qu'on lui amenât sir Henry Lee et le docteur Rochecliffe, espérant pouvoir tirer d'eux quelque explication des secrets de cet appartement.

— Si Votre Excellence veut me laisser le soin de les interroger, dit Pearson, qui était un soldat de fortune sans éducation, et qui avait été boucanier dans les Indes occidentales, je crois que par le moyen d'une ficelle serrée autour de leur front, et tournée avec la baguette d'un pistolet, je ferai sortir la vérité de leur bouche ou les yeux de leur tête.

— Fi, Pearson! dit Cromwell avec horreur; ni comme Anglais, ni comme chrétiens, nous ne devons nous porter à de tels actes de cruauté. Nous pouvons tuer les malveillans, comme on écrase les insectes nuisibles; mais les torturer, c'est un péché mortel; car il est écrit:
— Il les fit torturer pour exciter la pitié même de ceux qui les emmenaient captifs. — Je révoque même l'ordre que j'avais donné de les amener ici, espérant que le ciel nous accordera assez de sagesse pour découvrir leurs ruses les plus secrètes.

Il y eut encore une pause pendant laquelle une nouvelle idée se présenta à l'imagination de Cromwell. — Apportez-moi ce tabouret, dit-il; et le plaçant devant une des deux fenêtres, qui étaient à une telle hauteur qu'un homme debout sur le plancher ne pouvait y atteindre, il parvint à monter sur ce que nous appellerons la plate-forme de la croisée, qui avait la même largeur que l'épaisseur de la muraille, c'est-à-dire six à sept pieds. — Viens ici, Pearson, dit-il; — mais auparavant donne ordre qu'on double la garde auprès de la tour nommée l'Échelle de l'Amour, et qu'on y porte un second pétard. — Allons, viens maintenant.

Pearson, quoique plein de bravoure sur le champ de bataille, était un de ces hommes qui éprouvent des vertiges quand ils se trouvent à une grande élévation. Il recula en voyant le précipice sur le bord duquel Cromwell se tenait avec une tranquillité parfaite, et il fallut que le général le tirât par la main pour le faire avancer.

— Je crois, dit Olivier, que j'ai enfin trouvé le fil; mais, par le jour qui nous éclaire, il n'est pas facile à suivre. Regarde, nous sommes presque au haut de la tour de Rosemonde, et cette autre tour qui s'élève en face de nous est celle de l'Échelle de l'Amour, qui se joignait à celle-ci par le moyen d'un pont-levis dont le tyran débauché se servait pour gagner l'appartement de sa maîtresse.

— Précisément, mylord; mais le pont-levis n'existe plus.

— Non, Pearson; mais de l'endroit où nous sommes un homme agile pourrait sauter sur la plate-forme de cette autre tour.

— Je ne le crois pas, mylord.

— Pas même si le vengeur du sang était derrière vous, l'arme exterminatrice à la main?

— La crainte de la mort est une grande puissance, mylord; mais quand je considère cette terrible profondeur qui est sous nos pieds, et que j'envisage la distance qui nous sépare de cette autre tour, qui me paraît à une douzaine de pieds, j'avoue qu'il faudrait le danger le plus imminent pour me déterminer à tenter un pareil saut. — Hum! cette seule idée me fait tourner la tête. —

Je tremble en voyant Votre Altesse si près du bord du précipice, et se balançant comme si elle songeait à risquer ce saut périlleux. — Je le répète, quand il s'agirait de ma vie, j'oserais à peine m'approcher du bord autant que Votre Altesse.

— Ah! esprit vil et dégénéré, ame de boue et d'argile, ne le ferais-tu pas, et bien davantage encore, pour la possession d'un empire? — c'est-à-dire, continua Cromwell en changeant de ton, comme s'il eût craint d'en avoir trop dit, si tu étais appelé à une pareille épreuve, afin que, devenant un grand homme parmi les tribus d'Israël, tu pusses racheter la captivité de Jérusalem, et peut-être faire quelque grande œuvre pour le peuple affligé de ce pays.

— Votre Altesse peut avoir une telle vocation; mais il ne peut en être de même du pauvre Gilbert Pearson, son fidèle serviteur. Vous avez ri à mes dépens hier quand j'ai voulu essayer de parler votre langage, et je ne suis pas plus en état d'accomplir vos grands desseins que d'imiter votre manière de parler.

— Mais, Pearson, tu m'as donné deux fois, — oui, trois fois le titre d'Altesse.

— En êtes-vous sûr, mylord? je n'y ai pas fait attention. Je vous en demande pardon.

— Il n'y a pas d'offense, Pearson; il est bien vrai que je suis déjà à une grande élévation, et il est possible que je sois élevé encore plus haut. — Et cependant, hélas! il conviendrait mieux à une ame simple comme moi de retourner à la charrue et au labourage. Néanmoins je ne lutterai pas contre la volonté suprême si je suis appelé à faire encore plus dans cette juste cause; car sûrement celui qui a été pour Israël comme un bouclier de protection et un glaive de victoire, et qui a forcé ses ennemis à se courber sous le joug, n'abandonnera pas le troupeau à ces pasteurs insensés de Westminster, qui tondent leurs brebis et ne les nourrissent pas, et qui sont dans le fait des mercenaires, et non des bergers.

— J'espère voir Votre Excellence les jeter tous par la croisée. — Mais puis-je vous demander pourquoi nous avons une telle conversation avant de nous être assurés de l'ennemi commun ?

— Je n'ai pas envie de perdre un instant, Pearson. — Fais bien bloquer cette Échelle de l'Amour, comme on appelle cette tour; car je regarde comme presque certain que celui que nous avons chassé de cachette en cachette pendant toute la nuit a fini par sauter de l'endroit où nous sommes sur la plate-forme qui est en face. La tour étant bien gardée en bas, la place de refuge qu'il a choisie sera pour lui une ratière dont il lui sera impossible de sortir.

— Il y a un baril de poudre dans cette chambre, général. S'il ne veut pas se rendre, le mieux ne serait-il pas de miner la tour, et de l'envoyer à cent pieds dans l'air avec tout ce qu'elle contient ?

— Ah ! étourdi, dit Cromwell en lui frappant familièrement sur l'épaule, si tu avais fait cela sans m'en parler, c'eût été me rendre un bon service. — Mais nous ferons d'abord une sommation à la tour, et ensuite nous réfléchirons si le pétard peut nous suffire, — sauf à en venir enfin à la mine. — Fais sonner les trompettes là-bas.

Pearson donna l'ordre, et les trompettes sonnèrent de manière à faire retentir les parties les plus éloignées du vieux bâtiment. Cromwell, comme s'il n'eût pas voulu voir l'individu qu'il supposait devoir paraître, recula comme un nécromancien qui craint d'apercevoir le spectre qu'il a évoqué.

— Le voilà sur la plate-forme de la tour, dit Pearson.

— Comment est-il vêtu? demanda Cromwell, qui était rentré dans l'appartement.

— Habit gris galonné en argent, répondit Pearson; des bottes sans éperons, chapeau gris surmonté d'un panache, cheveux noirs.

— C'est lui, c'est lui! dit Cromwell. C'est encore une merci du ciel pour couronner l'œuvre (1).

Pearson et Albert Lee échangèrent alors quelques mots de leurs postes respectifs.

— Rendez-vous, dit le premier; ou nous vous ferons sauter en l'air, vous et la tour où vous êtes.

— Je descends de trop haute race pour me rendre à des rebelles, répondit Albert avec le ton de dignité qu'un roi aurait pu prendre en pareille circonstance.

— Je vous prends tous à témoin qu'il a refusé quartier, s'écria Cromwell avec un accent de triomphe. C'est sur sa tête que son sang doit tomber. — Qu'un de vous descende le baril de poudre. Comme il aime à s'élever bien haut, nous y ajouterons la hauteur que pourront fournir les bandoulières de nos soldats. — Viens avec moi, Pearson, tu entends ce genre d'affaires.

— Caporal Grace-soit-ici, monte sur la plate-forme de

---

(1) *A crowning mercy*, une merci du ciel pour terminer glorieusement ses projets. C'est ainsi que Cromwell appelait la victoire définitive de Worcester. — Éd.

la fenêtre d'où le capitaine Pearson et moi nous venons de descendre, et fais sentir la pointe de ta pertuisane à quiconque essaierait d'y passer. — Tu es fort comme un taureau, et je parierais pour toi contre le désespoir même.

— Mais, répondit le caporal en montant à contrecœur au poste qui lui était assigné, cet endroit est comme le pinacle du temple, et il est écrit qu'Eutiche tomba du troisième étage, et fut ramassé mort.

— Parce qu'il s'endormit à son poste, répondit Cromwell avec vivacité; sois vigilant, et tes pieds ne trébucheront pas. Que quatre soldats restent ici pour soutenir le caporal, s'il est nécessaire; et dès que vous entendrez les trompettes sonner la retraite, retirez-vous tous cinq dans ce passage voûté; il est fort comme une casemate, et vous y serez en sûreté contre les effets de la mine. — Zorobabel Robins, tu seras leur lance-prisade (1).

Robins salua, et le général sortit pour rejoindre ceux qui étaient en avant.

Dès qu'il arriva à la porte du vestibule, il entendit l'explosion du pétard, et il vit que l'entreprise avait réussi. La porte de la tour était brisée, et les soldats, brandissant leurs épées d'une main et le pistolet de l'autre, se précipitaient pour y entrer. Un frissonnement de satisfaction qui n'était pas sans mélange de quelque horreur, agita un instant les nerfs de l'ambitieux républicain.

---

(1) Lance-prisade ou lance-brisade, espèce de chef de poste ou de caporal provisoire.   (*Note de l'auteur écossais.*)

Nous disons en français *Anspessade*. — Éd.

— Les y voilà! s'écria-t-il, les y voilà ! il va avoir affaire à eux !

Son attente fut trompée. Pearson et les soldats revinrent sans avoir réussi. Le capitaine annonça à Cromwell qu'ils avaient été arrêtés par une grille formée d'énormes barres de fer, placée au bas de l'escalier, et qu'à environ dix pieds plus haut ils avaient aperçu un autre obstacle de même nature. Vouloir abattre ou forcer ces barrières tandis qu'un homme désespéré et bien armé avait sur eux l'avantage de la situation, c'était risquer la vie de plusieurs soldats.

— Et c'est un devoir pour nous d'être avares de leur sang, dit le général. — Que me conseilles-tu, Gilbert Pearson ?

— Il faut employer la poudre, mylord, répondit Pearson, qui vit que son maître était déterminé à lui laisser tout le mérite de cette affaire ; on peut aisément établir une chambre convenable sous le pied de l'escalier ; nous avons heureusement une saucisse pour faire une traînée, et ainsi.....

— Ah! dit Olivier, je sais que tu es expert en pareille besogne. — Mais, Gilbert, je vais visiter les postes, et donner ordre qu'on se tienne à distance convenable quand les trompettes sonneront la retraite. — Tu donneras à nos hommes cinq minutes pour se retirer.

— Trois sont bien assez. Il faudrait que les drôles fussent boiteux s'il leur en fallait davantage en pareille occasion. — Je n'en demanderais qu'une, quand je mettrais moi-même le feu à la traînée.

— Aie bien soin, si cet infortuné demande quartier, qu'on ne se bouche pas les oreilles. Il peut arriver qu'il se repente de sa dureté de cœur, et qu'il sollicite notre merci.

— Et il l'obtiendra, pourvu qu'il crie assez haut pour que je l'entende; car l'explosion de ce damné pétard m'a rendu sourd comme la femme du diable.

— Paix, Gilbert, paix! De pareils termes offensent le ciel.

— Morbleu, monsieur, il faut que je parle à votre manière ou à la mienne, à moins que je ne devienne muet aussi bien que sourd. — Allez faire la visite des postes, général, et vous m'entendrez bientôt faire quelque bruit dans le monde.

Cromwell sourit de la vivacité de son aide-de-camp, lui frappa doucement sur l'épaule, l'appela écervelé, s'éloigna pour s'en aller, revint sur ses pas, et lui dit à voix basse : — Quoi que tu fasses, fais-le promptement. Il s'avança alors vers la seconde ligne des sentinelles, tournant la tête de temps en temps, comme pour s'assurer si le caporal qu'il avait mis en faction était fidèle à sa consigne. Il le vit, la pertuisane en avant, sur le bord du gouffre qui séparait la tour de Rosemonde de celle de l'Échelle de l'Amour, et il murmura sous ses moustaches : — Le drôle a la force et le courage d'un ours, et il est plus facile à un seul homme de se défendre qu'à cent d'attaquer. Il jeta un dernier regard sur cette figure gigantesque, debout dans cette position aérienne, comme une statue gothique, son arme dirigée contre la tour qu'il avait en face, et appuyée contre son pied droit, son casque d'acier et sa cuirasse bien polie réfléchissant les rayons du soleil levant.

Cromwell continua sa marche pour donner aux sentinelles qui étaient en faction dans des endroits où l'effet de l'explosion pouvait être dangereux l'ordre de se retirer dans des endroits qu'il leur indiqua dès qu'ils entendraient le son de la trompette. Jamais, dans aucun autre instant de sa vie, il ne montra plus de calme et de présence d'esprit. Il parlait avec bonté aux soldats, qui l'adoraient; il plaisantait même avec eux, et cependant il ressemblait à un volcan un moment avant l'éruption. — Il avait l'extérieur calme et tranquille, tandis que cent passions contradictoires fermentaient dans son sein.

Cependant le caporal Humgudgeon restait ferme à son poste; mais, quoiqu'il fût aussi déterminé qu'aucun soldat qui eût jamais combattu dans le redoutable régiment des Côtes-de-Fer, et qu'il eût sa bonne part de ce fanatisme exalté qui doublait le courage naturel de ces austères religionnaires, le vétéran ne trouvait nullement agréable sa situation actuelle. A la distance de lui de la longueur d'une pique s'élevait une tour dont les fragmens massifs allaient être lancés dans les airs, et il n'avait pas une entière confiance en l'espace de temps qui lui serait donné pour s'éloigner de ce dangereux voisinage. Il était donc distrait en partie de sa vigilance par ce sentiment naturel qui le portait de temps en temps à baisser les yeux sur les mineurs qui étaient à l'ouvrage, au lieu de les tenir constamment fixés sur la tour qu'il avait en face.

Enfin l'intérêt de cette scène fut porté au plus haut point. Après avoir entré dans la tour, en être sorti et y être rentré plusieurs fois pendant le cours d'environ vingt minutes, Pearson en sortit, comme on pouvait le supposer, pour la dernière fois, portant en main et déroulant en même temps la saucisse, espèce de sac de toile fortement cousu, portant ce nom à cause de sa forme, et rempli de poudre, qui devait servir de traînée entre la mine qu'il s'agissait de faire jouer, et le point occupé par l'ingénieur chargé d'y mettre le feu. Pendant qu'il terminait ces préparatifs pour l'explosion, le caporal les suivait des yeux avec une attention qui ne lui permettait plus de songer à autre chose. Mais tandis qu'il regardait l'aide-de-camp tenant en main le pistolet dont il allait se servir pour allumer la traînée, et le trompette, son instrument levé, n'attendant que le signal pour sonner une retraite, le destin le frappa du coup qu'il attendait le moins.

Jeune, agile, hardi, et possédant toute sa présence d'esprit, Albert Lee, qui, par les meurtrières, avait suivi des yeux avec soin toutes les opérations des assiégeans, avait résolu de faire un effort désespéré pour sauver sa vie. Tandis que la tête de la sentinelle placée sur la petite plate-forme en face de lui, et qui était à peine assez grande pour contenir deux personnes, était courbée vers la terre, il franchit l'espace qui l'en séparait, renversa le caporal en tombant sur lui, et sauta sur-le-champ dans l'appartement du docteur. La violence du choc jeta le malheureux Humgudgeon contre la muraille ; il tomba à la renverse, et fut précipité avec une telle violence que sa tête en touchant le sol y creusa une excavation de six pouces de profondeur, et fut brisée comme une coquille d'œuf.

Ne sachant encore ce qui venait d'arriver, mais surpris et confondu par la chute d'un corps pesant qui venait de tomber assez près de lui, Pearson lâcha son coup de pistolet, sans songer au signal convenu. La poudre prit, et l'explosion eut lieu. Si la mine eût été chargée d'une plus grande quantité de poudre, le résultat en eût été fatal à plusieurs sentinelles qui étaient à peu de distance ; mais il ne s'en trouva que suffisamment pour faire sauter, dans une direction latérale, une partie du mur précisément au-dessus des fondations, ce qui détruisit pourtant l'équilibre et le contre-poids du bâtiment. Alors, au milieu d'un nuage de fumée qui commençait à s'élever en entourant la tour comme un linceul, et qui montait lentement de la base au sommet, ceux qui eurent le courage de contempler ce spectacle effrayant la virent trembler et chanceler. Elle pencha d'abord lentement, et, s'écroulant ensuite avec violence, couvrit la terre d'énormes débris, la résistance qu'elle avait faite prouvant l'excellence de sa construction.

Dès qu'il eut tiré son coup de pistolet, Pearson, alarmé pour sa sûreté, s'enfuit avec tant de précipitation qu'il pensa heurter le général, qui s'avançait vers lui, tandis qu'une grosse pierre, détachée du haut de la tour et partie avant les autres, tombait à trois pieds d'eux.

— Tu as été trop précipité, Pearson, dit Cromwell avec le plus grand calme possible ; quelqu'un n'est-il pas tombé de cette tour de Siloé ?

— Quelqu'un est certainement tombé, répondit Pearson encore fort agité, et son corps est là-bas à demi couvert de décombres.

Cromwell s'en approcha d'un pas résolu et accéléré, et s'écria : — Tu m'as perdu, Pearson ! — le Jeune Homme est échappé ; — ce corps est celui de notre sentinelle. — Maudit soit l'idiot ! qu'il pourrisse sous les débris qui l'ont écrasé !

En ce moment un cri partit de la petite plate-forme

de la tour de Rosemonde, qui semblait encore plus élévée depuis la chute de celle qui rivalisait sa hauteur, quoiqu'elle ne l'atteignît pas. — Un prisonnier, noble général! — un prisonnier! — Le renard que nous avons chassé toute la nuit est pris au piège. — Le Seigneur l'a livré entre les mains de ses serviteurs.

— Qu'on le tienne sous bonne garde! s'écria Cromwell, et qu'on me l'amène dans l'appartement où se trouve la principale entrée de ces passages secrets.

— Votre Excellence sera obéie.

Les suites de la hardiesse d'Albert Lee, qui était le sujet de ces exclamations, n'avaient pas été heureuses. Comme nous l'avons déjà dit, il avait renversé, en sautant sur la plate-forme, le soldat vigoureux et gigantesque qui y était en faction, et il avait descendu à l'instant dans la chambre de Rochecliffe. Mais les soldats qui y avaient été laissés se jetèrent sur lui, et, après une lutte que le désespoir lui fit soutenir malgré l'inégalité du nombre, ils le renversèrent; deux d'entre eux entraînés dans sa chute tombèrent en travers sur son corps. Au même instant un grand bruit, semblable à celui du tonnerre, éclatant avec violence sur leurs têtes, ébranla tout autour d'eux, au point que la tour bien solide dans laquelle ils étaient trembla comme le mât d'un vaisseau prêt à céder à un ouragan. Ce bruit fut suivi quelques secondes après d'un autre bruit d'abord sourd, mais augmentant comme les mugissemens d'une cataracte qui semble menacer d'assourdir les habitans du ciel et de la terre. Le bruit produit par la tour qui s'écroulait était si imposant, si épouvantable, que, pendant une minute ou deux, les combattans restèrent inactifs, sans songer ni à l'attaque ni à la défense.

Albert fut le premier qui sortit de cet état de stupeur, et qui recouvra son activité. Il parvint à se débarrasser des deux soldats qui étaient tombés sur lui, chercha à se relever, et y réussit presque. Mais il avait affaire à des hommes habitués à toute espèce de dangers, et dont l'énergie se ranima presque aussi promptement que la sienne; quelques instans suffirent pour le subjuguer, et deux soldats lui tinrent les bras. Toujours loyal et fidèle, et résolu de soutenir jusqu'au bout le rôle dont il s'était chargé, il s'écria, quand il se vit hors d'état de résister :
— Sujets rebelles, voulez-vous donc assassiner votre roi?

— Ah! entendez-vous cela? dit un des soldats au lance-prisade qui commandait les trois autres. Ne frapperai-je pas sous la cinquième côte ce fils d'un père corrompu, comme Aod frappa le tyran Moab avec un poignard d'une coudée de longueur.

— Gardons-nous bien, Strickalthrow-le-Miséricordieux, de tuer de sang-froid le captif de notre arc et de notre javeline, répondit Robins. Il me semble que nous avons versé assez de sang depuis le sac de Fredagh (1). Ne lui faites donc aucun mal, sur votre vie, mais retirez-lui ses armes, et conduisons-le devant l'instrument choisi, notre général, afin qu'il décide de son sort comme il le jugera convenable.

Le soldat que sa joie avait porté à monter sur la plateforme de la fenêtre pour être le premier à annoncer cette nouvelle à Cromwell rentra alors dans la chambre,

---

(1) Fredagh ou Drogheda fut pris d'assaut par Cromwell en 1640, et toute la garnison en fut passée au fil de l'épée.

(*Note de l'auteur écossais.*)

et fit part à ses compagnons des ordres que le général venait de transmettre, et qui étaient conformes à l'avis qu'avait donné le lance-prisade. Albert Lee, désarmé et garotté, fut donc conduit, comme prisonnier, dans l'appartement qui tirait son nom des victoires d'un de ses ancêtres, pour y être introduit devant Olivier Cromwell.

Calculant le temps qui s'était écoulé depuis le départ de Charles jusqu'à l'instant où le siège du château, si on peut l'appeler ainsi, s'était terminé par sa captivité, Albert avait tout lieu d'espérer que le roi se trouvait alors hors de la portée de ses ennemis. Cependant il résolut d'entretenir le plus long-temps possible une illusion qui pouvait contribuer à la sûreté de son maître. Il ne croyait pas qu'on pût reconnaître sur-le-champ la différence qui existait entre eux, son visage étant noirci de fumée, couvert de poussière et teint du sang qui coulait de quelques égratignures qu'il avait reçues pendant sa lutte avec les soldats.

Ce fut sous cet extérieur peu prévenant, mais armé de l'air de dignité qui convenait à un roi, qu'Albert entra dans l'appartement de Victor Lee, où il trouva, assis dans le fauteuil de son père, l'heureux ennemi d'une cause pour laquelle la maison de Lee avait conservé une fidélité héréditaire.

CHAPITRE XXXV.

―――

« C'est payer un vain titre un peu cher, sur ma foi.
» Mais pourquoi me tromper en te donnant pour roi?»
SHAKSPEARE. *Henry IV*, part. I.

Olivier Cromwell se leva lorsque les deux vétérans Zorobabel Robins et Strickalthrow-le-Miséricordieux amenèrent devant lui le prisonnier, qu'ils tenaient chacun par un bras; et il fixa son œil sévère sur Albert long-temps avant d'exprimer par la parole les idées qui l'agitaient. La joie du triomphe était le sentiment qui dominait en lui.

— N'es-tu pas, dit-il enfin, cet Égyptien qui, avant ces jours-ci, as occasioné un tumulte et conduit dans le désert des milliers d'hommes qui étaient des meurtriers? — Ah! jeune homme! je t'ai poursuivi depuis Stirling jusqu'à Worcester; mais je t'ai rencontré à la fin.

— J'aurais voulu te rencontrer, répondit Albert prenant le ton convenable à celui dont il jouait le rôle, dans un lieu où j'aurais pu t'apprendre la différence qui existe entre un roi légitime et un usurpateur ambitieux.

— Va, va, jeune homme, dit Cromwell, dis plutôt la différence qu'il y a entre un juge suscité pour la rédemption de l'Angleterre et le fils de ces rois à qui Dieu, dans sa colère, avait permis de régner sur elle. — Mais nous ne perdrons pas notre temps en paroles inutiles. — Dieu sait que ce n'est point par l'effet de notre propre volonté que nous avons été appelés à de si hautes fonctions, nos pensées étant aussi humbles que nous le sommes nous-même; notre nature, sans assistance, étant faible et fragile, et incapable de rendre raison de rien, si ce n'était par l'esprit qui est en nous, et qui ne vient pas de nous. — Tu es fatigué, jeune homme, et tu as besoin de repos et d'alimens, ayant sans doute été élevé dans la mollesse, habitué à te nourrir de ce que la terre produit de plus rare et de plus délicieux; à être revêtu de pourpre et de linge fin.

Ici Olivier s'interrompit tout à coup, et s'écria brusquement : — Mais que veut dire ceci? — Qui avons-nous sous les yeux? ce n'est point là le basané Charles Stuart! — C'est un imposteur, — un imposteur.

Albert jeta un coup d'œil à la hâte sur une glace qui était dans l'appartement, et s'aperçut que la perruque noire qu'il avait prise dans le magasin de déguisemens du docteur Rochecliffe s'était dérangée pendant qu'il luttait contre les soldats, et que ses cheveux, d'un châtain clair, s'étaient échappés par-dessous.

— Qui est cet homme? s'écria Cromwell en frappant

du pied avec fureur; qu'on lui arrache son déguisement!

Les soldats obéirent, approchèrent leur prisonnier de la croisée, et Albert sentit qu'il ne pouvait entretenir l'illusion un instant de plus avec la moindre apparence de succès. Cromwell, ému outre mesure, avança vers lui en grinçant des dents, les poings fermés, et il lui parla d'une voix creuse, sourde et amère, telle que celle qui aurait pu précéder un coup de poignard.

— Ton nom, jeune homme?

Albert lui répondit avec autant de calme que de fermeté, prenant une expression de triomphe et même de mépris :

— Albert Lee de Ditchley, fidèle sujet du roi Charles.

— J'aurais pu le deviner, dit Cromwell. — Eh bien, tu iras rejoindre le roi Charles dès que le soleil marquera midi sur le cadran. — Pearson, qu'on l'enferme avec les autres prisonniers, et qu'ils soient tous exécutés à midi précis.

— Tous, général! dit Pearson avec surprise; car quoique Cromwell fit de temps en temps de formidables exemples, il n'était nullement sanguinaire.

— Tous, répéta Olivier en fixant les yeux sur le jeune Lee. — Oui, jeune homme, ta conduite a dévoué à la mort ton père, ton parent et l'étranger qui se trouvait dans ta maison. — Tel est le fléau que tu as appelé sur la demeure paternelle.

— Mon père aussi! mon vieux père, s'écria Albert en levant les yeux vers le ciel, et en faisant un effort inutile pour donner la même direction à ses bras; que la volonté de Dieu s'accomplisse!

— Tous ces malheurs peuvent s'éviter, ajouta le général, si tu veux répondre à une question. — Où est le jeune Charles Stuart qu'on appelait roi d'Écosse?

— Sous la protection du ciel, et hors de ton pouvoir, répondit sans hésiter le jeune royaliste.

— Qu'on l'emmène en prison! s'écria Cromwell, et qu'il soit exécuté avec les autres comme malveillant pris en flagrant délit. Qu'une cour martiale s'assemble sur-le-champ.

— Un seul mot, dit le jeune Lee, comme on l'entraînait hors de l'appartement.

— Arrêtez! arrêtez! s'écria Cromwell avec une agitation produite par un renouvellement d'espérance; laissez-le parler.

— Vous aimez les textes de l'Écriture, dit Albert; en voici un qui pourra servir pour votre prochaine homélie : — Zimri vécut-il en paix après avoir tué son maître?

— Qu'on l'emmène, dit le général, — qu'il soit mis a mort! Je l'ai prononcé.

Tandis qu'il parlait ainsi, son aide-de-camp remarqua qu'il était excessivement pâle.

— Les affaires publiques ont trop fatigué Votre Excellence, dit-il; une chasse au cerf dans la soirée pourrait vous distraire. Le vieux chevalier a ici un noble lévrier; si nous pouvons le décider à chasser sans son maître, ce qui est peut-être difficile, car il est fidèle, et.....

— Qu'on le pende!

— Quoi? qui? — Le beau lévrier! Votre Excellence avait coutume d'aimer un bon chien de chasse.

— Peu importe! Qu'il soit tué! N'est-il pas écrit qu'on tua dans la vallée d'Achor, non-seulement le maudit Acham avec ses fils et ses filles, mais encore ses bœufs, ses ânes, ses moutons, et toute créature vivante qui lui appartenait? Et nous agirons de même à l'égard de la famille malveillante de Lee, qui a aidé Sisara dans sa fuite, tandis qu'Israël aurait pu en être délivré pour toujours. — Mais, Pearson, fais partir des courriers et des patrouilles. — Fais-le suivre, poursuivre et surveiller de tous côtés. — Que mon cheval soit prêt dans cinq minutes, ou plutôt qu'on m'amène sur-le-champ le premier qui se trouvera.

Pearson crut remarquer que le général, en parlant ainsi, semblait avoir ses idées en désordre, et il vit que son front était couvert d'une sueur froide. Il lui représenta donc une seconde fois qu'il était nécessaire qu'il prît quelque repos, et il est probable que la nature secondait fortement ses instances. Cromwell fit deux pas vers la porte, chancela, s'arrêta, et se reposa sur une chaise.

— Véritablement, ami Pearson, dit-il, ce misérable corps est pour nous un obstacle perpétuel, même dans nos affaires les plus urgentes; je me trouve en ce moment plus disposé à dormir qu'à veiller, ce qui n'est pas mon usage. Place donc des gardes, et nous prendrons une heure ou deux de repos. — Cependant fais partir des courriers dans toutes les directions, et qu'on ne ménage pas les chevaux. — Éveille-moi si la cour martiale a besoin d'instructions; mais n'oublie pas de faire exécuter la sentence contre Henry et Albert Lee, et contre tous ceux qui ont été arrêtés avec eux.

A ces mots Cromwell se leva, et entr'ouvrit la porte d'une chambre à coucher.

— Pardon, dit Pearson; mais ai-je bien compris

Votre Excellence? — Tous les prisonniers doivent-ils être exécutés?

— Ne te l'ai-je pas dit? répondit Cromwell d'un ton mécontent; est-ce parce que tu es et que tu as toujours été un homme de sang, que tu affectes des scrupules pour montrer de l'humanité à mes dépens? Je te dis que s'il en manque un seul dans le compte que tu me rendras de l'exécution, ta propre vie m'en répondra.

Après avoir ainsi parlé, Cromwell entra dans la chambre à coucher, suivi de son valet de chambre que Pearson venait de faire appeler à l'instant.

Quand son général se fut retiré, Pearson resta dans une grande perplexité pour savoir ce qu'il devait faire; non par scrupule de conscience, mais parce qu'il craignait également de déplaire à Cromwell, soit en retardant l'exécution de ses ordres, soit en s'y conformant trop littéralement et à la rigueur.

Cependant, Robins et Strickalthrow, après avoir conduit Albert en prison, étaient revenus, pour rendre compte de leur mission, dans l'appartement où Pearson était encore à réfléchir sur les ordres du général. Ces deux hommes étaient de braves soldats, des vétérans que Cromwell avait coutume de traiter avec beaucoup de familiarité, de sorte que Robins demanda sans hésiter au capitaine Pearson s'il avait dessein d'exécuter à la lettre les ordres qu'il avait reçus du général.

Pearson secoua la tête d'un air de doute, mais dit qu'il n'avait pas d'autre alternative.

—Sois assuré, répondit le vétéran, que, si tu fais cette folie, tu feras entrer le péché dans Israël, et que le général ne sera pas content de ton exactitude. Tu sais, et personne ne sait mieux que toi, que, quoique Olivier soit semblable à David en foi, en sagesse et en courage, il y a pourtant des momens où le mauvais esprit s'empare de lui, comme il s'emparait de Saül; et les ordres qu'il donne alors, il ne remercie personne de les avoir exécutés.

Pearson était trop bon politique pour donner son assentiment direct à une proposition qu'il ne pouvait contredire. Il se borna à secouer la tête une seconde fois, et dit que ceux qui n'étaient pas responsables pouvaient parler bien aisément, mais que le devoir du soldat était d'obéir aux ordres qu'il avait reçus, et non de les juger.

— Et c'est la vérité, dit Strickalthrow-le-Miséricordieux, vieil Écossais rigide; je ne sais où notre frère Zorobabel a pris cette faiblesse de cœur.

— Tout ce que je désire, répliqua Robins, c'est que quatre ou cinq créatures humaines respirent l'air de Dieu quatre ou cinq heures de plus. Il ne peut y avoir grand mal à retarder l'exécution, et notre général aura le temps de la réflexion.

— Sans doute, dit Pearson, mais dans la place que j'occupe près de lui, je dois lui obéir plus ponctuellement que tu n'y es obligé, mon franc ami Zorobabel.

— Eh bien, la casaque grossière de drap de Frise du simple soldat sera exposée à l'ouragan comme l'habit brodé du capitaine, reprit Robins. Je pourrais vous citer des textes pour vous prouver que nous devons nous aider les uns les autres dans nos souffrances, et nous rendre mutuellement service, vu que le meilleur de nous n'est qu'un pauvre pécheur qui pourrait se trouver dans l'embarras si on lui demandait son compte trop vite.

—Véritablement, tu me surprends, frère Zorobabel,

dit Strickalthrow. Toi qui es un vieux soldat expérimenté, dont la tête a blanchi pendant tes campagnes, tu donnes de tels avis à un jeune officier! Le général n'a-t-il pas été appelé à purger le pays des méchans, — à en extirper les Amalécites, les Jébuséens, les Pérusites, les Hittites, les Amorrhéens? — Les hommes dont tu parles ne doivent-ils pas être justement comparés aux cinq rois qui se réfugièrent dans la caverne de Macéda, et qui furent livrés entre les mains de Josué, fils de Nun? Et n'en fit-il pas approcher ses capitaines et ses soldats pour leur mettre le pied sur le cou? Et il les frappa, les tua, et les fit suspendre à cinq arbres jusqu'au soir. — Et toi, Gilbert Pearson, ne recule pas devant le devoir dont tu as été chargé, mais accomplis ce qui t'a été ordonné par celui qui a été élevé pour juger et délivrer Israël; car il est écrit: Maudit celui dont le glaive ne prend point part au carnage.

Ainsi discutaient les deux théologiens militaires, et Pearson, beaucoup plus inquiet de satisfaire les désirs de Cromwell que de connaître la volonté du ciel, restait, en les écoutant, dans l'indécision et la perplexité.

CHAPITRE XXXVI.

« En braves sentinelles,
» Couvrons-nous maintenant d'armes spirituelles;
» Car tout ce qu'un soldat doit pouvoir endurer,
» A savoir le souffrir il faut nous préparer. »

JOANNA BAILLIE.

Le lecteur se rappellera que, lorsque Rochecliffe et Jocelin furent faits prisonniers, le détachement qui les escortait avait déjà sous sa garde deux autres captifs, le colonel Everard, et le révérend Nehemiah Holdenough. Quand Cromwell fut entré dans la Loge, et qu'on eut commencé les perquisitions pour chercher le prince fugitif, les quatre prisonniers furent conduits dans une salle qui avait autrefois servi de corps-de-garde, et qui était assez forte pour servir de prison; Pearson plaça un piquet à la porte pour la garder. Les prisonniers, qui n'y avaient d'autre lumière que la clarté du feu, formaient deux groupes séparés, le colonel s'entretenant avec le ministre presbytérien, à quelque distance de sir Henry Lee, près duquel étaient le docteur Rochecliffe et Jocelin Joliffe. La compagnie ne tarda pas à être augmentée par Wildrake, qu'on amena de Woodstock à la Loge, et qu'on jeta dans la chambre avec si peu de cérémonie que, ses bras étant liés, il pensa tomber sur le nez au milieu de la prison.

— Grand merci, mes bons amis, dit-il en se retournant vers la porte que ceux qui l'avaient fait entrer si brusquement s'occupaient alors à fermer, *point de cérémonie* ni d'excuses; on se console de tomber quand on se relève en bonne compagnie. — Bonjour, messieurs, bonjour à vous tous. — Quoi! *à la mort*, et rien pour nous maintenir en belle humeur? — pour nous faire passer gaiement une nuit qui sera notre dernière je suppose, car je gage un farthing contre un million que nous figurerons demain matin entre le ciel et la terre. — Mon patron, mon noble patron, comment vous trouvez-vous? — C'est un chien de tour de ce vieux Noll en ce qui vous concerne; quant à moi, j'avoue que je pouvais mériter de sa part quelque chose de semblable.

— Je t'en prie, Wildrake, dit Everard, assieds-toi et ne nous trouble pas; — tu es ivre.

— Ivre! s'écria Wildrake; moi ivre! — je n'ai fait que dévider un écheveau de fil en trois, comme dit Jack à Wapping, — goûté l'eau-de-vie de Noll, — bu un coup à la santé du roi, — un autre à la confusion de Son Excellence, — un troisième à la damnation du parlement, et peut-être deux ou trois autres, mais tous toasts diablement bien choisis. — Ne dis pas que je suis ivre.

— Silence, l'ami; ne tenez pas de discours profanes, dit Nehemiah Holdenough.

— Ah! dit Wildrake, c'est mon petit ministre presbytérien; mon grêle Mass John. Eh bien, tu diras *Amen* à ce monde dans quelques instans. — Pour moi, il ne m'a pas trop bien traité. — Ah! noble sir Henry, je vous baise les mains. — Je vous apprendrai, chevalier, que la pointe de mon épée a été cette nuit aussi près du cœur de Cromwell qu'aucun des boutons de son pourpoint. Mais, le diable l'enlève! il porte une armure cachée. — Lui un soldat! — Sans sa maudite chemise d'acier, je l'aurais embroché comme une allouette. Ah! docteur Rochecliffe! — vous savez comme je manie mon arme.

— Oui, répondit le docteur, et vous savez comme je me sers de la mienne.

— Je vous en prie, maître Wildrake, un peu de tranquillité! dit sir Henry.

— Et vous, bon chevalier, répliqua le Cavalier, un peu plus de cordialité avec un compagnon d'infortune. Nous ne sommes pas en ce moment à l'attaque de Brentford. La fortune m'a traité en marâtre. — Je vais vous chanter une chanson que j'ai faite sur tous mes désastres.

— Capitaine Wildrake, dit sir Henry avec une politesse grave, le moment n'est pas convenable pour chanter.

— Ma chanson aidera votre dévotion, répondit Wildrake. Ventrebleu! elle a l'air d'un psaume de la pénitence.

    Lorsque j'étais jeune garçon,
    Je n'eus jamais que du guignon;
    Et ce sera, ma foi, merveille,
    Si le bonheur pour moi s'éveille.

Je partageais tout mon argent
Entre les joueurs et les filles ;
Et j'entrais dans un régiment
Pour fourrager quelques broutilles.

J'ai des bas, à la vérité,
Mais les souliers sont de côté ;
Et des bottes sont la chaussure
Qui, par tout temps, fait ma parure.
Et quoique le cuir en soit bon,
J'en maudis la semelle épaisse,
J'en donne au diable l'éperon,
Et le vernis dont on la graisse.

La porte s'ouvrit, comme Wildrake finissait ce couplet, qu'il chantait à tue-tête, et une sentinelle, le traitant de blasphémateur et de taureau mugissant de Bassan, appliqua un bon coup de baguette de fusil sur les épaules du chanteur, à qui ses liens ne permettaient pas de lui rendre la pareille.

— Grand merci encore une fois, dit Wildrake, fâché de ne pouvoir vous témoigner ma reconnaissance ; mais vous voyez que c'est le cas de dire que j'ai les mains liées. — Eh bien, chevalier, avez-vous entendu le bruit de la percussion de mes os ? Le coup était bien appliqué. — Le drôle serait en état d'infliger la bastonnade même en présence du grand-seigneur. — Ha... a ! — il n'a pas de goût pour la musique, il n'est pas ému par de doux accords, — ha... a ! — je crois, ma foi, que je bâille. — Eh bien, je dormirai cette nuit sur un banc, comme cela m'est arrivé plus d'une fois, et demain matin je me trouverai en état décent pour être pendu, ce qui ne m'est pas encore arrivé.

Lorsque j'étais jeune garçon,
Je n'eus jamais que du guignon. —

Eh non, ce n'est pas l'air. — En le cherchant, il s'endormit, et, les uns plus tôt, les autres plus tard, ses compagnons d'infortune suivirent son exemple.

Les bancs qui avaient été préparés pour servir de lits de repos aux soldats, quand cette chambre était un corps-de-garde, offrirent aux prisonniers les moyens de chercher le sommeil, quoiqu'on puisse bien s'imaginer que ce sommeil ne fut ni profond ni sans interruption. Mais lorsque le jour commença à paraître, l'explosion qui eut lieu, et la chute de la tour sous laquelle on avait creusé une mine, auraient éveillé les sept dormans et Morphée lui-même. La fumée qui pénétrait à travers les croisées ne leur laissa aucun doute sur la cause de ce bruit.

— Voilà ma poudre qui part, dit Rochecliffe. — J'espère qu'elle a fait sauter autant de ces coquins de rebelles qu'elle aurait pu en faire périr autrement sur un champ de bataille. Il faut qu'elle ait pris feu par quelque hasard.

— Par quelque hasard! répéta sir Henry, — non, non; soyez-en bien sûr, c'est mon brave Albert qui y a mis le feu, et je me flatte qu'il a fait voler Cromwell jusqu'à la porte du firmament, par laquelle il ne passera jamais. — Hélas! mon pauvre enfant, tu t'es peut-être sacrifié toi-même, comme un jeune Samson au milieu des Philistins! — Mais je ne tarderai pas à te rejoindre, Albert.

Everard courut à la porte, espérant obtenir de la sentinelle, à qui son nom et son rang pouvaient être connus, l'explication d'un bruit qui semblait annoncer quelque catastrophe terrible.

Mais Nehemiah Holdenough, dont le sommeil avait

été troublé par la trompette qui avait donné le signal à l'explosion, éprouva les transes les plus terribles (1). C'est la trompette de l'archange! s'écria-t-il. — C'est le bruit de la dissolution des élémens de ce monde! — c'est le mandat de comparution devant le trône du jugement! — Les morts obéissent à cet ordre. — Ils sont avec nous, — parmi nous; — ils ont repris leurs corps terrestres; — ils viennent nous sommer de les suivre.

En parlant ainsi il avait les yeux fixés sur Rochecliffe, qui était en face de lui. En se levant à la hâte, le bonnet que portait ordinairement le docteur suivant un usage également adopté alors par les membres du clergé et par tous ceux qui n'étaient pas militaires, était tombé, et avait entraîné avec lui la grande mouche de soie noire qu'il portait sans doute pour se déguiser; car l'œil qu'elle couvrait était aussi sain que l'autre; et la joue qu'elle cachait en partie n'offrait à la vue rien qui exigeât une pareille précaution.

Le colonel Everard, revenant de la porte, chercha en vain à faire comprendre à Holdenough qu'il avait appris de la sentinelle que l'explosion qu'on venait d'entendre n'avait coûté la vie qu'à un soldat de Cromwell; le ministre presbytérien continuait à fixer des yeux égarés sur le docteur de l'Église anglicane.

(1) Pearson, en mettant le feu au pétard, a oublié de faire sonner de la trompette; ce que l'auteur oublie peut-être ici à son tour dans la précipitation de son travail. Mais le son de la trompette a précédé la première sommation faite par Cromwell, et d'ailleurs le trompette a pu sonner de son instrument en voyant le geste de Pearson. — Si ce passage révèle une négligence du romancier, ce n'est pas la première de ce genre: il est bon de le remarquer à l'appui de certains détails de la *Notice*. — Éd.

Mais Rochecliffe avait entendu et compris les nouvelles que le colonel Everard venait d'annoncer, et, soulagé de la crainte et de l'inquiétude qui l'avaient comme frappé d'immobilité, il s'avança vers le calviniste en lui prenant la main de la manière la plus amicale.

— Retire-toi! s'écria Holdenough; retire-toi! les vivans ne peuvent donner la main aux morts.

— Mais je suis aussi vivant que toi, répondit Rochecliffe.

— Toi vivant! — Toi, Joseph Albany! Toi que mes propres yeux ont vu précipiter du haut de la tour du château de Clidesthrow!

— Oui, mais tu ne m'as pas vu me sauver à la nage, et me cacher dans un marais couvert de roseaux, — *Et fugit ad salices*, — d'une manière que je t'expliquerai une autre fois.

Holdenough lui toucha la main avec un air de doute et d'inquiétude. — Ta main est chaude, dit-il, et tu parais vivant. — Et cependant après tous les coups que je t'ai vu porter, après une chute si terrible, tu ne peux être mon Joseph Albany.

— Je suis Joseph Albany Rochecliffe; et ce dernier nom m'appartient en vertu d'un petit domaine de ma mère, que les amendes et les confiscations ont fait envoler.

— Est-il bien vrai? — Ai-je donc retrouvé mon ancien camarade?

— Oui, — le même que tu as déjà vu il y a quelques jours dans le miroir de ta chambre. Tu avais tant de hardiesse, Nehemiah, que tu aurais déconcerté tous nos projets si je ne t'avais laissé croire que tu voyais l'ombre de ton défunt ami. — Et cependant mon cœur me reprochait de te tromper ainsi.

— Il avait raison ! il avait raison ! s'écria Holdenough en se jetant dans les bras de Rochecliffe et en le serrant sur son cœur. — Tu as toujours été un malin espiègle. — Comment as-tu pu me jouer un pareil tour ? — Ah, Albany ! te souviens-tu du docteur Purefoy et du collège de Caius ?

— Oui vraiment, répondit le docteur en passant son bras sous celui du presbytérien, et en le conduisant vers un banc placé à quelque distance des autres prisonniers, qui regardaient cette scène avec surprise. — Si je me souviens du collège de Caius ! Oui, oui, et de la bonne ale que nous y avons bue, et de nos parties chez la mère Huf-Cap.

— Vanité des vanités ! dit Holdenough, qui soupirait et souriait en même temps, et en pressant toujours sous son bras celui de l'ami qu'il venait de retrouver.

— Et toi, dit Rochecliffe, te souviens-tu du pillage du verger du principal ? C'est le premier complot que j'aie tramé, et comme il fut bien exécuté ! mais j'eus bien de la peine à te déterminer à y prendre part.

— Ne me rappelle pas cet acte d'iniquité, Albany. Je puis dire comme le pieux maître Baxter que ces fautes de jeunesse trouvent un châtiment dans un âge plus avancé; car c'est à cet appétit désordonné pour le fruit que je suis redevable des maux d'estomac dont je souffre encore à présent.

— C'est vrai, mon cher Nehemiah, c'est vrai; mais ne t'en inquiète pas; — un verre d'eau-de-vie est le correctif. Maître Baxter était, — le docteur Rochecliffe était sur le point d'ajouter un âne; mais il changea la fin de la phrase, et ajouta : — Un brave homme, j'ose le dire, mais un peu scrupuleux.

Ils passèrent ainsi une demi-heure les meilleurs amis du monde, à se rappeler mutuellement d'anciennes histoires de collège. Peu à peu ils en vinrent aux sujets politiques du jour. Alors leurs mains se désunirent, et l'on entendit les expressions : — Je suis ferme sur ceci, mon cher frère ; — sur cela mon opinion doit différer de la vôtre ; — je demande sur ce point la permission de croire que... Mais quelques mots ayant été lâchés contre les sectaires et les Indépendans, ils voguèrent de nouveau de conserve et à pleines voiles, et ce fut à qui leur prodiguerait le plus d'invectives. — Malheureusement, dans le cours de cette conversation amicale, on vint à parler de l'épiscopat de Titus, ce qui les conduisit à la question délicate du gouvernement de l'Église. Aussitôt ils firent tomber l'un sur l'autre un torrent de citations en grec et en hébreu ; leurs yeux devinrent étincelans, leurs joues enflammées ; leurs poings se serrèrent, et ils ressemblaient à des ennemis courroucés prêts à s'arracher les yeux, plutôt qu'à des membres du clergé chrétien.

Roger Wildrake, en se rendant auditeur de cette discussion, réussit à en augmenter la violence. Il est inutile de dire qu'il prit un parti prononcé dans une contestation à laquelle il ne comprenait rien. L'éloquence verbeuse et l'érudition d'Holdenough lui en imposèrent d'abord, et il examinait avec inquiétude la contenance de Rochecliffe : mais quand il vit l'œil fier et l'attitude ferme du champion de l'Église épiscopale, et qu'il l'entendit répondre au grec par du grec, et à l'hébreu par de l'hébreu, il appuya tous ses argumens en frappant à coups redoublés sur le banc, et en riant au nez de son antagoniste. Ce ne fut pas sans difficulté que sir Henry Lee et le colonel Everard, qui crurent enfin, quoiqu'à regret, devoir intervenir dans cette querelle, réussirent à déterminer les deux amis divisés à ajourner cette discussion. Ils s'éloignèrent à quelque distance l'un de l'autre, se lançant des regards qui indiquaient que la vieille amitié avait cédé à une cause d'inimitié toute récente.

Mais tandis qu'ils étaient assis, chacun de son côté, avec un air boudeur, ne désirant rien tant que de pouvoir reprendre une contestation dans laquelle l'un et l'autre se croyait sûr des honneurs de la victoire, Pearson entra dans la prison, et, d'une voix basse et troublée, invita tous ceux qui s'y trouvaient à se préparer sans délai à la mort.

Sir Henry Lee entendit cet arrêt avec le calme tranquille qu'il avait montré jusqu'alors. Le colonel Everard dit avec force qu'il en appelait au parlement du jugement de la cour martiale et du général; mais Pearson déclara qu'il ne pouvait ni recevoir ni transmettre un tel appel; d'un air mélancolique, il leur renouvela à tous son exhortation de se préparer à la mort pour midi précis, et sortit de la prison.

Cette nouvelle produisit un effet remarquable sur les deux membres du clergé qui venaient de se disputer. Ils se regardèrent un instant avec des yeux où brillaient l'amitié, le repentir et un sentiment de honte généreuse, et dans lesquels la dernière étincelle de ressentiment était éteinte, puis ils s'écrièrent en même temps :—Mon frère! mon frère!—j'ai péché! je t'ai offensé! Ils se jetèrent dans les bras l'un de l'autre, et se demandèrent mutuellement pardon en versant des larmes. Enfin, comme deux guerriers qui oublient leur querelle personnelle pour unir leurs efforts contre un ennemi commun, ils se livrèrent à des idées plus dignes de leur caractère sacré, et remplissant des fonctions qui leur convenaient mieux dans une si triste occasion, ils commencèrent à exhorter leurs compagnons d'infortune à subir le sort qui venait de leur être annoncé, avec le courage et la dignité que le christianisme seul peut inspirer.

CHAPITRE XXXVII.

> « Laissez à Dieu le soin de la vengeance,
> » Dit le bon vieux Canoyng au roi;
> » Que l'olivier, symbole de clémence,
> » Succède au glaive de l'effroi. »
> *Ballade de sir Charles Bawdin.*

L'heure fixée pour l'exécution était passée depuis long-temps, et il était environ cinq heures du soir quand le lord Protecteur de l'Angleterre fit donner ordre à Pearson de se rendre près de lui. Le capitaine obéit avec crainte et inquiétude, ne sachant trop quel accueil il en recevrait. Après être resté environ un quart d'heure dans la chambre où Cromwell s'était couché, il rentra dans l'appartement de Victor Lee, et y trouva le vétéran Zorobabel Robins qui l'attendait.

— Comment se trouve le général? demanda le vieux indépendant d'un air inquiet.

—Bien, répondit Pearson, il ne m'a pas fait une seule question relativement à l'exécution ; mais il m'en a adressé une foule sur la fuite du Jeune Homme, pour savoir si nous avions réussi à en obtenir quelques nouvelles, et il semble fort ému en pensant qu'il doit être à présent à l'abri de toute poursuite. — Je lui ai remis certains papiers appartenans à ce malveillant, le docteur Rochecliffe.

— En ce cas, je me hasarderai à paraître devant lui, dit Zorobabel. Donnez-moi une serviette, afin que j'aie l'air d'un maître d'hôtel, et je lui porterai le repas que je lui ai fait préparer.

Deux soldats apportèrent tout ce qui composait ce repas. C'était une ration de bœuf semblable à celle qu'on distribuait aux simples soldats, et apprêtée de la même manière, un pot d'étain contenant de l'ale, du sel, du poivre, un morceau de pain de munition, et une assiette de bois.

—Viens avec moi, dit Robins à Pearson, et ne crains rien ; Noll n'est pas encore ennemi d'une plaisanterie innocente.

Il entra dans la chambre du général, et dit à voix haute.—Lève-toi! toi qui es appelé à être un juge dans Israël ; — qu'il ne s'agisse plus de croiser les bras pour dormir ; — vois ! je viens à toi comme un signe ; — lève-toi donc, mange, bois, et que ton cœur se réjouisse en toi, car tu mangeras avec plaisir les mêmes alimens que celui qui travaille dans les tranchées, vu que tu étais le commandant de l'armée dont les soldats ont reçu les mêmes rafraîchissemens que ceux que je viens placer devant toi.

—Véritablement, frère Zorobabel, répondit Cromwell, habitué à trouver de pareils élans d'enthousiasme parmi ses partisans, nous souhaitons que cela soit ainsi. Notre désir n'est pas de nous reposer sur le duvet et de nous nourrir plus somptueusement que le dernier de ceux qui combattent sous notre bannière. Tu as choisi avec sagesse mes rafraîchissemens, et l'odeur de cette viande est savoureuse pour mes narines.

Il quitta le lit sur lequel il s'était jeté à demi habillé, et, s'enveloppant d'un manteau, il s'assit sur le bord du lit, et mangea avec appétit les alimens simples qui lui avaient été préparés. Tout en faisant ce repas, il dit à Pearson de terminer le rapport qu'il avait à lui faire. — Ne vous inquiétez pas, ajouta-t-il, de la présence d'un vieux soldat dont l'esprit est comme mon esprit.

— Mais il est bon que vous sachiez, dit Robins se hâtant de prendre la parole, que le capitaine Pearson n'a pas pleinement exécuté vos ordres à l'égard de l'exécution d'une partie de ces malveillans, qui devaient mourir à midi.

— Quelle exécution? quels malveillans? demanda Cromwell en replaçant sur son assiette son couteau et sa fourchette.

— Ceux qui sont prisonniers ici, à Woodstock, répondit Zorobabel; Votre Excellence a ordonné qu'ils fussent exécutés à midi, comme coupables de rébellion envers la république et pris en flagrant délit.

— Misérable! s'écria Cromwell en se levant et en s'adressant à Pearson, j'espère que tu as épargné Markham Everard, qui n'a commis aucun crime, car il a été trompé par celui qui a servi d'intermédiaire entre nous, et que tu n'as pas porté la main sur ce ministre presbytérien, pour faire crier au sacrilège par toute sa secte, et l'aliéner de nous pour toujours.

— Si Votre Excellence désire qu'ils vivent, répondit Pearson, ils sont vivans. Leur vie et leur mort dépendent de votre volonté.

— Qu'ils soient mis en liberté. Il faut que je me concilie les Presbytériens, s'il est possible.

— Quant à l'archi-comploteur Rochecliffe, je comptais le faire exécuter, mais.....

— Homme barbare, et aussi ingrat qu'impolitique! aurais-tu voulu nous priver du canard qui nous sert d'appeau pour en prendre d'autres?—Le docteur est un puits, — un puits sans profondeur, mais pourtant un peu plus profond que les ruisseaux qui viennent lui apporter le tribut de leurs secrets, et je suis la pompe qui les aspire et qui les met au grand jour. — Qu'il soit libre; et donne-lui de l'argent, s'il en a besoin. Je connais ses cachettes; il ne peut aller nulle part que mon œil ne le suive. — Mais vous vous regardez l'un l'autre d'un air sombre, comme si vous aviez à me dire quelque chose que vous n'osez prononcer. — J'espère que vous n'avez pas mis à mort sir Henry Lee?

— Non, général, répondit Pearson; et cependant c'est un malveillant invétéré, et.....

— Mais c'est aussi un noble reste des anciens gentilshommes anglais, et je voudrais bien savoir comment gagner la bienveillance de cette race. Nous dont le manteau royal est l'armure que nous portons sur le corps; nous dont le sceptre est notre bâton de commandement, nous jetons un éclat trop récent pour obtenir le respect de ces fiers malveillans, qui ne peuvent se soumettre à rien de moins qu'un lignage royal. Cependant que peuvent-ils voir dans la plus ancienne race des rois de l'Europe, si ce n'est qu'elle remonte à un soldat heureux (1)? Je regrette qu'on honore et qu'on respecte l'homme qui n'a d'autre avantage que de descendre d'un guerrier victorieux, tandis qu'on rend moins d'honneur et de respect à celui dont les succès et les qualités personnelles peuvent le disputer au fondateur de la dynastie de son rival. — Mais sir Henry Lee est vivant, et ce n'est pas moi qui l'empêcherai de vivre. — Quant à son fils, il a bien mérité la mort, qu'il a sans doute subie.

— Mylord, dit Pearson en hésitant, puisque Votre Excellence ne m'a point blâmé d'avoir sursis à l'exécution de ses ordres à l'égard de plusieurs prisonniers, j'espère que vous aurez la même indulgence en cette occasion. — J'ai cru devoir attendre des ordres plus spéciaux.

— Tu es aujourd'hui dans une humeur étonnamment miséricordieuse, Pearson, dit Cromwell paraissant un peu contrarié.

— Si c'est le bon plaisir de Votre Excellence, la corde est préparée, et le grand prévôt n'attend qu'un mot.

— Non; il ne convient pas à Cromwell d'ordonner la mort de celui qu'un soldat sanguinaire comme toi à épargné. — Cependant je vois dans ces papiers de Rochecliffe l'engagement pris par vingt désespérés de nous assassiner. Ce serait justice de faire un exemple.

— Mylord, dit Zorobabel, songez combien de fois ce jeune homme, cet Albert Lee, a été probablement cette nuit bien près de Votre Excellence, dans ces passages

(1) Légère réminiscence de Voltaire :

Le premier qui fut roi fut un soldat heureux.

Éd

sombres et souterrains qu'il connaissait et que nous ne connaissions pas. Si c'eût été un assassin, il ne lui en aurait coûté qu'un coup de pistolet, et la lumière d'Israël était éteinte. Et dans la confusion inévitable qui en aurait résulté, les sentinelles quittant leurs postes, il aurait même eu une chance assez probable de s'échapper.

— Suffit, Zorobabel; il vivra. — Il restera quelque temps en prison, et sera ensuite banni d'Angleterre. — Je conclus que les deux autres sont vivans, car vous ne pouvez avoir considéré de pareils misérables comme des victimes dignes de ma vengeance.

— L'un d'entre eux, le garde forestier, nommé Jocelin Joliffe, mérite pourtant la mort, dit Pearson; car il a franchement avoué avoir tué Joseph l'Honnête, Tomkins.

— Il mérite récompense pour nous avoir épargné une corde. Ce Tomkins était un homme à double visage. J'ai trouvé dans ses papiers la preuve que, si nous avions perdu la bataille de Worcester, nous aurions eu fort à regretter d'avoir jamais accordé notre confiance à maître Tomkins. Ce n'est que la victoire qui a prévenu sa trahison. — Inscris-nous sur ton livre de compte comme débiteur et non comme créancier de Jocelin, ainsi que tu l'appelles, et de son gourdin.

— Il ne reste plus que le Cavalier sacrilège qui a attenté la nuit dernière à la vie de Votre Excellence.

— Ce serait chercher ma vengeance trop bas. Son épée n'avait pas plus de force que si c'eût été une pipe à fumer. L'aigle ne fond pas sur le canard sauvage (1).

(1) Jeu de mots sur le nom de Wildrake. *Wild drake* signifie canard sauvage mâle. — Éd.

— Il devrait du moins être puni comme libelliste, général. Nous avons trouvé dans ses poches des écrits contenant tant d'inventions pestilentielles, que je regretterais qu'il s'en tirât à si bon marché. — Que Votre Excellence ait la bonté d'y jeter les yeux.

— L'écriture est exécrable, dit Cromwell en jetant un coup d'œil sur quelques feuilles de papier contenant les mélanges poétiques de notre ami Wildrake ; les caractères en semblent tracés par l'ivresse, et la poésie s'en ressent. — Voyons.

> Lorsque j'étais jeune garçon,
> Je n'eus jamais que du guignon.

Quelle rapsodie ! — Et ceci :

> On maudira, comme moi,
> Le vieux Noll et sa mémoire ;
> En attendant il faut boire
> Jusques au retour du roi.

Véritablement, si c'était le moyen de le ramener, ce poète serait un redoutable champion. — Donne à ce fou cinq pièces d'or, Pearson, et dis-lui d'aller vendre ses ballades, — en l'avertissant que, si on le trouve à vingt milles de notre personne, je le ferai fustiger jusqu'au sang.

— Il y a encore un individu sous sentence de mort, dit Pearson ; — un noble chien dont Votre Excellence n'a pas vu l'égal même en Irlande, et qui appartient à sir Henry Lee. Vous devriez le conserver pour votre service. Me permettrez-vous de l'emmener ?

— Non, Pearson. Ce vieillard, si fidèle lui-même, ne sera pas privé de son chien fidèle. — Plût au ciel que

22.

j'eusse quelque créature, ne fût-ce qu'un chien, qui s'attachât à moi par affection, et non par intérêt!

— Votre Excellence est injuste envers ses fidèles soldats, dit Zorobabel avec hardiesse. Ils vous suivent comme des chiens, se battent pour vous comme des chiens, et restent comme des chiens à l'endroit où il leur arrive de tomber.

— Comment, vieux grognard! que signifie ce changement de note?

— Les restes du caporal Humgudgeon sont laissés sous les débris de la tour écroulée, et le corps de Tomkins est dans un trou dans les bois, comme si c'était celui d'une brute.

— Tu as raison. — On les portera dans le cimetière, et tous les soldats suivront le convoi avec une cocarde verte et un ruban bleu. — Les sous-officiers et les lances-prisades auront un crêpe; nous conduirons nous-même le cortège, et il y aura une distribution de vin, d'eau-de-vie brûlée et de romarin. — Veille à ce que mes ordres soient exécutés, Pearson. — Après les funérailles, la Loge de Woodstock sera démantelée et détruite, afin que les rebelles et les malveillans ne puissent plus y trouver un asile.

Les ordres du général furent ponctuellement exécutés, et quand les autres prisonniers eurent été mis en liberté, Albert Lee resta encore quelque temps en prison. Après sa libération, il passa sur le continent, entra dans les gardes du roi Charles; mais le destin, comme nous le verrons ci-après, ne lui accorda qu'une carrière bien courte, quoique brillante.

Revenons-en aux autres prisonniers qui venaient de recouvrer leur liberté. Les deux membres du clergé, alors complètement réconciliés, se rendirent, en se tenant par le bras, au presbytère, jadis la résidence du docteur Rochecliffe, et où celui-ci entra alors comme hôte de son successeur, Nehemiah Holdenough. Dès que le presbytérien y eut installé son ami, il le pressa de partager avec lui, non-seulement sa demeure, mais même les émolumens de ses fonctions. Rochecliffe fut touché de cette offre généreuse, mais il fut assez sage pour ne pas l'accepter, attendu la différence de leurs principes sur le gouvernement de l'Église, auxquels chacun d'eux tenait aussi religieusement qu'au point le plus fondamental de sa croyance. Une seconde discussion, quoique moins vive que la première, sur le sujet des évêques de l'Église primitive, le confirma dans sa résolution. Ils se séparèrent le lendemain, mais ils conservèrent des relations d'amitié que l'esprit de controverse ne troubla plus, jusqu'à la mort de M. Holdenough, qui arriva en 1668; cette harmonie fut peut-être due à ce que ces relations restèrent uniquement épistolaires, car ils ne se revirent jamais après leur emprisonnement. Le docteur Rochecliffe fut rétabli dans ses anciennes fonctions à Woodstock après la restauration, et obtint ensuite un avancement considérable dans l'Église.

Les personnages inférieurs rendus à la liberté trouvèrent aisément à se loger momentanément dans la ville de Woodstock chez quelqu'une de leurs anciennes connaissances; mais personne n'osa se hasarder à héberger le vieux chevalier, qu'on regardait comme vu particulièrement de mauvais œil par l'autorité dominante. A peine le maître de l'auberge de Saint-Georges, qui avait été son locataire, put-il se décider à lui accorder le privilège d'un voyageur, qui trouve logement et nourriture pour son argent. Everard le suivit sans que sir Henry le lui eût demandé ou permis, mais sans qu'il le lui défendît. Le cœur du vieillard s'était adouci à l'égard de son neveu en apprenant la manière dont il s'était conduit lors de la mémorable rencontre près du chêne du roi, et quand il avait vu qu'il était l'objet de l'inimitié de Cromwell plutôt que de ses bonnes graces. Mais un autre sentiment tendait aussi à le rapprocher d'Everard, — la certitude que celui-ci partageait avec lui l'inquiétude qu'il éprouvait relativement à sa fille, qui n'était pas encore de retour de son expédition nocturne et périlleuse. Il se sentait peut-être hors d'état de chercher lui-même à découvrir où Alice avait pu se cacher pendant les événemens qui venaient d'arriver, ou d'obtenir sa mise en liberté, si elle avait été arrêtée. Il désirait qu'Everard lui offrît ses services pour la chercher, mais une espèce de honte l'empêchait de lui en faire la demande ; et Everard, ignorant le changement convenable qui s'était opéré dans les dispositions de son oncle à son égard, n'osait lui proposer son secours, ni même prononcer le nom d'Alice.

Le soleil était déjà couché ; ils étaient assis en face l'un de l'autre, et se regardaient en silence, quand des chevaux s'arrêtèrent devant l'auberge. — On frappa à la porte. — Un pas léger fut entendu dans l'escalier, et Alice, l'objet de leur inquiétude commune, parut devant eux. Elle se précipita avec joie dans les bras de son père, et le vieillard, jetant un regard de précaution autour de la chambre, lui demanda à voix basse :

— Tout va-t-il bien ?

— Bien, répondit Alice, et sans laisser un motif de

crainte à ce que j'espère. — J'ai une lettre pour vous.—
Ses yeux tombèrent sur Everard ; — elle rougit, montra de l'embarras, et garda le silence.

—Vous n'avez pas besoin de craindre votre cousin presbytérien, dit le chevalier en souriant avec un air de bonne humeur; — il a été aujourd'hui un des confesseurs de la loyauté, et il a couru le risque d'être martyr.

Elle tira de sa poche la lettre du roi, écrite sur un mauvais morceau de papier, et entourée d'un fil de laine pour tenir lieu de cachet. Sir Henry posa ce petit billet sur ses lèvres, sur son cœur et sur son front, avec une vénération orientale, et ce ne fut qu'après y avoir laissé tomber une larme qu'il trouva assez de courage pour l'ouvrir et en faire la lecture. Il contenait ce qui suit :

— Notre loyal et estimable ami, et notre fidèle sujet.

—Étant instruit qu'il a existé un projet de mariage entre miss Alice Lee, votre fille unique, et maître Markham Everard, son parent et votre neveu, et sachant aussi que cette alliance vous aurait été fort agréable si certains égards pour notre service ne vous eussent porté à y refuser votre consentement, nous vous informons que, bien loin que nos affaires puissent souffrir d'une telle union, nous la regardons au contraire comme devant y être utile, et nous vous prions, nous vous requérons même, autant que nous le pouvons, d'y consentir, si vous voulez nous faire plaisir; vous laissant pourtant, comme il convient à un roi chrétien, le plein exercice de votre propre discrétion, quant aux autres obstacles que vous pourriez trouver à ce mariage, indépendamment de nos intérêts. En foi de quoi, nous avons signé les présentes, auxquelles nous ajoutons nos remerciemens des bons services que vous avez rendus au feu roi notre père, ainsi qu'à nous-même.

C. R.

Sir Henry tint si long-temps les yeux attachés sur cette lettre qu'on aurait dit qu'il voulait l'apprendre par cœur. Il la mit alors avec soin dans son porte-feuille, et dit à Alice de lui rendre compte de ses aventures de la nuit précédente : le récit n'en fut pas long. Sa course nocturne dans le parc avec le roi s'était terminée en peu de temps et sans aucun danger. Après avoir vu partir Charles, accompagné du vieux Martin, elle avait appris qu'un nombreux détachement de soldats s'était emparé de la Loge de Woodstock, et qu'y retourner serait s'exposer à des dangers, à des soupçons et à des questions. Alice ne voulut pas courir ces risques, et elle se rendit chez une dame demeurant dans le voisinage, dont la loyauté lui était bien connue, et dont le mari, major dans le régiment de sir Henry Lee, avait péri à la bataille de Nazeby. Mistress Aylmer était une femme de bon sens, et d'ailleurs la nécessité, dans ce temps singulier, semblait avoir donné à chacun un esprit d'intrigue et de stratagème. Elle chargea un serviteur fidèle d'aller épier avec précaution ce qui se passait à la Loge. Dès que celui-ci en eut vu sortir les prisonniers, et qu'il se fut assuré de l'endroit où le vieux chevalier comptait passer la nuit, il retourna en rendre compte à sa maîtresse, qui le fit monter à cheval pour reconduire Alice près de son père.

Jamais peut-être trois personnes ne soupèrent dans

un silence si complet, chacune étant occupée de ses propres pensées, et ne sachant comment pénétrer celles des autres. Enfin arriva l'heure où Alice crut pouvoir se retirer pour goûter le repos dont elle avait besoin après vingt-quatre heures de fatigues. Everard lui donna la main jusqu'à la porte de l'appartement, et il allait lui-même prendre congé de son oncle quand, à sa grande surprise, sir Henry le pria d'attendre un instant, de se rasseoir, et lui mettant en main la lettre du roi, il l'invita à la lire.

Pendant qu'Everard la lisait, le vieux chevalier eut constamment les yeux fixés sur lui, déterminé, s'il découvrait en lui autre chose qu'un transport de joie, à désobéir même aux ordres du roi plutôt que de sacrifier Alice à un homme qui ne recevrait pas sa main comme le trésor le plus précieux qu'il pût obtenir sur la terre. Mais les traits d'Everard indiquaient encore plus de joie et d'espérance que sir Henry ne s'y serait attendu, quoique avec quelque mélange de surprise; et quand le colonel leva les yeux sur son oncle avec un air d'inquiétude et de timidité, celui-ci lui dit en souriant :

— S'il ne restait plus au roi d'autres sujets en Angleterre, il pourrait disposer de tout ce qui porte le nom de Lee. Mais il me semble que depuis quelque temps la famille Everard n'a pas été assez dévouée à la couronne pour se soumettre à un ordre qui invite son héritier à épouser la fille d'un mendiant.

— La fille de sir Henry Lee, répondit Everard en fléchissant un genou devant son oncle, et employant une sorte de violence pour lui baiser la main, ferait honneur à la famille d'un duc.

— Elle n'est pas mal, j'en conviens ; et quant à moi, jamais ma pauvreté ne fera honte ni ne sera à charge à aucun de mes amis. J'ai quelques pièces d'or que je dois à l'amitié du docteur Rochecliffe, et, à l'aide de Jocelin, je saurai me procurer le nécessaire.

— Mais, mon cher oncle, vous êtes plus riche que vous ne le pensez. La partie de vos domaines que mon père a achetée pour une bagatelle, lors de la confiscation, est toujours à vous. Elle est administrée en votre nom par des fidéicommissaires dont je fais partie moi-même. Vous n'êtes notre débiteur que d'une avance d'argent, et s'il faut cela pour vous satisfaire, nous ferons notre compte avec vous en vrais usuriers. Mon père est incapable de profiter de la détresse d'un parent pour s'enrichir à ses dépens. Vous sauriez tout cela depuis long-temps si vous aviez voulu... c'est-à-dire si les circonstances avaient permis... je veux dire...

— Tu veux dire que j'avais la tête trop chaude pour entendre raison, maître Markham ; et je pense que tu n'as pas tort. Mais je crois que nous nous entendons l'un l'autre à présent. Demain je vais avec ma famille à Kingston, où j'ai encore une vieille maison que je puis dire être à moi. — Viens-y à ton loisir, Markham ; — ou en toute diligence, si tu le veux ; mais viens avec le consentement de ton père.

— Avec mon père lui-même, si vous le permettez.

— Soit ! comme lui et toi vous le voudrez. — Je ne crois pas que Jocelin vous ferme la porte au nez, ni que Bevis aboie comme le soir de l'arrivée du pauvre Louis Kerneguy.—Allons, allons, plus de transports !—Bonsoir, Markham, bonne nuit, — Si tu n'es pas trop fatigué, et que tu veuilles passer ici demain matin à sept heures, nous pourrons faire ensemble une partie de la route de Kingston.

Everard serra encore une fois la main de son oncle, caressa Bevis, qui reçut gracieusement ses marques d'affection, et alla faire des rêves de bonheur qui, quelques mois après, se réalisèrent autant qu'on peut l'espérer en ce monde.

CHAPITRE XXXVIII.

« J'ai vécu pour vous plaire, et je meurs à vos pieds. »
Don Sébastien.

Le cours des années est rapide comme les flots que chasse la tempête. Nous ne pouvons reconnaître ni d'où vient le courant ni où il tend. Nous semblons même voir le temps s'écouler sans nous apercevoir des changemens qui s'opèrent en nous, et cependant le temps prive l'homme de sa force, comme le vent dépouille les forêts de leur feuillage.

Après le mariage d'Alice et de Markham Everard, le vieux chevalier demeura près d'eux dans une ancienne maison dépendant de la partie de ses domaines qui avait été rachetée. Jocelin et Phœbé, alors mariés, conduisaient ses affaires intérieures, à l'aide de deux autres domestiques. Quand il était fatigué de lire Shakspeare, ou de rester dans la solitude, il allait chez son gendre, où il était sûr d'être toujours bien reçu; et il le faisait d'autant plus volontiers et plus fréquemment que Markham s'était entièrement retiré des affaires publiques, désapprouvant le renvoi du parlement, et se soumettant à la domination de Cromwell plutôt comme à un mal inévitable que comme à un gouvernement légal. Cromwell semblait toujours disposé à se montrer son ami; mais Everard, conservant un profond ressentiment de la proposition que le général avait chargé Wildrake de lui faire de livrer le roi, ce qu'il regardait comme une insulte à son honneur, ne répondit jamais à ses avances, et adopta au contraire peu à peu l'opinion, qui commençait alors à se propager généralement, qu'on n'obtiendrait jamais un gouvernement stable qu'en rappelant la famille royale exilée. On ne peut guère douter que la marque personnelle de bonté qu'il avait reçue de Charles n'eût contribué à lui faire envisager plus favorablement une pareille mesure. Cependant il refusa de s'engager à rien tant qu'Olivier vécut, regardant son autorité comme trop solidement établie pour pouvoir être ébranlée par les complots qu'on pourrait former contre elle.

Pendant tout ce temps, Wildrake continua à être le protégé d'Everard, quoique cette liaison ne fût pas toujours sans inconvénient pour celui-ci. Ce respectable personnage, pendant son séjour dans la maison de son ami, ou dans celle du vieux chevalier, trouvait pourtant moyen de se rendre utile par une foule de petits services; et il gagna entièrement le cœur d'Alice par le soin qu'il prit d'apprendre à ses trois fils aînés à monter à cheval, à tirer des armes, à faire l'exercice, et surtout par l'attention qu'il avait de remplir un grand vide dans l'existence de son père en jouant avec lui aux échecs et au trictrac et en lui lisant Shakspeare. Il remplissait aussi les fonctions de clerc, quand quelque ministre persécuté de l'Église anglicane se hasardait à venir lire chez lui le service de l'Église. Tant que sir Henry put continuer à chasser, Wildrake lui rabattait le gibier; mais surtout il avait avec lui de longues conversations, relativement à l'attaque de Brentford et aux batailles d'Edgehill, de Banbury, de Roundway-down, et autres sujets d'entretiens favoris, dont le vieux Cavalier ne pouvait causer avec autant de satisfaction avec son gendre, le colonel Everard, qui avait cueilli tous ses lauriers sous les drapeaux du parlement.

Les ressources qu'il trouvait dans la société de Wildrake lui devinrent encore plus nécessaires quand il fut privé de son fils unique, qui fut tué dans la fatale bataille de Dunkerque, où malheureusement les drapeaux anglais furent déployés des deux côtés, les Français étant alors alliés de Cromwell, qui leur avait envoyé un corps auxiliaire, et les troupes du roi banni combattant pour les Espagnols. Sir Henry reçut cette triste nouvelle en vieillard, c'est-à-dire avec plus de calme extérieur qu'on n'aurait pu s'y attendre. Pendant des semaines et des mois, il eut presque toujours sous les yeux quelques lignes que lui fit passer l'infatigable docteur Rochecliffe, et qui étaient signées en petits caractères c. r., et plus bas, en grosses lettres, Louis Kerneguy. Celui qui les lui écrivait l'engageait à supporter cette perte irréparable avec d'autant plus de courage qu'il lui restait encore un autre fils (se désignant ainsi lui-même), qui le regarderait toujours comme un père.

Mais en dépit de ce baume de consolation, le chagrin, par son action imperceptible, épuisant le sang comme un vampire, semblait dessécher en lui les sources de la vie; sans aucune maladie déclarée, sans qu'il éprouvât aucune souffrance corporelle, les forces du vieillard diminuaient chaque jour, et la société de Wildrake lui en devenait plus nécessaire.

Il ne faut pourtant pas croire qu'il l'eût sans cesse sous la main. Le Cavalier était un de ces heureux mortels qu'une forte constitution, un esprit irréfléchi et une gaieté extravagante mettent en état de jouer toute leur vie le rôle de l'écolier, et rendent heureux pour le moment, et insoucians du lendemain.

Une ou deux fois par an, quand il avait réuni quelques pièces d'or, il allait faire une excursion à Londres, où il menait une vie désordonnée, et, pour nous servir de ses expressions, faisait des siennes avec quelques Cavaliers aussi extravagans que lui, jusqu'à ce que quelque folie trop forte ou quelques propos inconsidérés le fissent mettre en prison, d'où il ne sortait qu'à force de crédit et d'argent, et quelquefois même un peu aux dépens de sa réputation.

Enfin Cromwell mourut, son fils renonça au gouvernement, et les divers changemens politiques de l'époque portèrent Everard ainsi que bien d'autres à prendre des mesures plus actives en faveur du roi. Everard fit même passer des sommes considérables pour son service, mais avec la plus grande précaution, sans employer aucun intermédiaire, et en correspondant directement avec le chancelier, qu'il informait de tout ce qu'il lui importait de connaître des affaires publiques. Malgré toute sa prudence il fut sur le point d'être engagé dans la malheureuse insurrection de Rooth et de Middleton dans l'ouest, et ce ne fut qu'avec beaucoup de difficulté qu'il échappa aux conséquences fatales de cette tentative malavisée. Le royaume se trouva ensuite dans un état de désordre complet, et cependant nul symptôme ne se montra favorable à la cause royale jusqu'au mouvement du général Monk, qui partit d'Écosse. Ce fut même alors, et à la veille d'un succès complet, que la fortune de Charles parut vouloir le placer au rayon le plus bas de sa roue, quand on apprit à la petite cour qu'il tenait à Bruxelles que Monk, en arrivant à Londres, s'était mis sous les ordres du parlement.

Ce fut à cette époque, un soir que le roi était à table avec Buckingham, Rochester et quelques joyeux courtisans de sa cour errante, que le chancelier Clarendon demanda audience tout à coup, et, entrant avec moins de cérémonie qu'il ne l'aurait fait en toute autre occasion, annonça des nouvelles extraordinaires. — Quant au messager qui les apportait, ajouta-t-il, il n'en pouvait rien dire, si ce n'était qu'il paraissait avoir beaucoup bu et peu dormi; mais il lui avait donné des preuves qu'on pouvait le croire, de la part d'un homme dont il garantirait la fidélité sur sa vie. — Le roi voulut voir ce messager lui-même.

On le fit entrer. Sa tournure avait quelque chose qui annonçait un homme bien né, mais encore plus un débauché insouciant; — les yeux rouges et gonflés, — les vêtemens en désordre, — le pas chancelant, — tant par suite du défaut de sommeil qu'à cause des moyens qu'il avait pris pour supporter la fatigue. Il s'avança en zigzag et sans cérémonie vers le haut bout de la table, saisit la main du roi, et la porta à ses lèvres sans trop de façon. Charles, au souvenir duquel ce mode de salutation contribua à le rappeler, ne fut pas très-charmé que cette entrevue eût lieu devant un si grand nombre de témoins.

— J'apporte de bonnes nouvelles, dit cet étrange messager ; — de glorieuses nouvelles : — le roi recouvrera ce qui lui appartient. — Mes pieds sont beaux sur les montagnes. — Morbleu ! j'ai si long-temps vécu avec des Presbytériens que je me suis infecté de leur langage ; — mais à présent nous sommes tous les enfans du même père, — tous les pauvres enfans de Votre Majesté. — Le Croupion est ruiné, — des feux de joie sont allumés partout, — Londres semble en feu depuis le Strand jusqu'à Rotherhithe ; — la musique joue des fanfares ; toutes les broches tournent ; — on porte des santés ; on entend partout le cliquetis des verres.

— C'est ce que nous pouvons conjecturer, dit Buckingham.

— Mon ami Markham Everard m'a chargé de vous annoncer cette nouvelle, Sire, continua le messager, et je veux être pendu si j'ai dormi depuis que je l'ai quitté. — Votre Majesté me reconnaît sans doute ? Votre Majesté se rappelle, — ça, ça, — sous le chêne du roi, à Woodstock.

> Quel jour joyeux ! comme nous chanterons,
> Nous danserons et surtout nous boirons,
> Lorsque le roi reprendra sa couronne.

— Je vous reconnais parfaitement, maître Wildrake, dit le roi. J'espère que cette bonne nouvelle est certaine ?

— Certaine, Sire! — N'ai-je pas entendu le son des cloches? — N'ai-je pas vu le feu de joie? — N'ai-je pas bu si souvent à votre santé que mes jambes pouvaient à peine me conduire jusqu'au quai? — Elle est aussi certaine qu'il est sûr que je suis le pauvre Roger Wildrake, de Squattlesea-Mere, comté de Lincoln.

Buckingham dit alors à l'oreille du roi : — J'ai toujours soupçonné Votre Majesté d'avoir vu étrange compagnie après l'affaire de Worcester, et il faut convenir qu'en voici un rare échantillon.

— Un échantillon qui vous ressemble beaucoup, répondit le roi, ainsi qu'à toute la compagnie que j'ai vue ici pendant tant d'années, — le cœur aussi brave et la tête aussi vide; — autant de galons, quoique un peu ternis, — un front d'airain, et presque autant de cuivre dans la poche.

— Je voudrais que Votre Majesté me chargeât de tirer la vérité de ce messager de bonnes nouvelles, dit Buckingham.

— Grand merci, répondit le roi; mais il est aussi volontaire que vous, et de pareilles gens s'accordent rarement. Notre chancelier est prudent, et nous lui devons notre confiance. — Maître Wildrake, vous allez suivre notre chancelier, qui nous fera le rapport de vos nouvelles. En attendant, je vous assure que vous ne perdrez rien à avoir été le premier à nous les annoncer.

A ces mots il fit signe à Clarendon d'emmener Wildrake, jugeant que, dans l'humeur où il le voyait, il pourrait bien faire allusion à quelques événemens passés à Woodstock, qui serviraient à l'amusement des beaux esprits de la cour plutôt qu'à leur édification.

On ne tarda pas à recevoir la confirmation de cette bonne nouvelle, et Wildrake reçut une gratification et le brevet d'une pension, à laquelle, d'après le désir spécial du roi, aucun service ne fut attaché.

Peu de temps après, toute l'Angleterre répétait en chœur son refrain favori :

> Quand reprend-il sa couronne ?
> Ce sera le vingt-neuf mai.

En ce jour mémorable le roi partit de Rochester pour se rendre à Londres, et il reçut partout un accueil si unanimement cordial de la part de ses sujets, qu'il dit gaiement que ce devait être sa faute s'il avait été si long-temps absent d'un pays où son retour répandait tant de joie. A cheval entre ses deux frères les ducs d'York et de Glocester, le monarque parcourait lentement tantôt des routes jonchées de fleurs, tantôt des rues ornées de tapisseries. Ici il trouvait une fontaine d'où le vin coulait à grands flots. — Là il passait sous un arc de triomphe. — Tous les principaux citoyens accouraient à sa rencontre, les uns en habit de velours noir, et avec une chaîne d'or; les autres en costume militaire de drap d'or ou d'argent; et ils étaient suivis d'une foule d'artisans, qui, après avoir vociféré contre le père, poussaient des acclamations en faveur du fils qui allait reprendre possession du palais de ses ancêtres. En traversant Blackheath, il y trouva cette armée qui, si long-temps formidable à l'Angleterre comme à l'Europe, avait pourtant fini par relever le trône qu'elle avait elle-même renversé. Comme il venait de passer au travers des dernières lignes de soldats, il arriva dans une plaine découverte où plusieurs personnes de distinction, et d'autres de qualité inférieure, s'étaient rendues pour féliciter le monarque prêt à entrer dans sa capitale.

Parmi les différens groupes, un surtout excitait une attention particulière, à cause du respect que lui montraient les soldats qui formaient la ligne, soit Cavaliers, soit Têtes-Rondes, et qui s'arrangeaient de manière à lui faciliter la vue du prince; car deux hommes qui en faisaient partie avaient servi dans la guerre civile, et s'y étaient distingués.

C'était un groupe de famille, dont la principale figure était un vieillard assis sur une chaise, ayant sur les lèvres un sourire de satisfaction, et dont les yeux devinrent humides quand ils virent flotter une suite interminable de bannières, et qu'il entendit la foule pousser l'acclamation si long-temps oubliée, — Vive le roi Charles! Ses joues étaient pâles comme la cendre, et sa longue barbe était blanche comme le duvet du chardon. Il restait encore quelque vivacité à ses yeux bleus; mais il était évident que la vue commençait à lui manquer. Tous ses mouvemens indiquaient une grande faiblesse, et il ne parlait guère que pour répondre au babil de ses petits-enfans, ou pour faire une question, soit à sa fille assise à côté de lui, et d'une beauté dans tout son éclat, soit au colonel Everard, qui était debout derrière eux. On voyait aussi le robuste Jocelin Joliffe, portant encore son costume de forestier, et appuyé sur le gourdin qui avait rendu dans son temps plus d'un service à la cause du roi. Près de lui était sa femme, matrone d'aussi bonne mine qu'elle avait été jolie fille: elle souriait de l'importance qu'elle avait acquise, et joignait quelquefois ses accens féminins à la voix mâle avec laquelle son mari faisait retentir l'acclamation qu'on répétait de toutes parts.

Trois beaux garçons et deux jolies petites filles entouraient leur aïeul, et l'assaillaient de questions auxquelles il faisait les réponses qui convenaient à leur âge en passant une main flétrie sur les beaux cheveux de ses petits favoris. Alice, secondée par Wildrake, splendidement vêtu, et dont les yeux n'étaient animés que par un seul verre de vin des Canaries, détournait de temps en temps l'attention des enfans, de peur qu'ils ne fatiguassent leur aïeul.

Nous ne devons pas oublier un autre personnage remarquable de ce groupe, — un chien d'une taille gigantesque, qui portait toutes les marques de la décrépitude canine, ayant peut-être alors quinze à seize ans. Mais quoiqu'il n'offrit plus à l'œil que les restes de ce qu'il avait été, que ses yeux fussent ternes, ses membres raides, sa tête courbée, et qu'une marche lente et pénible eût succédé à ses mouvemens vifs et gracieux, le noble chien n'avait rien perdu de son attachement pour son maître, et Bevis ne semblait plus vivre que pour se coucher aux pieds de sir Henry, au soleil pendant l'été, près du feu en hiver; lever la tête pour le regarder, et lécher de temps en temps sa main desséchée et ses joues ridées.

Trois ou quatre domestiques en livrée complétaient ce groupe : ils avaient suivi leurs maîtres, afin d'empêcher qu'ils ne fussent trop serrés dans la foule; mais ceux-ci n'eurent aucun besoin de leurs secours. Leur air respectable, quoique simple et sans prétention, leur prêtait, même aux yeux de la populace la plus grossière, une sorte de dignité patriarcale qui en imposait généralement, et ils étaient sur la petite éminence qu'ils avaient choisie sur le bord du chemin aussi tranquilles que s'ils eussent été dans leur jardin.

Bientôt le son des clairons annonça l'arrivée du roi; on vit passer d'abord les poursuivans d'armes et les trompettes, — des costumes magnifiques, des panaches, des étendards, des armes de toute espèce, réfléchissant les rayons du soleil. Enfin parut un groupe composé de la première noblesse d'Angleterre, en tête duquel marchait le roi entre ses deux frères; il avait déjà fait plus d'une halte, pour adresser quelques mots à différentes personnes qu'il avait reconnues parmi les spectateurs, et les applaudissemens de la multitude avaient suivi une courtoisie montrée si à propos. Mais dès qu'il eut jeté un coup d'œil sur le groupe que nous venons de décrire, quand même Alice eût été changée au point d'être méconnaissable à ses yeux, il eût été impossible qu'il ne reconnût pas Bevis et son vénérable maître. Le monarque sauta à bas de cheval, et marcha sur-le-champ droit au vieux chevalier, au milieu d'acclamations bruyantes comme le tonnerre, qui éclatèrent de toutes parts quand on vit Charles étendre le bras pour s'opposer aux faibles efforts que faisait le vieillard pour lui rendre hommage. Employant une douce violence pour l'empêcher de se lever, — Mon père, lui dit-il, bénissez-votre fils qui revient en sûreté, comme vous l'avez béni quand il vous a quitté au milieu des dangers.

— Que Dieu le bénisse? — Qu'il le conserve! dit le vieillard d'une voix faible, agité par de si vives sensations qu'il en était accablé. Et le roi, pour lui laisser un instant de repos, se tourna vers Alice.

— Et vous, ma belle conductrice, lui demanda-t-il, à quoi vous êtes-vous occupée depuis notre dangereuse promenade nocturne? — Mais je n'ai pas besoin de vous faire cette question, ajouta-t-il en jetant un coup d'œil sur les enfans; — au service du roi et du royaume, à élever des enfans aussi loyaux que leurs ancêtres. — Un beau lignage sur ma foi; c'est un spectacle agréable pour les yeux d'un roi d'Angleterre. — Colonel Everard, j'espère que nous nous verrons à Whitehall? — Il fit un signe de tête à Wildrake. — Et toi, Jocelin, je suppose que tu peux tenir ton gourdin d'une seule main! Avance l'autre. — Baissant la tête avec une timidité gauche. Jocelin, comme un taureau qui montre ses cornes, étendit le bras par-dessus l'épaule de sa femme, et présenta au roi une main aussi large et aussi dure qu'une assiette de bois, que Charles emplit de pièces d'or. Tu en emploieras quelques-unes, lui dit-il, à acheter une coiffure pour mon amie Phœbé. Elle aussi, elle a rempli ses devoirs envers la vieille Angleterre.

Le roi se retourna alors vers le chevalier qui semblait faire un effort pour parler. Il lui prit la main dans les deux siennes, et baissa la tête pour mieux entendre ses faibles accens, tandis que le vieillard, le tenant de l'autre main, balbutiait quelques mots entrecoupés, dont tout ce que Charles put saisir fut la citation:

> De la rébellion extirpez la racine;
> Qu'en ces lieux désormais la loyauté domine (1).

Voulant mettre fin à une scène qui commençait à de-

---

(1) Shakspeare. — Éd.

venir pénible et embarrassante, le bon roi dit au vieillard, en parlant plus distinctement que de coutume, afin d'être plus sûr de s'en faire entendre : — Nous sommes dans un lieu un peu trop public pour tout ce que nous avons à nous dire; mais, si vous ne venez pas bientôt voir le roi Charles à Whitehall, Louis Kerneguy ira vous rendre visite pour vous faire voir combien ses voyages l'ont rendu raisonnable.

A ces mots, il serra encore affectueusement la main du vieillard, salua Alice et tout ce qui l'entourait, et se retira. Sir Henry Lee, après l'avoir écouté avec un sourire qui prouvait qu'il entendait les paroles gracieuses qui lui étaient adressées, tourna le dos, et murmura le *Nunc dimittis*.

— Excusez-moi de vous avoir fait attendre, mylords, dit le roi en remontant à cheval;—sans les bonnes gens à qui je viens de parler, vous auriez pu m'attendre assez long-temps. — En avant, messieurs.

On se remit en marche; le son des trompettes et des tambours se mêla de nouveau au bruit des acclamations, car on avait gardé le silence pendant tout le temps que le roi s'était arrêté. Le cortège, en s'avançant, produisait un effet si brillant qu'il suspendit même un instant les inquiétudes perpétuelles d'Alice pour la santé de son père, tandis qu'elle suivait des yeux la longue ligne qui s'étendait dans la plaine. Quand elle jeta les yeux sur sir Henry, elle tressaillit en voyant que ses joues, qui avaient repris une faible couleur pendant sa conversation avec le roi, s'étaient couvertes d'une pâleur mortelle; que ses yeux étaient fermés et ne se rouvraient pas, et que ses traits, quoique tranquilles, avaient une raideur qui n'appartenait pas au sommeil. On s'empressa de lui donner du secours; mais il était trop tard. Le flambeau de sa vie affaiblie depuis long-temps venait de s'éteindre en jetant un éclat momentané.

Le lecteur peut se figurer le reste. Nous ajouterons seulement que le chien fidèle du vieux royaliste ne lui survécut que de quelques jours, et que l'image de Bevis est sculptée aux pieds de son maître sur le monument qui fut élevé à la mémoire de sir Henry Lee de Ditchley.

FIN DE WOODSTOCK.

ŒUVRES COMPLÈTES
DE
SIR WALTER SCOTT.

Cette édition sera précédée d'une notice historique et littéraire sur l'auteur et ses écrits. Elle formera soixante-douze volumes in-dix-huit, imprimés en caractères neufs de la fonderie de Firmin Didot, sur papier jésus vélin superfin satiné; ornés de 72 *gravures en taille-douce* d'après les dessins d'Alex. Desenne; de 72 *vues* ou *vignettes* d'après les dessins de Finden, Heath, Westall, Alfred et Tony Johannot, etc., exécutées par les meilleurs artistes français et anglais ; de 30 *cartes géographiques* destinées spécialement à chaque ouvrage; d'une *carte générale de l'Écosse,* et d'un *fac-simile* d'une lettre de Sir Walter Scott, adressée à M. Defauconpret, traducteur de ses œuvres.

CONDITIONS DE LA SOUSCRIPTION.

Les 72 volumes in-18 paraîtront par livraisons de 3 volumes de mois en mois; chaque volume sera orné d'une *gravure en taille-douce* et d'un titre gravé, avec une *vue* ou *vignette*, et chaque livraison sera accompagnée d'une ou deux *cartes géographiques.*

Les *planches* seront réunies en un cahier séparé formant *atlas.*

Le prix de la livraison, pour les souscripteurs, est de 12 fr. et de 25 fr. avec les gravures avant la lettre.

Depuis la publication de la 3e livraison, les prix sont portés à 15 fr. et à 30 fr.

ON NE PAIE RIEN D'AVANCE.

Pour être souscripteur il suffit de se faire inscrire à Paris

Chez les Éditeurs :

| A. SAUTELET ET Cⁱᵉ, LIBRAIRES, Place de la Bourse. | CHARLES GOSSELIN, LIBRAIRE DE S. A. R. M. LE DUC DE BORDEAUX, Rue St.-Germain-des-Prés, n. 9. |

www.ingramcontent.com/pod-product-compliance
Lightning Source LLC
Chambersburg PA
CBHW070758170426
43200CB00007B/825